DALE ARCHER

Nicht NORMAL aber ziemlich genial

DALE ARCHER

Nicht NORMAL

aber ziemlich genial

Warum unsere
psychischen Störungen
unsere Stärken sind

Erkenne, was
dich besonders
macht

mvgverlag

Bibliografische Information der Deutschen Nationalbibliothek
Die Deutsche Nationalbibliothek verzeichnet diese Publikation in der Deutschen
Nationalbibliografie. Detaillierte bibliografische Daten sind im Internet über htt-
p://d-nb.de abrufbar.

Für Fragen und Anregungen:
info@mvg-verlag.de

1. Auflage 2018

© 2018 by mvg Verlag, ein Imprint der Münchner Verlagsgruppe GmbH
Nymphenburger Straße 86, D-80636 München, Tel.: 089 651285-0, Fax: 089 652096

Copyright der Originalausgabe: © 2012 by Dale Archer

Die englische Originalausgabe erschien 2012 bei Harmony Books, einem Imprint der
Crown Publishing Group unter dem Titel *Better Than Normal - How What Makes You
Different Can Make You Exceptional*.

This translation published by arrangement with Harmony Books, an imprint of the Crown
Publishing Group, a division of Penguin Random House LLC.

HAFTUNGSAUSSCHLUSS
Namen und identifizierende Details der meisten der in diesem Buch auftauchenden Personen habe ich geändert, um ihre Privatsphäre zu schützen. Alle Geschichten wiederum
basieren auf wahren Patienten, Menschen, die ich kenne, mit denen mein Interviewteam
gesprochen hat oder von denen ich aus anderen verlässlichen Quellen erfahren habe. Obwohl ich mein Bestes gegeben habe, die Persönlichkeitsmerkmale gründlich und sorgfältig
darzulegen, sollte dieses Buch in keiner Weise als Ersatz für eine professionelle medizinische Beratung und/oder Behandlung angesehen werden.

Übersetzung: Annett Stütze, Britta Vorbach
Redaktion: Matthias Michel
Umschlaggestaltung: Laura Osswald
Umschlagabbildung: Shutterstock/Bariskina, Shutterstock/Sonya illustration
Satz: Digital Design, Eka Rost
Druck: GGP Media GmbH, Pößneck
Printed in Germany

ISBN Print 978-3-86882-903-7
ISBN E-Book (PDF) 978-3-96121-161-6
ISBN E-Book (EPUB, Mobi) 978-3-96121-162-3

Weitere Informationen zum Verlag finden Sie unter

www.mvg-verlag.de

Beachten Sie auch unsere weiteren Verlage unter www.m-vg.de.

Für alle unter uns, die anders sind ...

Inhalt

EINFÜHRUNG

»Herr Doktor, bin ich normal?«

Als Psychiater wird mir diese Frage immer und immer wieder gestellt – öfter, als man sich vorstellen mag. Ich höre sie so oder ähnlich von Freunden und Bekannten, Familienmitgliedern, Patienten oder Leuten, die ich gerade erst kennenlerne. In der heutigen Zeit fragen sich die Menschen, ob das, was sie denken, fühlen, glauben – oder wie sie handeln –, als »normal« betrachtet werden kann.

Doch was verstehen wir unter »normal«, und was ist überhaupt so besonders am Normalsein? Als Kindern bringt man uns bei, dass wir alle bestimmte Talente und Fähigkeiten haben, die uns zu etwas Besonderem machen. Wenn normal sein bedeutet, so wie alle zu sein, worin besteht dann der Spaß? Sollten wir nicht lieber einmalig sein und bereitwillig annehmen, wer oder was wir sind?

Doch wenn es um unsere geistige Gesundheit geht, machen wir uns trotzdem Sorgen. Wenn ich ein wenig ungeduldig bin und NUR eine kurze Aufmerksamkeitsspanne habe, bedeutet das, dass ich unter einem Aufmerksamkeitsdefizit leide? Wenn ich über ein großes Selbstbewusstsein verfüge und die Aufmerksamkeit von anderen genieße, macht mich das zum Narzissten? Was ist, wenn ich unter gelegentlichen

Stimmungsschwankungen leide? Könnte ich in dem Fall bipolar sein?

Die Antwort auf die diese Fragen lautet bei den meisten Menschen: nein, nein und nochmals nein. Doch es gibt eine Handvoll Persönlichkeitsmerkmale beziehungsweise Wesenszüge, die zwar zu einem normalen Charakter gehören können, jedoch in extremer Ausbildung durchaus abnormal sein, den Menschen Probleme bereiten und sogar in einer psychiatrischen Diagnose münden können. Über solche Eigenschaften sorgen sich die Menschen am meisten, aber es sind eben auch genau diese Eigenschaften, die uns zu denen machen, die wir sind.

Es sind jene Eigenschaften, die das Potenzial bieten, uns wirklich besonders, vielleicht sogar großartig sein zu lassen.

Dieses Buch handelt von den acht verbreitetsten und wichtigsten dieser Persönlichkeitseigenschaften. (Es ist wichtig anzumerken, dass die meisten von uns mehrere, wenn nicht sogar bis zu einem gewissen Grad alle diese Eigenschaften besitzen.) Es geht erstens darum zu erkennen, welche Eigenschaften vorherrschend sind. Zweitens darum, welche dieser Eigenschaften einen in Schwierigkeiten bringen können. Und drittens, das ist wohl am wichtigsten, darum, wie man sich seine bestimmenden Eigenschaften zunutze machen kann.

Dies bedeutet beispielsweise: Haben Sie einen Weg gefunden, Ihre abenteuerlustige Natur in einer fokussierten und produktiven Art zu nutzen – oder schlingern Sie von einer Aktivität zur nächsten, ohne fertigzustellen, was Sie angefangen haben? Sind Sie in der Lage, Ihren Perfektionismus erfüllend und wertschöpfend einzusetzen – oder fühlt es sich eher an wie eine Obsession, die Sie überrennt und andere frustriert?

Wie sieht es mit Ihren Ängsten aus? Treiben sie Sie an, oder blockieren sie Sie?

Sich sein Persönlichkeitsprofil genauer anzuschauen kann Furcht einflößend sein. Vielleicht gefällt Ihnen zunächst nicht, was Sie sehen. Vielleicht erfüllt es Sie mit Sorge um sich selbst oder für diejenigen um Sie herum – Ihr Kind, Ihren Ehepartner, einen Freund oder Kollegen. Vielleicht vergleichen Sie sich mit jenen Menschen, von denen die Medien in Horrorgeschichten berichten – scheinbar normale Leute, die plötzlich »verrückt« wurden. Vielleicht fragen Sie sich, ob Sie sich untersuchen lassen, eine Therapie beginnen oder Medikamente einnehmen sollten, um den Perfektionismus in den Griff zu kriegen, der Abenteuerlust Zügel anzulegen oder das magische Denken durch einen logischeren Ansatz zu ersetzen, damit Sie so wie alle anderen und vor allem normal sind. Oder zumindest so, wie Sie glauben, dass ein normaler Mensch sein sollte.

Über diese Fragen spreche ich seit 25 Jahren mit meinen Patienten. Und ich habe mir diese Fragen auch selbst gestellt, insbesondere an den kritischen Wendepunkten in meinem Leben und meiner Karriere. Ich weiß, dass sie sehr schwierig zu beantworten sein können, weil sie meist einen Wandel beinhalten, der zu einem Umdenken und zu einem anderen Leben führen würde. Oft scheint es leichter zu sein, sich mit »Normal«-Sein abzuquälen, als anzuerkennen, wer wir wirklich sind.

Für mich begann eine solche Zeit des Hinterfragens im Sommer 2008, und zwar ausgerechnet in Las Vegas. Doch eigentlich beginnt die Geschichte in Lake Charles, Louisiana. 1987 hatte ich meine psychiatrische Facharztausbildung abgeschlossen. Zusammen mit meiner Frau und meinen Kindern zog ich zurück nach Lake Charles, einem wunderschönen kleinen Städtchen westlich von New Orleans, wo ich geboren wurde. Ich bin in Lake Charles aufgewachsen, meine Eltern lebten noch dort, und ich hatte mich entschieden, mich an diesem Ort mit meiner psychiatrischen Praxis niederzulassen. Ich erinnere mich noch an die unglaubliche Aufregung, die mit der Eröffnung meiner eigenen Praxis verbunden war. Meine abenteuerlustige Natur wollte alle möglichen neuen Ideen und Ansätze ausprobieren und Veränderungen in meiner Zunft herbeiführen. Kurz gesagt, ich fühlte mich bereit dazu, etwas anders zu machen als alle anderen und die Welt zu verändern.

Ich war gerade erst ein paar Wochen in der Stadt, als ich einen Anruf von Jan Hardy bekam, der Nachrichtenmoderatorin des lokalen Fernsehsenders. Sie erzählte, dass sie eine Serie über Gesundheitsprobleme plane, und lud mich in ihre Show ein, um über – und hier überraschte sie mich – Depressionen zu sprechen. In jenen Tagen sprachen die Menschen nicht über Depressionen. Aber Jan klang klug, nett und gut über das Thema informiert, also sagte ich zu.

Als Jan und ich auf Sendung waren, geschah etwas ziemlich Unglaubliches. Kurz nachdem sie das Interview begonnen hatte, eröffnete Jan, dass sie selbst an Depressionen leide. Und nicht nur das, sie erzählte auch in aller Öffentlichkeit, dass sie Prozac® (Wirkstoff: Fluoxetin) einnehme, eines der frühesten Medikamente gegen Depression. (Das Medikament wurde 1993 weltberühmt, als Peter Kramer seinen Bestseller *Listening to Prozac* veröffentlichte, der zwei Jahre später unter dem Titel *Glück auf Rezept* auf Deutsch erschien.)

Heute denkt sich niemand etwas dabei, wenn jemand erzählt, dass er Antidepressiva einnimmt. (In einigen Kreisen wird man eher überrascht sein, wenn Sie es nicht tun.) Aber 1987 in Louisiana bedeutete es ein riesiges Eingeständnis, ganz zu schweigen davon, dass es von einer durch das Fernsehen bekannten Persönlichkeit kam und noch dazu in einer Livesendung. Es war ohne Zweifel ein Paukenschlag. Depressionen, wie eigentlich alle psychischen Erkrankungen, waren zu jener Zeit noch mit einem Stigma behaftet. Es war in Ordnung, mal ein wenig niedergeschlagen zu sein, klar, aber vollkommen funktionsunfähig depressiv? So etwas hätten seinerzeit viele Menschen nicht zugegeben.

Jans Offenheit führte in der Sendung zu einem interessanten Dialog. Ich sagte, dass wir Mediziner in den letzten Jahren viel über Depressionen gelernt hätten. Dass wir dazu gekommen seien, sie als Erkrankung anzusehen, die durch ein chemisches Ungleichgewicht im Gehirn verursacht wird. Und wie andere Erkrankungen – Diabetes, Herzerkrankungen, Bluthochdruck – kann eine Depression wirkungsvoll mit Medikamenten behandelt werden. Prozac® war damals zwar das bekannteste Mittel, aber nur eines der erhältlichen Antidepressiva.

Nach der Show fand Jan, dass es wirklich gut gelaufen sei. Wenige Tage später rief sie mich erneut an und erzählte, dass es viele positive Rückmeldungen sowohl von den Zuschauern als auch von der Leitung des Senders gegeben habe. Sie fragte mich, ob ich Interesse an regelmäßigen Auftritten in ihrem Fernsehmagazin hätte. »Ich wurde aufgrund meiner Depressionen stigmatisiert«, sagte sie. »Und ich bin mir sicher, anderen geht es genauso. Ich hätte gern, dass Sie über die von dieser Erkrankung ausgelösten psychischen Probleme sprechen.«

Während der nächsten zwei Jahre hatten Jan und ich jeden Montag einen fünfminütigen Programmplatz. Ich sprach kurz über die neuesten Erkenntnisse bezüglich Depression, bipolarer Störung, Zwangsstörungen und anderer psychischer Erkrankungen, und dann gingen wir auf Kommentare und Fragen der Zuschauer ein. In den späten 1980er-Jahren war das ein völlig neues Terrain für die Menschen aus Lake Charles, Louisiana, und es wurde als große Sache betrachtet.

Es war nicht nur der Beginn meiner Medienkarriere, sondern es ermöglichte mir auch ein besseres Verständnis meiner wichtigsten Persönlichkeitsmerkmale. Ich erkannte, dass die Kombination aus Selbstbewusstsein, zusammen mit einer Freude, anderen im großen Maßstab zu helfen, mir Befriedigung jenseits der klinischen Arbeit in der Psychatrie brachte. Ich schrieb ein Buch, *Chemical Imbalance Depression* (»Durch chemisches Ungleichgewicht hervorgerufene Depression«). Ich begann, darüber zu sprechen sowie für verschiedene Gruppen und Verbände Seminare zu halten, vor allem in Louisiana und Texas. Außerdem baute ich weiterhin meine Praxis auf. Mein Leben war erfüllt und befriedigend. Meine dominanten Persönlichkeitsmerkmale waren vollauf und angemessen beschäftigt.

Ich arbeitete Vollzeit in meiner Praxis, hatte jede Woche Fernsehauftritte, sorgte für meine Familie und hatte verschiedene Hobbys. Ich liebte es, zu segeln und Rad zu fahren, und ich fuhr Motorrad. Und ich wurde – die wenigsten meiner Kollegen wissen dies – ein Weltklassepokerspieler. Denn es stellte sich heraus, dass mein Persönlichkeitsprofil sehr gut zum Pokerspielen geeignet ist. Oder, um eine etwas technischere Sprache zu verwenden, mein dominantes Persönlichkeitsmerkmal verleiht mir die notwendige Stärke, die mich zu einem harten Gegner am Pokertisch werden lässt. Ich bin narzisstisch genug, um auch dann noch selbstbewusst zu sein, wenn die Vorzeichen gar nicht gut für mich aussehen, und halte auch dann noch durch, wenn das Glück mich verlässt. Und wie viele wetteifernde Menschen kann ich magisch denken. Das magische Denken, das oft für eine Kombination aus Intuition und Glaube gehalten wird, erlaubt es mir zusammen mit meiner jahrelangen Erfahrung als Psychiater, in meinen Gegenspielern wie in einem Buch zu lesen. Ich bekomme unmittelbar ein Gefühl dafür, was für ein Blatt sie auf der Hand haben und ob sie bluffen.

Mit dem Pokerspiel kam ich aus einem ungewöhnlichen Grund in Kontakt. Ich hatte schon immer die Fähigkeit zu erkennen, ob eine andere Person ehrlich ist (das klassische magische Denken), und wollte dies beim Poker testen. Mehrere Jahre lang spielte ich recht ernsthaft Poker. Ich nahm auch an der Pokermeisterschaft World Series of Poker teil, einem sechswöchigen Turnier, das mit einer Hauptveranstaltung endet und als die Weltmeisterschaft des Pokers angesehen wird. 2004 spielte ich bei der Hauptveranstaltung mit und belegte den 11. Platz.

Dann begann eine schwierige Zeit – in meinem persönlichen Leben, meiner Karriere und im Poker. 2006 wurde ich geschieden. Meine zwei großartigen Kinder waren erwachsen, aus dem Haus und studierten. Und aus Gründen, die ich gleich erläutern werde, schien ich das Gefühl von Erfüllung, das ich einmal aus meiner Arbeit in der Praxis und meinen Fernsehshows gewonnen hatte, verloren zu haben.

Kurz nachdem meine Scheidung offiziell war, beschloss ich, Poker auf einem professionellen Level zu spielen, wenn auch aus den falschen Gründen. Warum auch nicht? Ich konnte eine gute Erfolgsgeschichte vorweisen, hatte Turniere gewonnen und Geld damit verdient. Ich dachte, dass könnte für mich die Frage »Was bedeutet normal für mich?« auf eine neue und aufregende Art beantworten.

Zwei Jahre lang hielt ich durch, doch als die Hauptveranstaltung der Weltmeisterschaft anstand, war ich ziemlich überzeugt davon, dass ein Leben als Profipokerspieler nichts für mich wäre. Trotzdem entschied ich, noch ein letztes Mal anzutreten. Ich flog nach Las Vegas, checkte im Hotel ein und versuchte mich in die Geisteshaltung des Gewinnens zu versetzen. Nichts zu machen! Es dauerte nicht lange, bis ich raus war – was hieß, ich war ohne Chips, ohne Glück und nicht mehr im Turnier des Jahres.

Am Ende des Tages verließ ich das Kasino und eilte ins Petrossian, die bekannte russische Pianobar im Bellagio Hotel. Ich setzte mich an einen Tisch und beschloss, mich selbst mit einem Glas Champagner zu verwöhnen. Während ich an meinem Glas nippte, hörte ich dem Pianisten zu und dachte über ein paar Sachen nach.

Okay, dachte ich, Poker macht Spaß, insbesondere wenn ich gewinne, es wird aber auf keinen Fall meine zweite Karriere. Es kann ein Hobby sein, klar, aber ich hatte mein kleines Experiment, und jetzt ist es an der Zeit, wieder ernsthaft zu werden. Poker hatte die schlechtesten Seiten meiner Eigenschaften hervorgebracht. Also, was will ich als Nächstes mit meinen Fähigkeiten machen? Wohin möchte ich gehen? Was kann ich tun, das wahrhaftigen Wert hat – und das wirklich zu mir passt?

Ich erkannte, dass ein Teil meiner Unzufriedenheit in den Veränderungen lag, der die Fachdisziplin Psychiatrie im vorangegangenen Jahrzehnt unterworfen war. Während der 1990er-Jahre, als meine Praxis wuchs, ich Partner aufnahm und wir immer bekannter und erfolgreicher wurden, hatte ich fortlaufend über Depressionen gesprochen. Ich wollte Millionen von Menschen wie Jan Hardy, die aufgrund ihrer Erkrankung stigmatisiert worden war, helfen. In Anbetracht der geschätzten Zahl von an Depressionen Erkrankten im ganzen Land schien es mir offensichtlich, dass wir vor einer nationalen Krise standen. Natürlich war ich nur eine Stimme unter vielen. Langsam setzte eine größere Akzeptanz ein. Und zwar in dem Maße, dass meine Tätigkeit – und die aller Psychiater – im Jahr 2003 ganz anders als noch im Jahr 1987 aussah.

Wie kam das? Zwanzig Jahre zuvor gingen die Menschen nur bei ernsthaften Schwirigkeiten zu einem Psychiater. Wenn sie ernstlich depressiv, manisch oder psychotisch waren. Wenn sie nicht funktionierten. Ein Seelenklempner war die letzte Zuflucht. Doch die meisten meiner jetzigen Patienten wären in jenen Jahren, als ich anfing, gar nicht als »Patienten« angesehen worden. Das soll nicht heißen, dass sie sich nicht mit schwierigen Problemen herumschlugen, doch oft brauchten sie keine umfangreiche Therapie oder Medikation. Ich erinnere mich an einen Patienten, der, kurz nachdem seine Mutter verstorben war, zu mir kam. Er war traurig und niedergeschlagen. Ich ging mit ihm die Routinefragen durch.

»Schlafen Sie gut?«, fragte ich.

»Ich, ich schlafe passabel.«

»Wie ist Ihr Energieniveau?«

»Das ist gut.«

»Sind Sie in der Lage zu arbeiten?«

»Klar, ich gehe jeden Tag. Mein Chef und meine Kolleginnen sind großartig.«

»Essen Sie ausreichend?«

»Meine Ernährung hat sich nicht groß verändert.« Er seufzte. »Ich bin nur einfach sehr, sehr traurig.«

»Na ja, es ist gerade mal eine Woche her, dass Ihre Mutter gestorben ist«, sagte ich. »Es ist normal, traurig zu sein, vielleicht sogar deprimiert, wenn ein Elternteil stirbt. Ich erkenne hier keine klinischen Probleme. Und es scheinen auch keine körperlichen Einschränkungen vorzuliegen. Ich denke nicht, dass ein Grund für eine Medikation vorliegt. Mein Eindruck ist eher, dass Sie damit unglaublich gut umgehen. Trauer ist ein natürlicher Teil des Lebens. Wenn wir Menschen, die wir lieben, verlieren, ist es schwer, damit klarzukommen.«

Er seufzte noch einmal. »Ja, das ist es. Ich dachte nur, ein paar Tabletten würden helfen. Sie wissen schon, ein Antidepressivum.«

Wir sprachen ein wenig darüber, wie schön es sei, sich an die guten Zeiten mit seiner Mutter zu erinnern und die Erinnerung an sie und ihr Leben in Ehren zu halten. Dann sagte ich zu ihm: »Warum geben Sie sich nicht einen Monat Zeit und schauen, wie die Dinge laufen. Falls es schlechter wird, bin ich da. Kommen Sie wieder, und wir bewerten es neu.«

Er kam nicht wieder. Im Gegenteil, als ich ihn ein paar Monate später zufällig traf, sagte er: »Das Beste, was Sie mir damals sagten, war, dass ich keine Medikamente bräuchte, sondern dass das, was ich durchmachte, normal sei. Ich habe das alles durchgestanden, und von Zeit zu Zeit bin ich immer noch traurig, aber ich bin gut in Form.«

Rund um das Jahr 2008 war diese Art von Besuch eher die Regel als die Ausnahme geworden. Und zusätzlich zu der wachsenden Zahl von Menschen, die einen Termin bei mir machten, aber nicht ernsthaft krank waren, erkannte ich einen weiteren Trend: Immer mehr Menschen kamen zu mir mit Symptomen des Missbrauchs von verschreibungspflichtigen Medikamenten, einschließlich Ritalin® (Wirkstoff: Methylphenidat), Adderall® (Wirkstoff: Amphetamin), Xanax® (Wirkstoff: Alprazolam) und, das war am bemerkenswertesten, betäubenden Schmerzmitteln. Der Missbrauch von solch stark wirksamen Schmerzmitteln, deren Wirkstoffe die Opioide Oxycodon oder Hydrocodon sind, nahm ernsthaft zu, nicht nur in meiner Umgebung, sondern landesweit. Die Leute wurden von den Mitteln abhängig, mit denen wir psychiatrische und medizinische Probleme behandelt hatten. Es hatte fast epidemieartige Ausmaße angenommen.

So saß ich nun in Las Vegas in der Bar und fasste jene Gedanken zusammen, die ich schon eine geraume Weile mit mir herumgetragen hatte. Wir hatten nicht nur das Problem der mentalen Gesundheit enttabuisiert, sondern wir waren in die komplett andere Richtung gegangen. Im Grunde hatten wir die mentalen Krankheiten verherrlicht. Heute scheint es, als müsse jeder einen Experten für mentale Gesundheit konsultieren. Alles muss diagnostiziert werden. Wir alle müssen wegen irgendetwas behandelt werden.

Lassen Sie mich kurz einwerfen, dass ich es für eine gute Sache halte, dass sich so viele Menschen ihrer psychischen Gesundheit bewusst geworden sind, Interesse zeigen für das Thema im Allgemeinen und an Gesprächen darüber und eine große Bandbreite an emotionalen und psychologischen Sorgen ansprechen. Auf der anderen Seite wiederum schlagen wir den falschen Weg und noch dazu einen potenziell gefährlichen Weg ein, wenn wir überall psychische Probleme sehen, überbewerten, überdiagnostizieren. Und vor allem Medikamente überdosieren.

Doch es ging nicht nur darum, dass man sich zu stark auf Medikation stützt. In meinen Augen brauchte auch die traditionelle Therapie eine Neuorientierung. Verstehen Sie mich nicht falsch, ich bin ein großer Fan der Gesprächstherapie, und das war ich auch schon immer. Immerhin habe ich inzwischen über 30 Jahre damit verbracht, Patienten zu helfen, und zwar mit einer Kombination aus Medikamenten und Gesprächen. Doch immer öfter beobachtete ich, das die Therapie genau wie die Medikamente nur dazu diente, eine als »unnormal« angesehene Eigenschaft zu kurieren. Kam also ein Patient zu einem Therapeuten, weil er sich selbst als schüchtern wahrnahm, dann erfolgte fast automatisch die Reaktion: »Lass uns zusammenarbeiten, damit du mutiger, durchsetzungsstärker und kontaktfreudiger wirst.« Ein besserer Ansatz wäre jedoch, zunächst einmal die Stärken des Patienten zu betrachten. Vielleicht könnte man diese noch besser verstehen und betonen? Vielleicht war Schüchternheit am Ende doch gar kein so großes Problem? Vielleicht war Schüchternheit einfach ein wesentlicher Teil der Persönlichkeit des Patienten und im Grunde das, was ihn besonders machte?

Und was bedeutete das alles für mich? Ich wusste, dass ich gern Rat gab und anderen half, aber das tat ich ja bereits. Wie konnte ich das in größerem, vielleicht sogar globalerem Maß tun? Wie konnte ich meine Selbstsicherheit, meine Energie und meine Wellen an Kreativität in dieser Frage einbringen?

An jenem Tag in Las Vegas im Jahr 2008 entschied ich, dass es für mich an der Zeit war, noch einmal das Wort zu ergreifen. Ich beschloss, dass ich kontinuierlich weniger Zeit mit Patienten verbringen und einen Großteil meiner Energie der Bildung und Aufklärung widmen würde, um die Mythen und Tabus, die die psychische Gesundheit begleiteten, zu erklären; den Menschen zu zeigen, dass das Pendel zu weit geschwungen war, dass nicht jede oder jeder eine Therapie oder Medikamente brauchte und dass die Anerkennung dessen, wer wir sind, der Schlüssel zu Erfolg und Glück ist.

Und genau das habe ich während der letzten Jahre getan.

Ich verstärkte meine Präsenz in den Medien und trat regelmäßig in bekannten und viel beachteten Radio- und Fernsehsendungen auf. Zu Beginn des Jahres 2009 stellte ich meine Webseite www.DrDaleArcher.com online. Das erlaubte mir, mit Menschen, die keinen Psychiater aufsuchen wollten, zu interagieren und ihnen so meinen Rat anzubieten. Ich versuche, handfeste Beratung basierend auf dem gesunden Menschenverstand zu geben. Ich biete Hoffnung in dem Sinne an, dass ich Menschen erkläre, dass sie mit ihrem Problem nicht allein dastehen. Ich versuche, ihnen zu versichern, dass das Problem erfolgreich angegangen werden kann. Und natürlich weise ich bei ernsteren Fällen die Person darauf hin, dass diese Art von Problem durchaus den Besuch bei einem Psychiater rechtfertigt. Die Webseite hatte (und hat) eine überwältigende Resonanz, und ich fühle mich wohl damit, dass ich so vielen Menschen helfen konnte, und das auch noch kostenfrei.

Doch sosehr ich auch vom Wert meines Medienengagements und der Arbeit meiner Webseite überzeugt bin, hatte ich noch immer das Gefühl, ich könne mehr tun. Ich wollte alle meine Ideen auf umfassende und strukturierte Art und Weise vorstellen und so einen Rahmen schaffen, in dem Menschen weitreichend und klar über mentale Gesundheitsprobleme im Kontext der heutigen Gesellschaft nachdenken können. Und, und das ist mir genauso wichtig, ich wollte den Menschen mit meiner klinischen Erfahrung helfen, indem ich ihnen praktikable Wege aufzeigte, um jene Probleme, die sie mit sich selbst, Familienangehörigen, Freunden oder Arbeitskollegen hatten, anzugehen.

Dieses Buch ist das Ergebnis. Es zusammenzustellen, war eine der herausforderndsten und befriedigendsten Aufgaben meiner Karriere. Es hat nicht nur meine Verbundenheit mit meiner Arbeit als Psychiater wiederbelebt, sondern mir auch viele Möglichkeiten eröffnet, das Wort für einen sensiblen und verantwortungsvollen Umgang mit unserer kollektiven mentalen Gesundheit zu ergreifen.

Dieses Buch zu schreiben, half mir auch dabei, noch besser zu verstehen, wer ich bin und wie ich das Beste aus meinem Persönlichkeitsprofil machen kann. Ich erkannte, dass mein Erfolg beim Pokerspielen in Wahrheit auf meinen dominanten Persönlichkeitseigenschaften basierte – aber dass es bei Weitem nicht der beste Einsatz selbiger war und es mich nicht wirklich glücklich machte. Obwohl ich keine Funktionsstörung hatte, verursachten diese Eigenschaften mir Probleme. Indem ich Patienten half, Ideen veröffentlichte und einen besseren Umgang mit den Persönlichkeitsmerkmalen propagierte, setzte ich meine Eigenschaften auf positive Art und Weise ein, und mit dem Glauben, dass diese Aufgabe größer als ich sei und die Arbeit getan werden sollte, trieb mich das immer weiter an.

Ich hoffe, dass dieses Buch Ihnen, liebe Leser, helfen kann, zu der gleichen Erkenntnis wie ich zu kommen. Ich glaube, wenn wir versuchen, das zu erreichen, was als »normal« bezeichnet wird – indem wir unsere Persönlichkeitsmerkmale verleugnen oder versuchen, sie mit Medikamenten zu eliminieren –, verlieren wir eine Quelle der Stärke und Einmaligkeit, die die Grundlage für unsere eigentliche persönliche Größe ist. Wirklich, Sie sind, wer Sie sind, und man kann große Erfüllung im Leben finden, wenn man seinen eigenen Charakter versteht, seine Eigenschaften identifiziert und das Beste aus ihnen macht.

KAPITEL 1

DIE ACHT PERSÖNLICHKEITSMERKMALE

Und man sollte sich daran erinnern, dass es nichts Schwierigeres gibt, nichts Gefährlicheres zu unternehmen oder nichts Unsichereres, als die Leitung der Einführung einer neuen Ordnung zu übernehmen. Denn der Umgestalter wird Feinde unter jenen haben, die in der alten Ordnung gut gelebt haben, und halbherzige Verteidiger unter jenen, die in der neuen Ordnung Vorteile haben könnten.

NICCOLÒ MACHIAVELLI

Es ist an der Zeit für eine neue Ordnung in der Welt der mentalen Gesundheit. Als Psychiater fühle ich mich aufgerufen, das in Amerika verbreitete Überdiagnostizieren und Übermedikamentieren kritisch zu betrachten. Und noch wichtiger, ich fühle mich berufen, eine neue, bestärkende Auffassung in Hinblick auf mentale Fehlfunktionen zu etablieren, die die Verantwortung für Identität und mentale Gesundheit zurück in die Hände gibt, in die sie gehört: in Ihre eigenen.

Ich stelle mir eine echte Veränderung in Bezug auf die Art und Weise vor, wie wir darüber sprechen, was es heißt, wir selbst zu sein. Ich glaube, dass wir unser Selbstverständnis wirklich verändern können, wenn wir die acht grundlegenden Persönlichkeitsmerkmale verstehen und sie als Teil eines Kontinuums sehen können. Wenn Sie die Lektüre des Buches beendet haben, hoffe ich, dass Sie erkennen, dass jeder von uns all diese Persönlichkeitsmerkmale in einer gewissen Ausprägung in sich trägt und dass Sie diese auf einer 1-bis-10-Skala für sich einsortieren können (mehr dazu gleich). Sie werden in der Lage sein zu sagen:

>*Ich bin eine Acht im ADHS-Spektrum.*«
>*Ich bin eine Sieben im Narzissmus-Spektrum.*«
>*Ich bin eine Sieben im Spektrum der bipolaren Störungen.*«
>*Und ich bin eine Zwei im Spektrum der Zwangsstörungen.*«

Und was noch wichtiger ist, Sie sollten in der Lage sein zu erkennen, wie Ihnen in der Vergangenheit jedes dominante Persönlichkeitsmerkmal auf seine Art nützlich war. Sie könnten sagen: »Ich hätte niemals das Bedürfnis verspürt, den zehntägigen Segeltörn alleine zu unternehmen, wenn ich nicht ein ADHS 8 wäre.« Oder noch besser: »Ich habe alle Eigenschaften, um die Reise zu unternehmen, von der ich schon immer geträumt habe. Nichts wird mich mehr davon abhalten.«

AUFMERKSAMKEITSDEFIZIT-/HYPERAKTIVITÄTS-SKALA				
GELASSEN		ABENTEUERLUSTIG		ADHS
0	3	5	7	10+
nicht vorhanden		dominant		superdominant

Und jetzt kommt eine Geschichte für Sie. Sie handelt von mir, aber genauso gut könnte sie von Ihnen oder von vielen anderen Menschen handeln. Als ich in der 5. Klasse war, meldete sich eines Tages unser Klassenlehrer krank, und wir hatten eine Vertretungslehrerin, die ich Frau J. nennen möchte. Als die junge Frau ins Klassenzimmer kam, war ich mir ziemlich sicher zu wissen, wie sie tickte. Also beschloss ich zu testen, ob ich richtiglag, und eine Reihe von Experimenten durchzuführen. Das erste basierte auf Papierkügelchen. Ich bin mir nicht sicher, ob Kinder das heutzutage immer noch tun, also lassen Sie mich die Technik kurz erklären:

1. Reiße eine kleine Ecke Papier ab, vorzugsweise von den Hausaufgaben.
2. Knülle das Papier zusammen, steck es in den Mund und befeuchte es mit Speichel (also Spucke).
3. Hole das Papier aus dem Mund und presse es zu einem harten, kleinen Kügelchen zusammen.
4. Stecke das Kügelchen auf das Ende eines Strohhalmes, nimm das andere Ende in den Mund.
5. Kräftig pusten.

Ich bereitete den ersten Schuss eines Kügelchens vor und wartete, bis Frau J., mit dem Rücken zu uns gewandt, an der Tafel stand. Das Papierkügelchen flog durch den Raum und traf ein Kind in der ersten Reihe am Hals. Frau J. sah uns an. Falls sie die Unruhe bemerkt hatte, ließ sie es sich nicht anmerken. Und, oh ja, ich hatte genau in Bezug auf sie richtiggelegen.

Ich setzte mein Experiment fort, indem ich mehrere Gummis durch den Raum schnipste und dann ein völliges neues Level einläutete: Papierflieger. Das brachte den Erfolg. Mein Papierflieger verpasste sein Zielkind und traf stattdessen Frau J.s rechte Kniescheibe. Sie schnappte nach Luft. Sie wurde rot. Sie stand kurz vor den Tränen. Hastig verließ sie den Klassenraum und kehrte einen Moment später mit dem stellvertretenden Direktor, Herrn B., zurück. Ohne zu zögern, rief er mich nach vorn und starrte mich böse an. »D.«, sagte er streng (D. war in der Schule mein Spitzname.) Ich sackte etwas in mich zusammen. »Ja?« Herr B. sprach in einem tiefen, kontrollierten Tonfall. »Wenn du dich nicht benimmst, muss ich deine Eltern anrufen. Ich werde deiner Mutter und deinem Vater erzählen, dass du den Unterricht gestört hast und dich jemand abholen und nach Hause bringen soll.«

Abgesehen davon, wie diese Geschichte jetzt klingen mag, war ich eigentlich ein ziemlich folgsames Kind. Ich sagte Herrn B., dass ich mich benehmen würde. Dann entschuldigte ich mich bei Frau J. und kehrte an meinen Tisch zurück. Herr B. ging. Ich lehnte meinen Stuhl gegen die Wand. Frau J. fuhr mit dem Unterricht fort. Und ich schlief ein.

Ich fühle mich ein bisschen mies, wenn ich diese Geschichte erzähle. Frau J. war vermutlich eine schüchterne Frau, deren

Persönlichkeitstyp sich nicht sonderlich für eine Vertretungslehrerin für Fünftklässler eignete. Also möchte ich diese Gelegenheit nutzen und mich (noch einmal) dafür entschuldigen, dass ich ihr damals den Tag ruiniert habe. Entschuldigen Sie bitte, Frau J.!

Meine Papierkügelchengeschichte zeigt einen Bilderbuchfall einer Verfassung, die sich Aufmerksamkeitsdefizit-/Hyperaktivitätsstörung, kurz ADHS, nennt. Zu den Symptomen gehören die Unfähigkeit, sich zu fokussieren, sowie die Tendenz, aus der Reihe zu tanzen und herumzuzappeln. Gemäß den traditionellen Annahmen über diese Verfassung werden diese Symptome, sobald sie störend werden – wie sie es an jenem Tag in Frau J.s Unterricht wurden –, nicht länger als Persönlichkeitsmerkmal angesehen. Sie zählen als unnormal und zeigen eine mentale Störung an, die behandelt werden muss, in der Regel mit einer Kombination aus Therapie und Medikamenten, üblicherweise mit einer Psychostimulanz wie Ritalin® oder Adderall®. Noch dazu wird jeder, der diese Symptome zeigt – und deswegen in Behandlung ist –, als psychisch krank abgestempelt. Die Menschen werden kategorisiert, stigmatisiert und bekommen oftmals den Schreck ihres Lebens. Wie gut, dass meine Eskapade nicht erst vor Kurzem war, denn dann wäre ich sicher auf der Stelle zu einem Onkel Doktor gebracht und mit Medikamenten behandelt worden.

Das ist die herkömmliche Art, bestimmte Persönlichkeitsmerkmale zu bewerten. Es ist meine Mission zu tun, was immer nötig ist, um mit dieser Denkweise aufzuräumen. Und ich werde dafür jedes mir zur Verfügung stehende Werkzeug nutzen, wenn es sein muss, auch Papierkügelchen.

Die Schublade mit dem Etikett »normal«

Unsere derzeitige Auffassung in Bezug auf Persönlichkeiten ließe sich dahingehend zusammenfassen, dass es eine Schublade mit dem Etikett »normal« gibt. In diese Schublade werden alle gepackt, die uns in Ordnung erscheinen. Vor einiger Zeit wären die meisten darin gelandet, denn die meisten von uns hielten sich für, nun ja, normal.

Doch es gibt ein Problem. Die Schublade mit dem Etikett »normal« wird von Tag zu Tag kleiner. Früher war es so, dass nur jene Menschen mit wirklich ernsthaften Zwangsstörungen oder Problemen – Psychosen oder gravierenden Stimmungsschwankungen – aus der Schublade herausflogen. Still und leise wurden sie zur Behandlung geschickt und vorzugsweise vergessen. Und es spielte keine Rolle, wie unterschiedlich all wir anderen waren, wir wurden alle in dieselbe Schublade gesteckt, so, wie wir eben waren.

Und jetzt denken Sie einmal über folgende Persönlichkeitsmerkmale nach:

Rastlosigkeit
Reizbarkeit
Konzentrationsschwierigkeiten
Geschwätzigkeit

Trifft eine oder mehrere dieser Eigenschaften auf Sie oder jemanden, den Sie kennen, zu? Auf mich treffen sie auf jeden Fall zu. Meine Rastlosigkeit ist bekannt. Als Kind hatte ich oft Schwierigkeiten, mich zu konzentrieren. Und wie Ihnen meine eigenen Kinder bestätigen werden, kann ich überaus geschwätzig sein.

Nun, jede dieser Eigenschaften könnte mich (oder Sie) aus der »Normal«-Schublade herauskatapultieren. All diese Eigenschaften sind seriöse diagnostische Kriterien für schwerwiegende geistige Krankheiten, direkt dem Leitfaden *Diagnostic and Statistical Manual of Mental Disorders* (»Diagnostisches und statistisches Handbuch psychischer Störungen«) entnommen, kurz DSM, die Bibel der Diagnostik und das Standardreferenzwerk der amerikanischen psychiatrischen Zunft. (Das DSM liegt derzeit in der im Mai 2013 erschienenen 5. Auflage vor, kurz DSM-5.)

Wie ich schon sagte, das Problem ist, dass diese »Symptome« beinahe jeder von uns zeigt. Von Zeit zu Zeit sind wir alle rastlos. Jeder ist mal gereizt. Und wer hat nicht mal Konzentrationsschwierigkeiten? Fast jeder schnattert mal aufgeregt. Wo also liegt die Grenze? Wie reizbar muss man sein, um als »unnormal« zu gelten?

Die Antwort ist, dass die »Normal«-Schublade gefährlich klein geworden ist, und das liegt nicht allein an den Psychiatern. Fast jeder scheint sich mit dem Diagnosefieber angesteckt zu haben. Eltern, Lehrer, Kollegen, Freunde, entfernte Verwandte – jeder ist zu einer Diagnose bereit. Das Kind, das sich in der Schule langweilt, hat ADHS. Die super durchorganisierte Person hat eine Zwangsstörung. Wird man wegen irgendwas ein wenig zu aufgeregt, ist man manisch. Leidet man unter gelegentlichen Stimmungsschwankungen, ist man bipolar. Zeigt man ein gesundes Selbstbewusstsein, ist man vermutlich ein Narzisst. Und damit ist die Liste keineswegs zu Ende. Derartige Bewertungen stereotypisieren die Menschen, begrenzen sie, drängen sie an den Rand. Sie helfen uns nicht, uns selbst zu verstehen. Im Gegenteil, sie vermitteln uns den

Eindruck, dass die Gesellschaft unseren hochindividuellen Umgang mit bestimmten Situationen sowie den Höhen und Tiefen des Lebens nicht zu schätzen weiß. Irgendwie sind wir psychologisch »übergeschnappt«.

In der Tat ist es so weit gekommen, dass 26 Prozent der Amerikaner angeblich eine oder mehrere diagnostizierbare psychische Funktionsstörungen aufweisen.[1] Das einzig passende Wort für diese Statistik ist »irrsinnig«. Um eine Funktionsstörung handelt es sicher per Definition, wenn etwas falsch ist, verdorben ist, nicht funktioniert. Eine psychische Störung ist eine Unregelmäßigkeit in der Funktionsweise des Gehirns. Wenn die Gehirne von einem Viertel der US-Bevölkerung nicht richtig funktionieren, dann läuft entweder mit dem menschlichen Geist etwas sehr, sehr schief – oder mit unserer Gesellschaft.

Ich glaube jedoch nicht, dass dies der Fall ist. Ich glaube, dass das menschliche Gehirn zum größten Teil wunderbar funktioniert. Im Grunde ist unser Gehirn einfach fantastisch. Das eigentliche Problem ist die Art und Weise, wie wir über mentale Krankheiten denken und wie wir sie diagnostizieren.

Lassen Sie mich schnell einschieben, dass ich keinesfalls andeuten möchte, dass psychische Erkrankungen *nicht* real und ernst zu nehmende Themen sind. Falls Sie oder jemand in Ihrer Umgebung je mit einer dieser Beschwerden gekämpft haben, wissen Sie sicherlich, wie schmerzhaft, hemmend und sogar lebensbedrohlich sie sein können. Als in einer Praxis tätiger Psychiater weiß ich, wie schwer psychische Erkrankungen die Betroffenen und ihre Familien beeinträchtigen können.

Was ich sagen möchte, ist, dass wir unsere Auffassung darüber ändern müssen, wie wir diese Verfassungen definieren.

Wir müssen die Diskussion in einen anderen Rahmen stellen und die »Normal«-Schublade neu definieren.

Der übermedikamentierte Geist

Dazu müssen wir verstehen, was psychische Störungen hervorruft. Wir wissen derzeit, dass in den meisten Fällen größerer Störungen genetische Faktoren eine Rolle spielen. Wir wissen auch, dass ernsthafte psychische Erkrankungen typischerweise durch ein chemisches Ungleichgewicht im Gehirn hervorgerufen werden. Heute blicken wir insbesondere auf die Botenstoffe Serotonin und Dopamin als Ursachen für bestimmte schwerwiegende psychische Krankheiten.

Für dieses Verständnis brauchte es eine gewisse Zeit. Vor 30 Jahren, als Student der Psychiatrie, hatte ich gegen verschiedene Therapieformen und Gesprächstherapieansätze, die man in den meisten psychiatrischen Einrichtungen und medizinischen Schulen unterrichtete, Vorbehalte, und ich bereute die Zeit, die ich in diesen Seminaren vergeudete. Warum? Weil ich glaubte, man könnte durch eine Kombination von Neurowissenschaft und Pharmazeutika die optimale psychische Gesundheit – sowohl als Individuum als auch als Gesellschaft – erreichen.

Jahrelang schien es, als hätte ich recht. Während der letzten 50 Jahre veränderten eine Reihe bedeutender pharmazeutischer Durchbrüche die Psychiatrie entscheidend. Wir können nun Funktionsstörungen wie Schizophrenie, bipolare Störung oder Depression erfolgreich mit Medikamenten behandeln, die die Symptome lindern und für die meisten Patienten die Lebensqualität verbessern. Rund um die Entwicklung und Produktion dieser Medikamente erlebt die pharmazeutische Industrie eine Blüte, einige würden wohl auch sagen: eine Blase.

Und doch lag ich falsch. Etwa Merkwürdiges geschah mit all der Forschung, die finanziell unterstützt wurde. Wir haben gelernt, dass die Chemie des Gehirns nicht nur durch Medikamente, sondern auch durch Psychotherapie entscheidend beeinflusst werden kann. Die Kraft des positiven Denkens wirkt entscheidend und kann die Form unserer Wirklichkeit mitbestimmen. Doch obwohl sich Psychotherapie und eine positive Psychologie bei der Behandlung psychiatrischer Erkrankungen als genauso effizient wie Medikamente erwiesen haben, schwingt das Pendel derzeit mehr und mehr in die andere Richtung – hin zu noch mehr Diagnosen für noch mehr Menschen, denen noch mehr Medikamente verschrieben werden.

All dies trug zu einem deutlichen – und für mich verstörenden – Trend in der pharmazeutischen Welt bei: Jeder nimmt mehr offiziell verschriebene und in den Apotheken verkaufte Medikamente ein, aus mehr Gründen als je zuvor. Natürlich handelt es sich nicht nur um Probleme, die mit der psychischen Gesundheit zusammenhängen. Das sind auch die Schmerzmittel, Schlaftabletten, Erkältungsmittel, kombinierte Husten- und Erkältungsmittel, Verhütungsmittel, Mittel gegen Erektionsstörungen, Migränemittel, Medikamente, um das Risiko für Herzerkrankungen zu verringern, Steroide bei Asthma, Mittel zur Gewichtsreduzierung, Tabletten, Tinkturen und Gelkapseln gegen Sodbrennen, Antidepressiva, Stimmungsaufheller.

Heute berichten in den USA 47 Prozent der Erwachsenen sowie 20 Prozent der Kinder (das ist jedes 5. Kind!), dass sie mindestens ein verschreibungspflichtiges Medikament im letzten Monat eingenommen haben.[2] Wir Amerikaner leiden an allerlei Nebenwirkungen dieser Medikamente – manche davon sind so schlimm wie die Symptome, die man zu lindern versucht, und wir wenden unglaubliche Summen auf, um so auszusehen und uns so zu fühlen wie alle anderen. Im Jahr 2007 gaben Amerikaner allein für Antidepressiva und antipsychotische Medikamente 25 Milliarden Dollar aus.[3] Im gleichen Jahr erhielten 3,9 Millionen Menschen (das ist einer von 73) Sozialleistungen, weil sie unter einer psychischen Erkrankung litten.[4] Die Kosten für die Behandlung unserer Gehirne sind schwindelerregend.

Warum läuft das so? Das ist eine komplexe Frage, und es wirken viele Faktoren dabei mit (einschließlich bestimmter Versicherungsgesellschaften, die Therapeuten nicht für Therapien bezahlen). Ein Faktor, den ich aus erster Hand kenne, ist der derzeitige Zustand der psychiatrischen Industrie. Psychiater, die sich bewusst sind, dass ihre Profession nicht als »echte« oder »harte« Wissenschaft angesehen wird (eine, die auf Labortests, Biopsien oder Untersuchungen mit bildgebenden Verfahren beruht), legten weniger Wert auf die traditionelle Gesprächstherapie, deren Ergebnisse schwieriger zu evaluieren sind, und wandten sich stattdessen verstärkt Medikamenten zu, denn die sind handfest und die gelieferten Ergebnisse einfacher zu quantifizieren. Und natürlich helfen sie auch vielen, vielen Menschen.

Das Vertrauen in Medikamente hat die Pharmaunternehmen noch weiter ermuntert, sie sehen einen immer weiter wachsenden Markt für ihre Produkte. Die Pharmaindustrie unterhält verschiedene Beziehungen zu Psychiatern und Forschungswissenschaftlern, die ihnen helfen, die Wirksamkeit ihrer Medikamente zu formulieren, zu entwickeln, zu testen und zu evaluieren. Der Geldfluss und der Einfluss der Medikamentenhersteller in der Wissenschaft und der psychiatrischen Gemeinschaft sorgten dafür, dass die Allgegenwärtigkeit und Bedeutung der Medikamente noch verstärkt wurden, und zwar nicht immer auf gute Art. Im Jahre 2003 wurde in einer Studie belegt, dass eine bessere Chance besteht, dass Medikamententests die Wirksamkeit für den intendierten Zweck nachweisen, wenn die Pharmaindustrie diese Tests finanziert, als wenn sie dies nicht tut.[5] Mit anderen Worten: In einer Studie wird ein Medikament wahrscheinlicher gut bewertet, wenn die Studie von der Firma bezahlt wird, die auch das Medikament verkauft.

Das ist keine große Überraschung, doch für mich überraschend war, dass bis zur Veröffentlichung dieser Studie Medikamente von der *Food and Drug Administration* (FDA, die US-Behörde für Lebens- und Arzneimittel) auf der Grundlage von Medikamententests zugelassen wurden, die – lassen Sie es sich auf der Zunge zergehen – von Pharmakonzernen durchgeführt worden waren. Das ist heute nicht mehr der Fall, aber die Medikamententests sind immer noch nicht vollkommen vertrauenswürdig und die Verbindungen zwischen der Pharmaindustrie und der wissenschaftlichen Gemeinschaft nicht komplett sauber. Ein befreundeter Forscher und Wissenschaftler erzählte mir, dass, wenn ein Pharmakonzern einen Medikamententest finanziert und die Ergebnisse nicht mit den Erwartungen des Konzerns übereinstimmen, eine hohe Wahrscheinlichkeit dafür besteht, dass er zukünftig nicht mehr von dem Konzern mit Tests beauftragt wird. Das setzt die Forschergemeinde enorm unter Druck, die Ergebnisse zu liefern, die der Konzern sich wünscht.

Lassen Sie es mich noch einmal betonen: *Ich bin nicht gegen den Einsatz von Medikamenten.* Viel zu oft war ich Zeuge ihrer guten Wirkung, um vorzuschlagen, wir sollten keine Medikamententests durchführen oder nicht nach den besten Medikamenten suchen, um psychische Erkrankungen, die uns plagen, zu behandeln. Dennoch denke ich, dass Medikamente nur ein Puzzleteil des Gesundheitssystems sein sollten und so oft wie möglich nur das letztmögliche Mittel. Mit dieser Überzeugung stehe ich nicht allein da. Unter Psychiatern wächst der Konsens, bei der Behandlung bestimmter körperlicher Befinden weg von der Medikation zu gehen und hin zu einer fundamentalen Veränderung des Lebensstiles. Wenn ein Allgemeinmediziner oder Hausarzt bei einem Patienten Bluthochdruck diagnostiziert, muss er/sie nicht sofort Medikamente verschreiben. Stattdessen könnte er/sie den Patienten ermutigen, die Ernährung umzustellen, mehr Sport zu treiben, mehr zu schlafen und Faktoren, die im Leben des Patienten Stress verursachen, auszuschalten beziehungsweise zu reduzieren. Erst wenn diese Methoden ausprobiert wurden und nicht die gewünschten Ergebnisse zeigten, wird der Arzt eine Medikation empfehlen, die helfen könnte.

Was bei Bluthochdruck und anderen körperlichen Beschwerden funktioniert, kann auch bei der Behandlung der psychischen Gesundheit angewandt werden. Beschreibt ein Patient Symptome oder Verhaltensweisen, die nicht offensichtlich Manifestationen einer psychischen Störung sind, sollte der Arzt mit der Medikation warten! Der behandelnde Mediziner – ganz gleich, ob es sich um einen Kinderarzt, Allgemeinarzt oder Psychiater handelt – sollte zuerst versuchen, ob sich die Beschwerden auch auf andere Art und Weise lindern lassen.

Noch wichtiger ist – und das ist das grundlegende Konzept dieses Buches –, dass der »Patient« (der am Ende vielleicht gar kein Patient ist) seine Persönlichkeitsmerkmale auf jene neue Art betrachten sollte, die ich beschrieben habe. Menschen brauchen Hilfe dabei, um all die Dinge, die sie unterschiedlich erscheinen lassen, annehmen zu können. Außerdem können wir die Art und Weise, wie wir unser Persönlichkeitsprofil einschätzen, komplett ändern. Statt unsere dominante Verhaltensweise als unnormal einzuschätzen, kann man sie als bestimmend für das eigene Wesen, als einmalig und für einen selbst charakteristisch wahrnehmen. Eine Eigenschaft, die einem manchmal als Last oder Hindernis erscheint, kann im Grunde das größte Kapital sein. Was als Barriere erscheint, mag zur Karriere oder zum Glück führen.

Das hört sich an, als ob ich über das Ziel hinausschieße, ich weiß. Aber haben Sie Geduld mit mir. Ich glaube nicht nur, dass das stimmt, ich habe es an Hunderten von Patienten, Freunden, Verwandten und Kollegen beobachtet.

Die Wurzeln dieser Idee liegen in der Evolutionstheorie, genauer in der Gruppentheorie, die in den letzten Jahren sehr viel Interesse erfahren hat. Sie besagt, dass Menschen in Gruppen leben, deren Mitglieder voneinander abhängig sind, denn für die Evolution sind Persönlichkeitsmerkmale wie die eben erwähnten günstig. Ist ein Mitglied der Gruppe zum Beispiel überaus abenteuerlustig, besonders gut organisiert oder ein außergewöhnlich charismatischer Führer, dann profitieren alle Mitglieder der Gruppe davon. Doch wenn wir Diagnosen erstellen oder uns auf die Suche nach Medikamenten machen, damit wir alle in die »Normal«-Schublade passen, dann unterdrücken wir das breite Spektrum der menschlichen Vielfältigkeit. Als Individuen sinkt unser Potenzial für die persönliche Befriedigung. Und als Gruppe – als Gesellschaft – leiden wir.

Die Eigenschaften in einem Kontinuum

Ich bin der Überzeugung, dass es acht wichtige Persönlichkeitsmerkmale gibt, die, wenn sie deutlich dominant sind, eine Funktionsstörung konstituieren können. Fast jeder Mensch auf der Erde weist zumindest eines dieser Merkmale zu einem bestimmten Grad auf.

Diese Merkmale sind gewöhnlich kein Geheimnis. Die meisten Menschen sind ziemlich scharfsinnige Beurteiler von Charaktermerkmalen (zumindest wenn es um den Charakter anderer Menschen geht!) und wissen ganz genau, dass Frau J. schüchtern ist und Herr B. ziemlich selbstbewusst und dass das Kind in der letzten Bank, das mit den Papierkügelchen geschossen hat, ein bisschen aufgedreht und schnell gelangweilt ist. Diese Merkmale können als positiv und einflussreich gewertet werden, als problematisch und einschränkend oder, wie meistens, als irgendetwas dazwischen. Mehr dazu in einer Sekunde.

Die acht grundlegenden Persönlichkeitsmerkmale menschlichen Verhaltens sind in der Psychiatrie wohlbekannt. Im bereits erwähnten Leitfaden, dem *Diagnostic and Statistical Manual of Mental Disorders* (DSM), werden sie alle als psychische Funktionsstörungen klassifiziert (wie man dem Titel schon entnehmen kann) – und zwar zum Beispiel als bipolare Störung, Aufmerksamkeitsdefizit-/Hyperaktivitätsstörung (ADHS), Zwangsstörungen, narzisstische Persönlichkeitsstörung. Diese Begriffe werden im Lexikon der Psychiatrie nicht nur klar definiert, sondern sind auch in den allgemeinen Sprachgebrauch eingegangen.

In den letzten Jahren haben Psychiater begonnen, diese Persönlichkeitsmerkmale (alias Funktionsstörungen) in einer differenzierteren Art und Weise zu betrachten – einer Weise, die eines Tages die »Normal«-Schublade erweitern könnte –, indem man sie in einem Kontinuum oder Spektrum anordnete. Am unteren Ende des Spektrums taucht das Merkmal gar nicht auf. Ich nenne das »abwesend« (wenn Sie zum Beispiel nicht schüchtern sind). Am anderen Ende ist das Merkmal so dominant, dass es beinahe vollständig Ihre Persönlichkeit bestimmt und es Ihnen schwer macht zu funktionieren. Das nenne ich »superdominant«. (Sie sind beispielsweise so schüchtern, dass Sie sich nicht mehr trauen, das Haus zu verlassen – soziale Angststörung.) Und dann gibt es jede Menge Abstufungen zwischen diesen beiden Extremen. Das heißt, das Persönlichkeitsmerkmal ist vorhanden, vielleicht sogar an der Grenze zur Dominanz, es ist aber nicht übermächtig. (Sie sind eine sehr selbstbeherrschte Person mit großer innerer Stärke, die keine große Zahl an sozialen Interaktionen für ein erfolgreiches, glückliches und produktives Leben braucht oder möchte.)

Das Kontinuum-Modell weist meiner Ansicht nach in die richtige Richtung und ist für uns der beste Weg, die Schublade zu erweitern und uns aus der Spirale des Überdiagnostizierens und Übermedikamentierens zu befreien. Wir müssen erkennen, dass viele von uns solche Persönlichkeitsmerkmale in verschieden starker Ausprägung aufweisen. Und wir müssen aufhören, diese als negativ zu bewerten. Stattdessen sollten wir die positiven Aspekte jedes Persönlichkeitsmerkmals würdigen und ein tieferes Verständnis dafür entwickeln, wann und wie jedes dieser Persönlichkeitsmerkmale superdominant und damit zu einem Problem – für die Person und für die Gesellschaft – wird und wie wir damit umgehen.

Bevor wir im Detail über die Persönlichkeitsmerkmale sprechen, lassen Sie mich erklären, wie ich auf diese acht gekommen bin und nicht auf zehn oder zwanzig. Zunächst einmal passen diese acht Persönlichkeitsmerkmale genau zu den bekannten psychiatrischen Funktionsstörungen. Ich sehe viele andere, weniger bekannte Funktionsstörungen als Unterkategorien dieser Persönlichkeitsmerkmale an. Zum Beispiel zeigt eine Borderline-Persönlichkeitsstörung viele ähnliche Symptome wie eine bipolare oder eine histrionische Persönlichkeitsstörung. Zweitens wollte ich mich auf Merkmale konzentrieren, über die bereits Forschungen zur genetischen Herkunft durchgeführt wurden (und immer noch durchgeführt werden) – deshalb wurden über die Jahrhunderte hinweg diese Merkmale in der menschlichen Gemeinschaft so dominant, hielten sich beständig und verbreiteten sich. Von diesen Kriterien ausgehend, entschied ich, bestimmte Verhaltenstypen nicht mit aufzunehmen, wie zum Beispiel passiv-aggressives Verhalten, denn es definiert eine Persönlichkeit eigentlich nicht.

Außerdem konnte ich – und das ist genauso wichtig – in meiner eigenen Praxis feststellen, dass diese acht Persönlichkeitsmerkmale die am weitesten verbreiteten sind, sich innerhalb einer gewissen Bandbreite manifestieren und über die die Menschen am stärksten besorgt sind. Ich habe auch viele Depressionen gesehen, doch ich ordne diese Erkrankung innerhalb der Skala der Angstzustände ein. Dennoch gilt für all diese Merkmale, wenn die Patienten eine Acht oder Neun auf der Skala erreichen, dass sie diese zusammen mit einer Depression erleben. In der Tat ist Depression oft die zuerst genannte Beschwerde, weshalb man sie auch als die »gewöhnliche Erkältung der Psychiatrie« bezeichnet. Als Arzt ist es meine Aufgabe, die tiefer liegenden Merkmale, die Teil des Problems sein können, zu finden und die Situation in ihrer Gesamtheit zu betrachten. Viele Menschen kommen mit Problemen zu mir, die mit Drogenmissbrauch und Suchtverhalten zusammenhängen – was ich eher als eine Erkrankung und nicht als Persönlichkeitsmerkmal betrachte.

Aber lassen Sie uns nun über die Merkmale im Detail sprechen. Machen Sie sich darauf gefasst, dass Sie im Folgenden wahrscheinlich denken werden: »Das bin nicht ich!«, wenn Sie die *klinische* Definition hören. Oder: »*Daran* kann doch nichts Gutes sein.« Daher werde ich die Merkmale so auflisten, dass das Positive zuerst erscheint, wenn das Merkmal auftritt oder zunimmt, und dann, als zweiten Schritt, die DSM-Klassifikation, wenn das Merkmal superdominant ist. Später liefere ich auch noch für jedes Merkmal Beispiele von echten Menschen, Leute, die ich kenne, sei es als Patienten oder weil sie berühmte Persönlichkeiten sind.

Abenteuerlustig – ADHS

Wenn dieses Persönlichkeitsmerkmal vorherrschend, jedoch nicht superdominant ist, langweilt man sich leicht bei Routinen, man ist mutig, ignoriert Gefahren und geht kalkulierte Risiken ein. Ist das Persönlichkeitsmerkmal superdominant, wird es als Aufmerksamkeitsdefizit-/Hyperaktivitätsstörung (ADHS) diagnostiziert. Es fällt schwer, still zu sitzen, langsamer zu werden, sich zu konzentrieren, zu reflektieren oder auf eine gemäßigte, bedächtige Art und Weise zu agieren.

Perfektionistisch – Zwangsstörung

Man bemerkt und stört sich an Details, die die meisten übersehen würden. Ist dieses Persönlichkeitsmerkmal vorherrschend, ist man ein Perfektionist mit einem scharfen Blick für die wichtigen Details. Wenn das Merkmal superdominant ist, kann eine Zwangsstörung diagnostiziert werden. Man kann sich einfach nicht von den Details lösen. Man kann zwanghafte und unveränderliche Routinen entwickeln. Man kann bestimmte Verhaltensweisen nicht beeinflussen.

Schüchtern – soziale Angststörung

Als schüchterne Person macht man viel mit sich selbst aus. Man kann alleine, nur mit engen Freunden oder der Familie leben und arbeiten und dabei sehr glücklich und zufrieden sein. Wenn dieses Persönlichkeitsmerkmal superdominant ist, dann hat man eine soziale Angststörung, auch soziale Phobie genannt. Diese können bei der Arbeit, in der Schule und in anderen sozialen Situationen Probleme bereiten.

Erhöhte Wachsamkeit – generalisierte Angststörung

Wenn man dieses Persönlichkeitsmerkmal aufweist, mag man oft unglaublich wachsam sein, konzentriert sich jedoch auf echte Probleme und nutzt seine Aufmerksamkeit als treibende Kraft. Man kann sich das Schlimmste vorstellen und sich entsprechend vorbereiten. Die Ängstlichkeit dient als eine Art Frühwarnsystem, das auf Details, die geklärt werden müssen, hinweist. Ist dieses Persönlichkeitsmerkmal superdominant, dann wird eine generalisierte Angststörung diagnostiziert, mit Angst ohne stichhaltigen Grund oder Ursache. Man eilt von Aufgabe zu Aufgabe, ist nie zufrieden und sorgt sich ständig um alles.

Theatralisch – histrionisch

Man ist voller Emotionen, die man offen zur Schau stellt, ohne jegliche Scham und voller Ernst. Man hat tiefe Empfindungen und zeigt sie, auch wenn andere davor zurückschrecken, dies zu tun. Wenn dieses Persönlichkeitsmerkmal superdominant ist, spricht man von einer histrionischen Persönlichkeitsstörung. Dann ist alles ein Drama, unabhängig davon, wie groß oder klein es tatsächlich sein mag. Gefühle wiegen immer schwerer als die Vernunft.

Ichbezogen – narzisstisch

Man ist stolz darauf, wer und was man ist. Man strahlt Selbstbewusstsein aus und vertraut seinen Fähigkeiten und seiner Intuition. Die Menschen fühlen sich von einem angezogen. Sie wollen in der Nähe sein und einem folgen. Wenn dieses Merkmal superdominant ist, wird es zum pathologischen Narzissmus mit der Diagnose einer narzisstischen Persönlichkeitsstörung. Man konzentriert sich so auf sich selbst, dass man andere ausschließt oder sie einfach nicht mehr wahrnimmt. Es dreht sich alles nur um einen selbst, und man kümmert sich kaum, wenn überhaupt, um andere Menschen.

Hohe Energie – bipolar

Man lebt mit voller Geschwindigkeit, gibt sich voll hin, läuft ununterbrochen und gibt vollen Einsatz bei allem, was man tut. Das kann unglaublich kreativ und produktiv sein. Diese dynamische Energie wird, wenn sie superdominant ist, bipolar genannt – dann wird das Verhalten manisch und gerät außer Kontrolle. Nach einer Weile kann es zu einem Zusammenbruch und einer Mordsangst kommen, die sich zu einer ernsthaften Depression auswachsen kann.

Magisch – Schizophrenie

Man ist sehr intuitiv. Man spürt Dinge. Handlungen basieren auf Glauben und Einsichten, die nicht unbedingt nachgewiesen werden können. Vielleicht hat man auch eine Vision, wie die Dinge sein sollten. Man hat Vertrauen. Wenn dieses Persönlichkeitsmerkmal superdominant ist, kann man schizophren werden. Man hört Stimmen und sieht Dinge, die nicht da sind. Man lebt in einer Welt der Nichtrealität.

Das Beste aus seinen Anlagen herausholen

Ergibt das Sinn für Sie? Oder glauben Sie, ich beschönige das eine oder andere sehr ernste Problem? Vielleicht denken Sie auch: »Dale Archer sagt, dass der Fokus auf sich selbst eine gute Sache sein könne, aber tatsächlich redet er über diese total ich-zentrierten Narzissten, die ich nicht ausstehen kann.«

Sollten Sie so denken, zügeln Sie Ihre Skepsis noch für einen Moment. Mein Ziel ist, die Stigmatisierungen, die Bezeichnungen wie ADHS oder bipolar begleiten, aufzubrechen. Während ich absolut kein Problem damit habe zu sagen: »Ja, ein bisschen habe ich auch ADHS«, weiß ich doch sehr genau, dass einige Menschen durchaus ein Problem haben, zwischen abenteuerlustig und hyperaktiv zu unterscheiden, insbesondere, wenn es um ihre Kinder geht.

Doch wir müssen lernen, genau diese Unterscheidungen zu treffen. Das ist der einzige Weg, unsere Selbstwahrnehmung zu verbessern, um unser Potenzial am besten ausschöpfen zu können. Und es ist der beste Weg, um die Verhaltensweisen anderer wertzuschätzen, sodass wir erfolgreich mit ihnen zusammenleben und -arbeiten können.

Letztendlich hoffe ich, dass wir in der Lage sein werden, unsere dominanten Verhaltensweisen eher als unsere besten Eigenschaften denn als unsere Mängel zu sehen. Es ist zum Beispiel keine Frage, dass ich ein dominantes abenteuerlustiges Wesen habe – ich bin eine Acht auf der ADHS-Skala. Als Kind brachte mir das jede Art von Ärger ein, obwohl es damals die Diagnose ADHS noch nicht gab. Als Erwachsener war dieses Persönlichkeitsmerkmal jedoch eine Bereicherung. Sollten Sie mal mit mir Zeit verbringen, würden Sie merken, dass ich ständig Multitasking betreibe: Ich jongliere Meetings, Telefonate, E-Mails, Veranstaltungen, Reisen, mein Schreiben, Vorträge, soziale Engagements und familiäre Verpflichtungen. Die Fähigkeit dazu ist essenziell für alle, die mit den neuen

Medien arbeiten. Und meine Abenteuerlust erlaubte es mir, in fortgeschrittenem Alter noch einmal eine völlig neue Karriere zu starten.

Abenteuerlust ist, wie alle Verhaltensmerkmale, nicht immer ein unkompliziertes Persönlichkeitsmerkmal. Auch sie bewegt sich im Verlauf der Zeit auf einer Skala. Mit anderen Worten, in einigen meiner Lebensphasen ist meine Abenteuerlust angenehm dominant und bringt mich zu aufregenden neuen Unternehmungen (zum Beispiel zum Pokerspiel). In anderen Lebensphasen grenzt dieses Persönlichkeitsmerkmal an eine superdominante Ausprägung und liegt näher am ADHS (Ruhelosigkeit in Bezug auf meine psychiatrische Praxis, zu starker Fokus auf das Pokerspiel und ein ständiger Drang, neue Extremsportarten auszuprobieren).

Doch über die Jahre bin ich mir meiner Wesensmerkmale und an welchen Stellen auf der Skala sie liegen, extrem bewusst geworden. Heute führe ich rund um meine abenteuerlustige Natur ein durchaus strukturiertes Leben. So weit wie möglich stehen meine Arbeit, meine Beziehungen und meine Aktivitäten außerhalb der Arbeit alle in Einklang mit dem, wie ich wirklich bin.

Und zwar nicht nur ich. Sehen Sie sich um, und Sie finden unzählige Beispiele von Menschen mit sehr ausgeprägten Persönlichkeitsmerkmalen – stark, aber nicht superdominant –, die alle möglichen wunderbaren Dinge erreichten, große und kleine. Lassen Sie mich Ihnen ein paar Beispiele nennen:

David Neeleman ist der Gründer von JetBlue, einer recht erfolgreichen Fluggesellschaft. Davids Geschichte ist weithin bekannt. Er quälte sich durch die Schulzeit, und als Erwachsener wurde bei ihm ADHS diagnostiziert. Trotz allem fand

David einen Weg, seinen Geist in eine Leistung von Weltklasse zu kanalisieren. Er sagte sogar einmal, dass er keinesfalls anders leben möchte.

Ähnlich wie David kann es für Menschen mit superdominanten ADHS-Merkmalen fast unmöglich sein, in Jobs oder Karrieren erfolgreich zu werden, in denen sie sich nicht mit Haut und Haaren einbringen können. Sie müssen etwas tun, in dem sie voll aufgehen können, was sie lieben und auf das sie sich pausenlos konzentrieren können. Finden sie solch eine Aufgabe, können sie Topperformer werden.

Mardi ist eine Verkäuferin, die ständig vor großen Kunden wichtige Präsentationen hält. Sie geht die Präsentationen vorab wieder und wieder durch, durchdenkt sie von allen Seiten, versucht die Rückfragen zu antizipieren und entsprechende Antworten zu finden, kundschaftet vorab die Kunden und die Konkurrenz aus. Sie hasst es, zu versagen. Sie hält es nicht aus, einen Verkauf nicht abzuschließen. Ganz klar macht sie sich Sorgen um ihre Arbeit, und man würde sie als nervös bezeichnen. Doch ihre Ängste treiben sie an, ihr Bestes zu geben. In der Vergangenheit hat sie bereits Medikamente genommen, doch hatte sie dann das Gefühl, dass sie jeglichen Biss verlor, und diese wieder abgesetzt. Ängstlichkeit in der Mitte der Skala gehört zum täglichen Leben und ist in vielen Alltagssituationen normal: beim Umgang mit neuen Situationen, bei der Gewöhnung an neue Menschen, als Reaktion auf Gefahren. Sie kann unsere Sinne schärfen, uns auf Aktionen vorbereiten, während sich unsere Lernfähigkeit und unsere Fähigkeiten, Probleme zu lösen, verbessern.

Werfen wir einen Blick auf Melinda. Als Kind las Melinda lieber Bücher oder ging alleine spazieren, statt mit den anderen Kindern aus der Nachbarschaft zu spielen. Nach Ansicht ihrer Familie war sie schüchtern. Ihre Schüchternheit wurde in manchen Situationen zur superdominanten Eigenschaft, wie auf Partys oder großen sozialen Ereignissen, besonders jenen, auf denen sie nicht viele Menschen kannte.

Heute vermeidet es Melinda, auf Partys zu gehen, auf denen sie sich unwohl fühlt, anstatt Medikamente zu nehmen, die ihr helfen würden, die Situation zu überstehen. Melinda weiß, dass sie schüchtern und so etwas wie eine Einzelgängerin ist, aber sie ist auch ein unabhängiger Geist. Sie arbeitet lieber außerhalb des Scheinwerferlichtes, und sie hat die perfekte Umgebung für ihre Persönlichkeit gefunden: Sie arbeitet in einer großen familienbetriebenen Restaurantkette und entwirft die Menüs. Sie kann von zu Hause aus arbeiten, und sie interagiert, wenn es nötig ist, mit den Familienmitgliedern – oft per E-Mail oder Telefon. Sie hat eine enge Freundin.

Melinda entwickelte Menüs, die sich als so erfolgreich und beliebt erwiesen, dass das Restaurant die Umsätze um 75 Prozent steigerte. Die Gesellschaft mag sagen, dass Melinda soziale Ängste habe. Ich behaupte, sie ist wahrhaftig sie selbst – sie macht das Beste aus ihren Eigenschaften und liebt es.

Oder wie würden Sie Julia »diagnostizieren«? Sie ist immer hübsch zurechtgemacht, mit frisch frisierten Haaren und passenden Kleidern. Sie ist offensichtlich sehr selbstbewusst. Sie arbeitet ausgezeichnet, geht berechenbare Risiken ein und kann sehr gut Ziele und Grundsätze formulieren. Julia kann Menschen mobilisieren, ihr Bestes zu geben, und lässt sich nicht sonderlich von Kritik oder dem negativen Ausgang von Ereignissen irritieren. Sie kann Menschen dazu überreden, sich für eine gute Sache einzusetzen, und arbeitet auch unter großem Druck gut. Kein Wunder, dass sie ausgewählt wurde, eine umfangreiche Spendenaktion einer großen Nonprofitorganisation zu leiten. Ist Julia narzisstisch? Ja, ein wenig, aber auf eine positive Art und Weise. Pathologisch narzisstisch? Definitiv nicht. Krankhafte Narzissten überschätzen ihre Talente und übertreiben Erreichtes. Sie halten sich für besser als andere und, das ist das Wichtigste, kümmern sich um niemanden außer um sich selbst. Dagegen ist eine selbstfokussierte Person oftmals überaus charismatisch und eine echte Führungspersönlichkeit, die realistisch einschätzt, wie gut sie ist, denn sie ist gut.

Jill ist eine Frau, die »besser ist als das Leben«. Sie liebt es, Leute zu unterhalten. Sie erzählt hinreißende Geschichten und wirklich lustige Witze und hat noch dazu eine fantastische Singstimme. Unglücklicherweise machte Jill ihren Abschluss in Betriebswirtschaft und arbeitete anschließend für ein bekanntes Unternehmen in einem Job mit hoher Taktzahl. Die Arbeit lag ihr nicht. Zu einengend. Nicht genug Ausdrucksmöglichkeiten. Sie beschrieb ihr Unglück ihren Freunden und Kollegen mit großer Inbrunst. Manchmal hörten sie zu. Manchmal wollten sie einfach nur, dass Jill die Klappe hielt.

An den Abenden jedoch blühte Jill auf. Alle durch die Arbeit ausgelösten negativen Gefühle wurden von der wunderbaren Fähigkeit abgelöst, Emotionen auszudrücken und mit Liedern Geschichten zu erzählen. Sie sang in verschiedenen Bands und liebte jede einzelne Minute davon. Am Ende gelangte Jill – und jeder andere in der Firma – zu der Erkenntnis, dass sie wirklich im falschen Bereich arbeitete. Eines Tages

sagte ihr Chef das auch ganz deutlich. Auf der Stelle antwortete Jill: »Sie haben recht. Ich kündige.« Sie verabschiedete sich
von 250.000 Dollar Jahresgehalt und richtete ihren Fokus auf
ihre Karriere als Sängerin.

»Es war das Schwerste, was ich je tat«, erzählte sie mir.
Und doch wusste sie, sie musste einen Ort finden, an dem es
okay war, dramatisch zu sein, wo es vielleicht sogar erwartet
und wertgeschätzt wurde. Sie lebte von ihren Ersparnissen,
während sie ihre Karriere als Sängerin aufbaute. Inzwischen
hat sie ihre erste CD herausgebracht und eine Reihe von Auftritten ergattert. Jill konzentrierte sich auf eine der wesentlichen Stärken ihres Persönlichkeitsmerkmals und baute eine
völlig neue und aufregende Karriere rund um ihre angebore-
nen Eigenschaften auf.

Courtney hat die künstlerische Leitung in einer kleinen
Werbeagentur in New York. Sie durchlebt Phasen ungeheurer
Kreativität, und wenn sie an neuen Ideen und überraschenden
Lösungen für die schwierigen Probleme ihrer Kunden sitzt,
sprüht sie förmlich. Sie versenkt sich in die Projekte, die ihr
am Herzen liegen, und arbeitet lang und hart, um sie erfolgreich zu Ende zu bringen. Dann arbeitet sie bis spät in die
Nacht und am Wochenende, und ihr Enthusiasmus und Optimismus scheinen grenzenlos zu sein.

Doch ab und an nach einer längeren Arbeitsperiode hat
sie einen Durchhänger. Üblicherweise genügt ihr ein ruhiges
Wochenende. Sie bleibt in ihrer Wohnung, bestellt sich Essen,
schaut Filme, liest und ignoriert ihre E-Mails. Am Montag ist
sie bereit für die nächste Runde. Bisweilen grenzt ihre Ru-
hephase an Depression. Sie fühlt sich traurig, niedergeschlagen, ohne Energie. Doch diese Stimmung hält nie lange an,

und sie hat sich entschieden, dass als Zeit des Wiederaufladens ihrer Batterien zu betrachten.

Würde ihre hohe Energie auch ausgewachsene Stimmungs-schwankungen beeinhalten, die sie davon abhielten, in ihrem Job ihre Kunden zufriedenzustellen, dann würde man Court-ney als bipolar einschätzen. Bei einer Person mit superdo-minanten bipolaren Zügen gäbe es dramatische Stimmungs-schwankungen, von extrem manisch bis hin zu furchtbar depressiv. Courtney hat meistens viel Energie und arbeitet in einem Job, wo diese Intensität von großem Nutzen ist.

Matt, der zwanzigjährige Star im Basketballteam seiner Universität, versucht alles, um seinem Team den richtigen Biss zu verleihen, dazu gehört auch, dass er seine »Glückssocken« trägt. Er trägt die gleichen Socken, solange sein Team gewinnt (und das tut es meistens). Sein Denken ist von Natur aus ma-gisch.

Neue Forschungen zeigen, dass magisches Denken – also der Vertrauensvorschuss, ohne Beweise an etwas zu glauben, von dem wir wissen, dass es stimmt – weiter verbreitet ist, als die meisten Menschen annehmen. Magisches Denken als Ei-genschaft beginnt mit dem Vertrauen in Glückssocken, aber es kann auch Intuition, Empathie und den Glauben an Dinge, die nicht bewiesen werden können, beinhalten. In Extremfällen können magische Denker ihren Sinn für die Realität komplett verlieren, ein Stadium, das Psychiater als »Psychose« bezeich-nen. Doch ohne ein Quäntchen an magischem Denken hätten vermutlich die meisten von uns Schwierigkeiten, überhaupt et-was anzufangen. Und noch wichtiger ist vielleicht, dass es oft das magische Denken ist, dass uns eine Bedeutung im Leben finden lässt.

Und nun zu Ihnen

Mein Ziel ist es, Sie zu ermutigen, Ihre eigenen Verhaltensweisen und Eigenschaften wahrzunehmen. Ich möchte Ihnen dabei helfen, dass Sie, egal, ob bei Ihnen eine mentale Störung diagnostiziert wurde oder nicht, sein können, wer Sie sind – und das ist eine gute Sache.

In jedem der folgenden Kapitel stelle ich Ihnen eines der acht Persönlichkeitsmerkmale vor. Jedes Kapitel ist vollgepackt mit Informationen über die Stärke jedes einzelnen Merkmals sowie wahren Geschichten von mir bekannten Menschen, die ihr Leben entsprechend ihrem Charakter aufgebaut haben, sowie Hinweisen zu allen Lebenslagen, von der Karriereplanung bis zu Beziehungen.

Am Ende des Buches finden Sie eine Reihe von Fragebögen, einen für jedes Persönlichkeitsmerkmal. Diese Fragebögen wurden mit der Hilfe meines Kollegen, des Psychologen Dr. Jerry Whiteman, in meiner Praxis in Louisiana entwickelt. Sie sind so konzipiert, dass sie Ihnen helfen, Ihr eigenes Persönlichkeitsprofil besser zu verstehen, zu erkennen, welche Persönlichkeitsmerkmale dominant und welche superdominant sind. Ich empfehle Ihnen, bereits jetzt das Ende des Buches aufzuschlagen und den Test durchzuführen, und zwar bevor Sie über die acht Persönlichkeitsmerkmale lesen. Das erlaubt es Ihnen, die einzelnen Kapitel mit Ihren eigenen Persönlichkeitsmerkmalen im Hinterkopf zu lesen. Wenn Sie die Fragebögen bearbeiten, beachten Sie bitte, dass die Skala von 0 bis 10 plus reicht. Liegen Sie mit einem Persönlichkeitsmerkmal bei 10 plus, heißt das, dass Sie auf diesem Gebiet ein stark ausgeprägtes Charaktermerkmal haben; es bedeutet jedoch nicht automatisch, dass Sie eine Diagnose oder gar Medikamente brauchen. Sowohl Jerry als auch ich kennen einige »10-plus-Menschen«, die gelernt haben, mit einem solch superdominanten Persönlichkeitsmerkmal zu leben.

Diese ausgewählten acht Persönlichkeitsmerkmale bestimmen auf grundlegende Art unser psychologisches Profil. Sie sind es, die uns einzigartig werden lassen, und durch sie unterscheiden wir uns von den anderen Menschen auf der Erde. Sie beeinflussen, wie wir denken, uns verhalten und wie wir uns fühlen. Das Profil mag sich im Laufe der Zeit ändern, wenn sich Lebensumstände ändern oder wenn man sich in verschiedenen Lebensphasen auf unterschiedliche Aspekte konzentriert. Diese Persönlichkeitsmerkmale definieren nicht die Grenzen oder packen einen in eine Schublade mit einer festen Identität – das ist das Letzte, was ich hier andeuten möchte. Stattdessen hoffe ich, dass Sie Ihre bestimmenden Persönlichkeitsmerkmale erkennen und verstehen, welche Sie am meisten beeinflussen und wie Ihnen dies Ihre einmalige, besondere Stärke verleiht. Denn wenn man, davon bin ich fest überzeugt, sein Leben diesen Stärken gemäß aufbaut, werden sie zum Tragen kommen und uns auf eine gute Art und Weise durchs Leben führen.

Lassen Sie uns also mit meinem »Lieblingspersönlichkeitsmerkmal« beginnen, dem, der zumeist in meinem Leben eine Wohltat war, obgleich auch manchmal ein Problem und dem heutzutage die meiste Aufmerksamkeit (und die meiste Medikation) zuteilwird: dem abenteuerlustigen ADHS.

KAPITEL 2

ABENTEUERLUSTIG – ADHS

In seinem letzten Collegejahr versuchte Seth, der Sohn meines Kollegen, die Grundsteine für eine erfolgreiche Karriere zu legen. Zusammen mit seinen Schulfreunden schrieb er Bewerbungen und schickte seine Unterlagen zu Dutzenden Banken und Unternehmen überall im Land. Mehrere große Firmen reagierten, und im Herbst 2008 fand sich Seth in einem Vorstellungsgespräch bei Bloomberg L.P. wieder, einem Medienunternehmen mit Hauptsitz in New York City. Für viele ehrgeizige junge Leute wäre dies die perfekte Gelegenheit: eine Position im Verkauf in einer großen Firma mit guten Aufstiegschancen. Doch Seth vermasselte das Gespräch, wie er mir erzählte. »Ich wusste gleich nach dem Vorstellungsgespräch, dass ich den Job nicht bekommen würde. Es war einfach ein schlechtes Gespräch«, erinnerte sich Seth.

An diesem trüben Freitagnachmittag flog Seth nach Hause zurück. »Ich erinnere mich, dass ich ziemlich enttäuscht war. Ich starrte aus dem Fenster und sah mein verzerrtes Spiegelbild. Irgendetwas machte in mir klick. Mir wurde klar, dass ich mich in einem Anzug einfach nicht wohlfühlen würde.

Ich passte einfach nicht in ein Flugzeug, das ständig zwischen New York und Washington pendelte.« Seth sah sich die anderen Menschen im Flugzeug an. »Alle waren genau wie ich gekleidet. Und alle blickten düster drein. Für einen kurzen Moment fühlte ich mich wie einer von ihnen. Doch es war kein angenehmes Gefühl der Zugehörigkeit. Ich sagte mir, dass ich gar nicht wie alle anderen sein wollte. Damit war ich durch. Ich wollte meinem Traum folgen. Ich wollte auf der anderen Seite der Welt sein.«

In den nächsten Monaten dachte Seth gründlich über seine Zukunft und seine Persönlichkeit nach. Er war ein aktiver Mensch, immer auf dem Sprung zur nächsten Unternehmung, immer Multitasking, immer auf der Suche nach Abenteuern. »Ich brauche immer was Neues«, sagte Seth.

Keine Frage, Seth war eine abenteuerlustige Natur – eine Acht auf der ADHS-Skala.

Das Kontinuum-Modell: abenteuerlustig

AUFMERKSAMKEITSDEFIZIT-/HYPERAKTIVITÄTS-KONTINUUM				
GELASSEN		ABENTEUERLUSTIG		ADHS
0	3	5	7	10+
nicht vorhanden		dominant		superdominant

Als Kind kannten wir alle mindestens ein Kind mit abenteuerlustiger Natur. Zum Beispiel den Jungen, der im Klassenzimmer in der letzten Reihe sitzt und Papierkügelchen durch den

Raum schießt. (Ja, das bin ich!) Oder das Mädchen, das ständig herumzappelt und keine Sekunde lang auf ihrem Stuhl still sitzen kann. Das Kind, das ständig seine Hausaufgaben nicht dabeihatte oder gar nicht gemacht hatte oder dem Lehrer nie zuzuhören schien.

Ich denke an Kinder, die wie Calvin aus den »Calvin und Hobbes«-Comicstrips sind, die während ihres Unterrichts die meiste Zeit im Weltall verbrachten, in der Zukunft oder im Zeitalter der Dinosaurier. Oder wie Mark Twains Held Huckleberry Finn, der jeden Tag eine Stunde lang Rechtschreibung üben musste. »Länger hätte ich auch nicht ausgehalten«, sagt Huck. »Es war todlangweilig, und ich war hibbelig.« Die Lehrerin im Buch, Mrs Watson, drohte ihm ewige Verdammnis am »bösen Ort« an, falls er nicht aufpassen und zuhören würde. Für Huck klang das nicht nach Strafe. »Ich wollte, ich wäre dort«, gesteht Huck. »Aber ich wollte nichts Schlechtes. Ich wollte nur irgendwo hingehen, ich wollte Veränderung, ich war nicht besonders wählerisch.«[6]

Hört sich ziemlich nach Seth an, nur war es hundert Jahre früher.

Viele berühmte Menschen werden mit diesem Persönlichkeitsmerkmal in Verbindung gebracht, beispielsweise Persönlichkeiten wie Andrew Carnegie, Christoph Kolumbus, Thomas Edison, Agatha Christie oder Pablo Picasso. Auch einige heutige Superstars könnten ziemlich weit oben auf der ADHS-Skala rangieren, zum Beispiel Olympiaschwimmer Michael Phelps, Justin Timberlake und Whoopi Goldberg oder der Basketballsuperstar Michael Jordan.

All diese Menschen sind leidenschaftlich, neugierig und energiegeladen. Sie sind großartige Multitasker mit außerge-

wöhnlichem Forschungsgeist. In herausfordernden Zeiten blü-
hen sie auf – Kriegen, Erkundungsreisen, Olympischen Spielen.
Immer wieder in der Geschichte wurden sie wegen ihrer außergewöhnlichen Leistungen ausgewählt – und wir lieben sie dafür.

All diese Menschen sind am oberen Ende der ADHS-Skala angesiedelt. Menschen am unteren Ende der Skala neigen
dazu, ruhig, gelassen und fokussiert zu sein: Je weiter oben
man sich auf der Skala befindet, desto abenteuerlustiger bis
energiegeladener wird der Charakterzug, bis er schließlich –
in der entsprechenden Mischung aus genetischer Veranlagung,
Umwelteinflüssen und Kontext – superdominant und damit
oftmals sogar behindernd wird. An diesem Punkt wandelt sich
die abenteuerlustige Persönlichkeit und rutscht in den Bereich
einer diagnostizierbaren ADHS.

Doch im besten Fall kann Abenteuerlust eine große Stärke
sein. Nach seiner Flugzeugoffenbarung kam Seth zu der Erkenntnis, dass das Arbeiten in einer großen Firma nichts für
ihn wäre. Während also seine Freunde ihre Bewerbungsun-
terlagen an eine Bank oder Unternehmensberatung nach der
anderen schickten, bewarb er sich im Ausland um eine Stelle
als Englischlehrer. Nach seinem Collegeabschluss nahm er das
erste Flugzeug nach Moskau, um dort zu unterrichten – und zur
Überraschung seiner Freunde und Familie hat er dies keine Minute lang bereut. Sein Ziel: alle Länder der Welt zu besuchen.

Natürlich muss man kein Weltreisender sein, um ein abenteuerlustiges Leben zu führen. In diesem Kapitel gehe ich näher auf die Ursprünge von ADHS ein und spreche über die
ADHS-Skala. Ich beschreibe einige der Möglichkeiten, wie
man mit den Herausforderungen eines abenteuerlustigen
Geistes – auch im Zusammenleben – umgehen kann. Und

ich werde beschreiben, wie sich einige der abenteuerlustigen Menschen diese Stärke so zunutze machten, dass sie unglaubliche Dinge erreichten – von den Erkundungsreisenden des 16. Jahrhunderts bis hin zu Rockstars, Piloten oder Unternehmern aus dem Social-Media-Bereich.

Das Defizit im Begriff »Aufmerksamkeitsdefizit« neu betrachtet

Um zu verstehen, was es bedeutet, ein unternehmenslustiger beziehungsweise abenteuerlustiger Geist zu sein, müssen wir einen genaueren Blick darauf werfen, was allgemein unter einer Aufmerksamkeitsdefizit-/Hyperaktivitätsstörung (ADHS) verstanden wird.

Bei ADHS werden üblicherweise zwei Extremverhalten unterschieden: unaufmerksam oder hyperaktiv. Das Aufmerksamkeitsdefizitsyndrom (ADS) wird mittels einer Liste diagnostiziert, zu der etwa die Unfähigkeit gehört, Details Aufmerksamkeit zu schenken, die Aufmerksamkeit zu halten oder nicht zuzuhören, wenn man angesprochen wird. Wer mindestens sechs der relevanten Symptome aufweist, bei dem kann ADS diagnostiziert werden. Wer dazu noch Symptome von Hyperaktivität aufweist – zum Beispiel Zappeligkeit, übermäßiges Mitteilungsbedürfnis oder die Schwierigkeit zu warten –, kann mit der Diagnose ADHS rechnen. In diesem Buch verwende ich den Begriff ADHS als allgemeinen Begriff, um Menschen mit einer unternehmungslustigen Persönlichkeit zu beschreiben, ganz gleich, ob sie hyperaktiv sind oder nicht.

Gemeinhin wird ADHS als eine »Kinderkrankheit« angesehen, von der mehr oder weniger Unter-Achtzehnjährige betroffen sind. Doch neueste Theorien sprechen von einer dritten Kategorie, Erwachsenen-ADHS, welche einen Betroffenen das ganze Leben lang tangieren kann.

Falls Ihnen die Kriterien, nach denen ADHS diagnostiziert wird, bisher unbekannt waren, mögen Sie denken: »Meine Güte, das sind ja ziemlich vage Richtlinien.« Und vielleicht denken Sie sogar: »Fast alle Kinder, die ich kenne, passen in dieses Schema, zumindest manchmal. Haben nun etwa alle ADHS?«

Natürlich lautet die Antwort »nein«. Tatsächlich wird der Drang, unternehmungslustig zu sein, nur für eine kleine Zahl von Menschen problematisch. Viele Menschen weisen Persönlichkeitsmerkmale auf, die nicht ideal für ein Lernen im Klassenzimmer sind. Manche von uns sind eher visuelle Lerner. Andere wieder sind sehr bewegungsfreudig. An einem Platz zu sitzen und sich stundenlang nur auf ein einziges Thema zu konzentrieren, funktioniert nicht für jeden Menschen.

Mein junger Freund Seth sprach genau dieses Problem an: »In diesen frühen Jahren«, erzählte er mir, »wollte ich draußen sein. Ich wollte alles andere lieber tun, als den ganzen Tag still drinnen zu sitzen.« Seth' Zensuren wurden in der Grundschule schlechter, weil er seine Hausaufgaben nicht machte und Schwierigkeiten hatte, sich im Unterricht zu konzentrieren. »Der Lehrer sagte: So, jetzt setzen wir uns alle hin und machen diese Übung«, erinnerte sich Seth. »Etwa zehn Minuten lang hatte ich damit kein Problem. Aber dann wollte ich etwas anderes machen. Selbst wenn es bedeutete, auf Mathe umzuschalten. Ich wollte einfach nur, dass es interessant blieb.«

Es kann frustrierend sein, wenn die Persönlichkeit es dem Kind erschwert, in der Schule gut zu lernen. Als man also herausfand, dass psychostimulierende Medikamente wie Adderall® oder Ritalin® Menschen helfen, sich auf eine bestimmte Aufgabe, wie zum Beispiel die Erledigung der Hausaufgaben, zu konzentrieren, war es kein Wunder, dass viele Eltern diese Gelegenheit wahrnahmen. Selbst Seth' Eltern erzählten mir, dass sie über ein Psychostimulans für ihren Sohn nachgedacht, sich aber letztendlich dagegen entschieden hatten.

Deshalb war es ein Geschenk des Himmels, als im DSM die Diagnostik für ADHS das erste Mal genau definiert wurde. Eine Definition für ADHS zu finden, erlaubte es Eltern zu verstehen, dass ihr Kind nicht unintelligent oder ein unstrukturierter Denker war, sondern in seinem Gehirn ein chemisches Ungleichgewicht vorlag, das es ihm schwer machte, in unserer Gesellschaft oder zumindest in Teilen davon, wie etwa in der Schule, zu funktionieren.

Wie schon zuvor gesagt: *Ich lehne weder die Diagnose noch die medizinische Behandlung bei Aufmerksamkeitsdefizit-/Hyperaktivitätsstörung ab.* Nur haben sich in den letzten zehn Jahren die ADHS-Diagnosen fast ins Absurde gesteigert. Im Jahr 2008 wurde in den USA bei fünf Millionen Kindern (das sind 8 Prozent aller Kinder im Alter zwischen drei und 17 Jahren) ADHS diagnostiziert. Allein bei Jungen lag der Prozentsatz bei 11 Prozent.[7] (Ja, ADHS ist unter Jungen deutlich weiter verbreitet.) Dieser Anstieg ist ernst zu nehmen, denn die Diagnose ADHS kann stigmatisierend wirken, das Kind ist mit sich selbst unzufrieden und fällt aus der Schublade für ein normales Leben.

Außerdem können die ADHS-Medikamente negative Nebenwirkungen haben. Adderall® und Ritalin® sind Stimulanzien für das zentrale Nervensystem und stehen in der gleichen Kategorie wie Kokain und andere Drogen. Sie können stark abhängig machen, insbesondere wenn sie als schnelle Hilfe bei Konzentrationsstörungen eingesetzt werden. Die US-Nachrichtensendung *60 Minutes* legte dar, dass etwa 50 Prozent aller Studenten an Colleges und 80 Prozent aller Studenten in Studentenverbindungen zu Adderall® greifen, um leichter zu lernen und bessere Ergebnisse zu erzielen. Das ist zu einer gefährlichen und ziemlich üblichen Praxis geworden.[8]

Was also führt zu all diesen Überdiagnosen und dieser Übermedikation? Weder ist der Grund, dass es wirklich mehr Kinder mit diesem superdominanten Persönlichkeitsmerkmal gäbe. Und auch nicht, dass die Diagnosewerkzeuge besser geworden wären, sodass nun vorher unerkannte Fälle mitaufgeführt werden. Um zu verstehen, warum es zu diesem Anstieg kam, wandte ich mich an Allen Frances, den führenden Herausgeber der vierten Ausgabe des *Diagnostic and Statistical Manual of Mental Disorders* (DSM-4). In einem Interview mit Gary Greenberg im Januar 2011 für das Magazin *Wired* gab Frances dem DSM-4 selbst die Schuld. »Wir haben Fehler gemacht, die furchtbare Folgen haben«, so Frances. Eine dieser Folgen, so der Artikel, sei die Überhandnahme von ADHS-Diagnosen. Greenberg schreibt: »Frances geht davon aus, dass sein Handbuch unbeabsichtigt diese Epidemie unterstützte – und zwar die Tendenz unterstützte, dass man die Schwierigkeiten des Lebens einfach psychischen Krankheiten zuschreibt und diese mit psychiatrischen Medikamenten behandelt.« Klingt genau wie das, was ich sagen würde!

Wie lösen wir dieses Problem? Ein Ansatz wäre, dass wir die diagnostischen Kriterien wieder enger ziehen. Wenn diese genauer und objektiver wären, wäre es schwieriger, bei einem Kind, das sich in der Mitte der Skala bewegt – abenteuerlustig –, fälschlich mit ADHS zu diagnostizieren. Das sollte meiner Meinung nach das leitende Prinzip des DSM-5 sein, welches im März 2013 herauskam. Doch das ist nur eine Anpassung, keine Lösung. Die bessere Antwort wäre, die Grenze, die das DSM zwischen jenen zieht, die normal sind, und denen, die es nicht sind, nicht zu verschieben, sondern wir sollten versuchen, diese Grenze komplett abzuschaffen.

Nicht jedes Kind tickt auf dieselbe Weise

Mir ist durchaus klar, dass eine echte ADHS-Erkrankung für niemanden leicht ist, weder für die Kinder, die sie verstehen und damit leben müssen, noch für die Eltern, die ihnen dabei helfen müssen, noch, wenn wir schon dabei sind, für die Lehrer und alle anderen, die sich sowohl mit den Kindern als auch mit den Eltern auseinandersetzen müssen.

Ich erinnere mich noch gut an die Geschichte der Familie Wilson, deren siebenjähriger Sohn Dwight ADHS-Medikamente einnahm. (Sie hatten mich über meine Webseite kontaktiert, ihre Namen habe ich geändert.) Eines Tages kam Dwight sehr aufgebracht aus der Schule nach Hause. Seine Mutter Barbara fragte ihn, was geschehen sei. Dwight wollte nicht darüber sprechen. Letztendlich brachte sie ihn dazu, ihr alles zu erzählen. Eines der anderen Kinder hatte sich über ihn lustig gemacht und ihn »geistig behindert« genannt. Trotz seiner Diagnose und der Nebeneffekte der Medikamente war Dwight im Grunde ein glückliches Kind, doch der Vorfall hatte großen Einfluss auf ihn. Er wurde verschlossener und immer wieder von Sorgen belastet. Diese Veränderungen brachen allen, die ihn kannten, das Herz, insbesondere natürlich seinen Eltern.

Dwight war mit verschiedenen Arzneimitteln behandelt worden, doch keines von ihnen hatte richtig gut funktioniert. »Die Medikamente hatten entweder nicht gewirkt, ihn zum Zombie gemacht oder nur kurze Zeit gewirkt und ihn dann übermäßig emotional werden lassen, er aß nichts mehr oder entwickelte verschiedene Ticks«, berichtete seine Mutter. »Außerdem mache ich mir Sorgen um seine Wut. Er schreit oft und wirft mit Dingen nach seiner Schwester. Er ist so hyperaktiv, dass es ihm wirklich schwerfällt, seine Hausaufgaben zu machen. Meist braucht er dafür sechs Stunden, mit vielen Kämpfen und Geschrei. Früher hat er sich wirklich angestrengt, aber jetzt ist es ihm völlig egal.«

Ich drängte Barbara, zusammen mit dem Psychiater ihres Sohnes ein besseres Medikament oder eine bessere Kombination von Medikamenten für Dwight zu finden. Jedes Medikament hat seine Vor- und Nachteile, es hängt immer vom Patienten ab. Oft ist es ein bestimmtes Mittel, das funktioniert und den entscheidenden Unterschied bringt, und manchmal muss man viele andere ausprobieren, um dieses eine Mittel schlussendlich zu finden. Offensichtlich hatten die Wilsons für Dwight noch nicht das Richtige gefunden. Statt aufzugeben, sollten sie die Suche fortsetzen, beschwor ich Dwights Mutter.

Genauso wichtig war, dass Dwight selbst sich aus einer positiveren Perspektive wahrnahm, er sich als abenteuerlustigen Typ sah, für den viel Gutes sprach, statt sich als das kranke Kind zu empfinden, das andere für »geistig zurückgeblieben«

hielten. Um das zu erreichen, müsste er mit seinen Lehrern Strategien erarbeiten, bei denen er wahrnehmen konnte, dass sein abenteuerlustiges Wesen für ihn von Vorteil war. Warum sollte Dwight nicht seine Energie zum Einsatz bringen, statt in die Gleichgültigkeit manövriert zu werden? Er könnte seinen Lehrern zur Hand gehen, am Ende des Schultages beim Putzen helfen oder auf dem Pausenhof die Bälle einsammeln.

Dwights Lehrer könnten es sich auch zunutze machen, dass er so gern etwas erkundete und neue Dinge ausprobierte. Warum nicht Experimente für ihn entwerfen? Warum ihm keine körperlichen Aufgaben stellen, wie Musik oder Tanz? Und weil Dwight ganz offensichtlich ein sehr, sehr kluges Kind war, könnte er auch andere Schüler bei den Aufgaben unterstützen. Das würde ihm helfen, mehr von seiner überschüssigen Energie abzubauen, während er Selbstachtung entwickeln und beweisen könnte, und zwar ohne jeden Zweifel, dass er alles andere als »geistig behindert« war. Außerdem könnten seine Eltern einige Bücher über Abenteurer und Entdecker kaufen und sie zusammen mit Dwight lesen, damit er erkennt, dass sein unternehmensfreudiges Wesen durchaus seinen Platz in dieser Welt hat.

Diese Ansätze funktionieren für Kinder wie Dwight. Ich habe es oft beobachtet, vor allem wenn Lehrer und Eltern offen und kooperativ bei der Umsetzung sind. Werden die Stärken auf eine neue Art genutzt, können diese Kinder aus ihrer Verschlossenheit herauskommen und deutlich glücklicher und besser angepasst leben. Es wird etwas Beharrlichkeit vonseiten der Eltern erfordern. Sie werden mit den Ärzten reden müssen, um die optimale Kombination und Dosis der Medikamente zu finden. Über die Jahre habe ich schließlich gesehen, wie sich eine neue Einstellung und ein anderer Ansatz gegenüber Aktivität durchgesetzt haben. Im Laufe der Zeit können die Betroffenen oftmals die Dosierungen der Medikamente verringern oder diese ganz absetzen.

Eines der wichtigsten Dinge, die Eltern in diesen frühen Jahren tun können, ist, ihrem Kind eine Wahrnehmung für sich selbst und Selbstvertrauen zu geben, auf denen es beim Heranwachsen aufbauen kann. Was geschieht, wenn das Kind diese Persönlichkeitsmerkmale schon früh zeigt? Für die Antwort hilft uns ein Blick auf Seth weiter, den abenteuerlustigen Reisenden. Als Kind zeigt Seth viele Ähnlichkeiten mit Dwight – unkonzentriert, abgelenkt und in der Schule in Schwierigkeiten. Während der Vorbereitungen für die Abschlussprüfungen tat sich Seth mit seinen schulischen und sportlichen Leistungen und insbesondere mit seinen Freundschaften zu seinen Klassenkameraden hervor. Im College erreichte er überall Bestnoten, denn er hatte sich Lernmethoden angewöhnt, die zu seinem Wesen passten. »Wenn ich für eine Prüfung lernte«, erklärte er, »hatte ich den Fernseher an und schrieb E-Mails oder Textnachrichten an Freunde. Manchmal telefonierte ich auch und schrieb gleichzeitig an einem Essay.« Als Kind waren ihm solche Lernmethoden von seinen Eltern verboten worden. Mit den besten Absichten versuchten sie ihn jeden Abend zu zwei Stunden Hausaufgaben zu bringen. Er saß dann an seinem Schreibtisch, starrte auf das Blatt Papier vor ihm und fand alles nur langweilig. Im College fand er dank seiner unglaublichen Fähigkeit zum Multitasking seine Aufgaben spannend und blieb voller Energie dabei.

Diese Strategie widerspricht dem traditionellen Ansatz über Lernstrategien, aber tatsächlich lernen viele Kinder und

Erwachsene auf diese Art besser. In einer klassischen Studie von 1978 stellten Psychologen fest, dass Studenten, die in verschiedenen, unordentlichen Räumen lernten, bessere Ergebnisse erzielten als solche, die nur in einem, stillen Raum arbeiteten. In neueren Studien fanden Forscher heraus, dass Studenten, die verschiedene Dinge gleichzeitig lernten, das Gelernte besser erinnern als jene, die sich nur auf eine Sache konzentrierten. Also können wir daraus schließen, dass viele Menschen, genau wie Dwight und Seth, davon profitieren, wenn sie Dinge durcheinander tun.[9]

Und es ist wichtig, körperlich aktiv zu werden! Unternehmungsfreudige Geister leiden unter überschüssiger Energie und Enthusiasmus. Wird diese Energie in Bahnen gelenkt, kann sie Großes vollbringen. Deshalb zeigen auch einige Sportler dieses Persönlichkeitsmerkmal: Sie nehmen all diese Energie und nutzen sie, um die besten Basketballspieler, Skifahrer oder Tänzer zu werden. Wenn Ihr Kind sportlich begabt ist, unterstützen Sie sein Interesse, lassen Sie es Sport treiben, der ihm eine Richtung verleiht, ihm Selbstvertrauen gibt und einen Teil der Energie aufbraucht, die während des Schultages sonst hinderlich werden würde.

Diese Kinder profitieren auch von ungeplanten Abenteuern. Die Kreativität von abenteuerlustigen Kindern zu entfesseln, bedeutet, ihrer Vorstellungskraft freien Spielraum zu lassen. Freies Spiel kann physisch und psychisch stimulierend sein. Und es kann ihre kreativen Kräfte zum Fließen bringen – eine Fähigkeit, von der diese Kinder auch im späteren Leben profitieren werden.

Geben Sie Ihrem Kind insbesondere die Möglichkeit, draußen zu spielen. Studie um Studie hat gezeigt (und das war nicht überraschend), dass draußen zu spielen für alle Kinder gut ist. Es stimuliert die Sinne, fördert die kreativen Denkprozesse, hilft den Kindern, ihre natürliche Umgebung zu verstehen, und verbessert das Selbstbewusstsein. Spiele im Freien sind besonders gut für abenteuerlustige Naturen. Als Kind liebte ich es, bei den Pfadfindern zu sein. Obwohl es sich um strukturierte Situationen handelte, wurde mir niemals langweilig. Seth berichtete mir das Gleiche – er liebt Aktivitäten, bei denen er draußen ist. Meiner Erfahrung nach (sowohl professionell als auch persönlich) haben Kinder mit ADHS mit vielen Dingen Schwierigkeiten, wie zum Beispiel der Konzentration auf Routineaufgaben, und doch gehen damit auch Vorteile einher. Zum Beispiel können diese Kinder sehr gut in Eins-zu-eins-Situationen reagieren, sie nehmen ihre Umwelt aufmerksam wahr und bemerken Kleinigkeiten besser als andere Kinder.

Mit solchen einfachen und ohne Kosten verbundenen Anpassungen können wir die Stärken unserer Kinder unterstützen und unglaublich positive Ergebnisse erzielen!

Ein evolutionärer Imperativ

Um noch weiter auf die Wurzeln des abenteuerlustigen Persönlichkeitsmerkmals einzugehen, sollten wir einen Blick auf seine evolutionäre Geschichte werfen. Wenn wir uns anschauen, wie er von Generation zu Generation weitergegeben wurde, entdecken wir ein Paradoxon. (Wir werden in weiteren Kapiteln auf das gleiche Phänomen stoßen, das in der wissenschaftlichen Literatur auch als *schizophrenia paradox*, »Schizophrenie-Paradoxon«, oder allgemeiner als Darwin'sches Paradoxon bekannt ist.)

ADHS hat einen hohen Prozentsatz an Erblichkeit für das Risiko, betroffen zu sein. Hat beispielsweise ein Mann mit ADHS vier Kinder, werden vermutlich drei von ihnen die Symptome von ADHS zeigen.[10] Es tritt fast immer in der Kindheit auf, was wiederum heißt, dass es voll ausgeprägt ist, wenn man im zeugungsfähigen Alter ist. Wäre ADHS wirklich eine rein schlechte Sache, wäre es durch natürliche Auslese schon vor Jahrmillionen aussortiert worden.

Warum also überlebte dieses Persönlichkeitsmerkmal stattdessen Generation um Generation? Und warum hat er sich ganz offensichtlich noch *vermehrt*? Oder wie Thom Hartmann in seinem Buch *ADHS als Chance begreifen* fragt: »Ist es möglich, dass das, was wir eine genetische ›Störung‹ nennen, im Grunde genommen eine positive Adaption ist – eine ›zufällige Mutation‹ –, die zur Erschaffung der menschlichen Kultur führte und zur modernen Zivilisation, wie wir sie heute kennen?«

Ich weiß nicht, ob die Gene, die mit ADHS in Verbindung gebracht werden, bis zu den Ursprüngen der Zivilisation zurückreichen. Aber die Belege legen nahe, dass die Persönlichkeitsmerkmale, die wir mit ADHS assoziieren, historisch gesehen, den Betroffenen einen evolutionären Vorteil verschafften. Deshalb sprechen Wissenschaftler von den langen Allelen (Ausprägungsformen eines Gens) des Transportgens für Dopamin – jenem Gen, das mit ADHS verbunden ist – als dem »Erkundergen«.

Was genau ist mit »Erkundergen« gemeint? Im Jahr 1999 untersuchten Wissenschaftler der University of California in Irvine das Erbgut von 2.320 Individuen aus 39 verschiedenen Volksgruppen rund um den Erdball – Menschen vom Stamm der Cheyenne aus Nordamerika, der Han aus China, aschkenasischen Juden aus Osteuropa oder der Mbuti aus Afrika. Dann untersuchten sie die Migrationsmuster der Vorfahren dieser Gruppe. Sie stellten fest, dass Menschengruppen mit einer Geschichte langer Wanderungen im Verhältnis längere Allelen mit D4-Rezeptoren (D = Dopamin) haben – genetisches Material, das mit stets das Neue suchenden Persönlichkeiten, Hyperaktivität und risikofreudigem Verhalten in Verbindung gebracht wird.[11]

Warum neigen wandernde Gruppen dazu, dieses Gen aufzuweisen? Die Autoren kamen zu dem Schluss, dass den Menschen in dieser Gruppe jenes Gen vermutlich eine Art Vorteil bot. Alle Persönlichkeitsmerkmale, die mit diesem Gen in Verbindung gebracht werden, so merkten sie an, würde man auch mit Erkundungen assoziieren. »Man kann mit gutem Grund argumentieren, dass erkundungsaffines Verhalten insbesondere in Wandergesellschaften zur Anwendung kommt, erlaubt es doch die erfolgreichere Suche nach Ressourcen in dem spezifischen Wandergebiet – das zumeist rau ist, unterschiedlich herausfordernd sowie stets eine Vielzahl von neuen Stimuli und andauernden lebensbedrohlichen Herausforderungen birgt.«[12]

Jahrtausendelang profitierten Wandergesellschaften von abenteuerlustigen Menschen. Doch dann geschah etwas. Innerhalb eines kurzen Zeitraums (auf der Skala der menschlichen Geschichte) begannen diese wandernden Gesellschaften, Landwirtschaft zu betreiben und den Lebensstil der Jäger und Sammler abzulegen. Sie wurden sesshaft, bauten Straßen und Städte. Sie erfanden das Rad – und irgendwann das Großraumbüro. Sie hörten auf umherzuwandern und lebten ortsgebunden. Demnach war das Abenteuergen weniger gefragt.

Gibt es also in der heutigen Gesellschaft noch einen Platz für abenteuerlustige Menschen?

Vorherrschende Stärken

Ein abenteuerlustiges Wesen kann von echtem Vorteil sein; es bietet Ihnen diese vorherrschenden Stärken:

Energie

Ein hohes Energieniveau erlaubt es einem, viele Ziele innerhalb kürzester Zeit zu erreichen. Man kann in der Lage sein, so viel mehr als manch anderer Mensch in seinem Leben zu tun – man kann zum Beispiel einen Universitätsabschluss in der Hälfte der normalen Zeit ablegen oder eine ganze Reihe erfolgreicher Geschäfte auf einmal führen.

Verspieltheit

Vielleicht ist man ein Witzbold, Spaßvogel oder Gauner – natürlich im positiven Sinne des Wortes. Dieses verspielte Verhalten kann die Fähigkeit verleihen, anderen oder sich selbst Spaß, Freude und ein schönes Lächeln zu schenken.

Unternehmergeist

Man ist ständig auf der Suche nach neuen und erhellenden Erfahrungen. Man erkundet gern, hinterfragt viel oder stellt den Status quo infrage. Üblicherweise lebt man sein Leben ohne überflüssige Sorgen, wie etwa dass man zu alt oder verbraucht sei, um etwas Neues zu lernen.

Bedarf an einem hohen Maß an Stimulation

Diese Stärke treibt einige der kreativsten und intuitivsten Menschen der Erde an. Von Richard Branson, Gründer der Virgin-Gruppe, ist bekannt, dass er ADHS hat. Genau wie David Neeleman erhebt Branson den Anspruch, dass sein ADHS ihn zu dem macht, der er ist: ein Typ, der große Risiken eingeht, der sich dem konventionellen Denken verweigert und der große, intensive körperliche und technische Herausforderungen liebt. Und einem Selfmade-Milliardär kann man schlecht widersprechen!

Divergierendes Denken

Man spielt gerne mit Ideen herum, bietet Vorschläge an und modifiziert sie oder schmückt sie aus. Der rastlose Geist bemerkt Dinge, die anderen Menschen entgehen, und er entdeckt neue und interessante Beziehungen zwischen verschiedenen Ideen.

Ein abenteuerlustiges Leben führen

Schon immer hieß es, dass sich unternehmungslustige Geister anpassen sollten – sie sollten mehr wie alle anderen sein. Und doch muss es einen Weg geben, wie man durch das Leben navigieren kann, ohne seine Träume oder sein Gefühl für sich selbst aufzugeben. Versteht man die positiven Persönlichkeitsmerkmale, die mit dieser Persönlichkeit einhergehen – und ist sich bewusst darüber, dass man seine Entscheidungen tagtäglich so treffen kann, dass sie gut zu diesen Persönlichkeitsmerkmalen passen –, dann kann man sich auf den Weg zu einem glücklicheren, erfüllenderen Leben machen.

Berufswege

Büroarbeit erfordert üblicherweise, dass man jeden Tag viele Stunden am Schreibtisch sitzt und sich auf eine Reihe festgelegter Arbeiten konzentriert. Viele abenteuerlustige Geister lernen, in dieser Umgebung zu überleben oder sogar sehr gut darin sein, doch ist es kaum ein Ort, an dem diese Menschen aufblühen. Mein Kollege Dietrich ist ein gutes Beispiel dafür. Als frischgebackener Hochschulabsolvent nahm er einen Job als Buchhalter in einer großen Anwaltskanzlei an. Eine seiner Aufgaben war es, die gebührenpflichtigen Stunden aller Anwälte zu dokumentieren – in den Tagen vor der Erfindung der E-Mail keine einfache Aufgabe.

»Ich dachte, hey, hier gibt es etwa 200 Anwälte, und bestimmt macht es Spaß, mit vielen von ihnen zu reden«, erzählte mir Dietrich. »Ich brauchte jeweils fünf Minuten, um mit jedem von ihnen zu sprechen. Also ging ich durch die Firma und tat genau dies.«

Obwohl es sich überaus ineffizient anhört, hielt Dietrich dies für die beste und schnellste Methode, um die nötigen Daten zu sammeln. An seinem Schreibtisch zu sitzen und sich durch die Papiere zu wühlen, war frustrierend, und er wurde leicht abgelenkt. Aber indem er aufstand und umherlief, gelang es ihm, interessiert genug zu bleiben, um den bürokratischen Papierkram hinter sich zu bringen und den Job zu erledigen.

Dummerweise war sein Vorgesetzter anderer Ansicht. »Ich werde nie vergessen, wie mein Chef zu mir sagte: ›So kannst du es nicht machen, so störst du nur alle‹, erzählte mir Dietrich. »Ich erwiderte: ›Aber gebe ich die Datensätze nicht jede Woche drei Tage früher ab? Und bearbeite ich sie nicht besser, als es früher je der Fall war?‹ Mein Chef antwortete: ›Ja, das tust du. Aber das ist mir egal. Du kannst einfach nicht so vorgehen.‹«

Viele Menschen mit einer abenteuerlustigen Natur gehen einfach nicht konform mit der Art und Weise, wie Dinge »normalerweise« getan werden. Selbst wenn ihre Methoden genauso gut oder manchmal sogar besser funktionieren, finden es andere schwer, das zu akzeptieren.

Natürlich bringt Abenteuerlust auch ein paar Nachteile mit sich. Zum Beispiel fällt es abenteuerlustigen Menschen oft schwer, ihre Aufmerksamkeit auf Details zu richten. Sie verlieren während eines Gespräches den Fokus und stellen Aufgaben nicht immer fertig. Dietrich bestätigte einige dieser Probleme, insbesondere die Schwierigkeiten mit der Aufmerksamkeit: »Manchmal habe ich mitten im Gespräche eine Idee, und dann verliere ich mich darin«, erzählt er. »Es ist, als ob ich einen kurzen Blackout habe. Hört sich schlimm an, oder? Aber Menschen, die ich gut kenne, erwarten das schon fast von mir. Nach einem oder zwei Momenten fällt mir wieder ein, dass ich in einem Gespräch bin, und dann geht's auch weiter. Meist frage ich dann: ›Hey, habt ihr eigentlich gemerkt, dass meine Gedanken gerade abgeschweift sind?‹ Und sie sagen: ›Ja, klar.‹«

Es wäre naiv zu behaupten, dass man die Dinge nur anders bewerten müsste, um diese Eigenschaften (oder andere) positiv sehen zu können. Es ist höchst unwahrscheinlich, dass zum Beispiel Arbeitskollegen, insbesondere jene, die man nicht so gut kennt, es einem verzeihen, wenn man jedes Mal, sobald sie ein Gespräch beginnen, mit den Gedanken abschweift. Aber sich dieser Eigenschaften gewahr zu sein, kann helfen, sie unter Kontrolle zu bekommen; und ihre Vorteile zu verstehen, kann einem auch ein besseres Selbstwertgefühl vermitteln.

In Dietrichs Geschichte wird für mich deutlich, dass seine Konzentrationsschwierigkeiten nicht einfach nur mit Langeweile zu tun haben. Er berichtet, dass er von einem Gedanken gefangen genommen wird. Nun, ist das nicht ein Merkmal von klugen Denkern und erfolgreichen Unternehmern? Ihnen kommt zu irgendeiner Zeit ein Gedanke, oft als Reaktion auf das, was die anderen gerade gesagt haben. Man kann es beinahe beobachten, wenn es geschieht, so wie Dietrichs Freunde.

Im Laufe der Zeit wurde Dietrich bewusst, wie er tickte, und er erkannte, dass seine »unnormalen« Methoden in einem extrem traditionellen Geschäftsfeld niemals akzeptiert werden würden. Deshalb ließ er seinen gut bezahlten Job, eine typische Karriere als Buchhalter, sausen, um eine eigene Firma zu gründen.

Wie wir später noch sehen werden, war es im Grunde Dietrichs Kombination aus Persönlichkeitsmerkmalen, die ihn zur perfekten Karriere führten: Sein Fokus auf sich selbst verlieh ihm die nötigen Führungsqualitäten und das Charisma für eine Neugründung, zur Führung und zum Verkauf einer Firma (letztendlich gleich mehrerer Firmen), während sein magisches Denken (siehe Kapitel 9) ihm das Vertrauen in sich selbst ermöglichte, an den Erfolg seiner Firmen zu glauben, und zwar lange bevor er finanziellen Erfolg hatte.

Dietrichs Arbeit als Geschäftsführer eines kleinen Unternehmens passt perfekt zu seiner Persönlichkeit. Er könnte über die Wendung, die sein Leben genommen hat, nicht glücklicher sein. Während eines Telefoninterviews erzählte er mir: »Im Moment gucke ich auf meinen Computer, mein anderes Telefon klingelt, und vor mir liegt das *Wall Street Journal.* Und doch bedeutet das nicht, dass mich unser Gespräch nicht interessieren würde. So funktioniere ich nur einfach. Und ich liebe es.«

Dietrich ist ein wunderbares Beispiel dafür, wie man einen Lebensstil um sein dominantes Persönlichkeitsmerkmal herum aufbauen kann. Als er seinen Job als Buchhalter kündigte, um seine erste Firma zu gründen, dachte er eindeutig außerhalb aller Schubladen. Obwohl viele junge Leute Lust haben, Unternehmer zu werden, sind ihre Eltern oft nicht allzu begeistert von dieser Idee. Ihnen erscheint das Unternehmertum als viel zu riskant und instabil. Und das ist das Nächste, was Eltern für Kinder mit solch einer vorherrschenden Stärke tun können – genauer über Jobs und Karrieren nachzudenken und ihren Kindern zu helfen, das Gleiche zu tun. Solange sie glauben, dass der einzige Weg zu Erfolg im Leben über einen festen Arbeitsplatz führt, scheinen Medikamente keine schlechte Lösung. Aber wenn sie mal einen Blick darauf erhaschen, wie andere Menschen mit diesem Persönlichkeitsmerkmal ihr Leben meistern und wie sie ganz individuellen und unterschiedlichen Pfaden folgen, dann ist das sehr beglückend.

Schon bald werden sie den Globus umrunden, zum Jupiter reisen oder eine fantastische neue Geschäftsidee verfolgen!

Das Privatleben

Abenteuerlustige Naturen tendieren dazu, kontaktfreudig und lebenslustig zu sein, oft bilden sie auf einer Party den Mittelpunkt – auch wenn man ihre Aufmerksamkeit meist nicht lange geschenkt bekommt! Auf der anderen Seite kann man sie schwer auf etwas festnageln, sie sind flatterhaft und, wenn es um Details geht, manchmal auch unzuverlässig. Es ist wichtig zu verstehen, wie dieses Persönlichkeitsmerkmal Privatleben und Beziehungen beeinflusst.

Wenn das risikofreudige Persönlichkeitsmerkmal zum Beispiel superdominant wird, geraten solche Menschen eher in Autounfälle.[13] Warum ist das so? Wenn wir uns die Persönlichkeitsmerkmale, die mit dieser Gruppe in Verbindung gebracht werden, genauer ansehen – leicht ablenkbar, talentierte Multitasker –, dann kann man schnell erkennen, warum dies der Fall ist. Während es wunderbar ist, bei der Arbeit Multitasking zu betreiben, besonders wenn das dabei hilft, Dinge einfach mal fertig zu kriegen, so kann dieses Verhalten auf der Straße zu einem echten Problem werden.

Selbsterkenntnis ist Grundvoraussetzung. Tut man etwas, bei dem für lange Zeit Aufmerksamkeit gefordert ist, sollte man sich der potenziellen Risiken bewusst sein. Man sollte das Handy ausstellen, damit man nicht in Versuchung gerät, während des Fahrens Textnachrichten zu verfassen. (Während des Fahrens zu schreiben, ist genauso gefährlich, wie betrunken zu fahren.) Ist man mit einer Gruppe rauflustiger Freunde unterwegs, sollte man einen anderen ans Steuer lassen. Und vielleicht ist auch der Umstieg auf den öffentlichen Nahverkehr eine gute Idee.

Das mag sich nach einem trivialen Beispiel anhören, aber die Argumentation läuft durch die Bank weg so. Wenn man ein Persönlichkeitsmerkmal wie dieses hat, greifen die sozialen Normen nicht immer. Dies gilt für viele Aspekte im Leben der unternehmenslustigen Geister. Es ist zum Beispiel wichtig zu verstehen, dass ein spontanes, tatkräftiges Persönlichkeitsmerkmal für jemanden, der eher zu Zwangsstörungen als zu ADHS neigt, überaus störend sein kann. Und wenn man versucht, mit Kollegen zusammenzuarbeiten, ist es wichtig zu verstehen, dass nicht alle gut arbeiten, wenn Musik läuft und man mehrere Themen gleichzeitig diskutiert. Hier sind Kompromisse angesagt.

Wie steht es mit Liebesbeziehungen? Ich befragte Seth (der inzwischen Anfang 20 ist) über sein Liebesleben.

»Ich bin schlecht in Langzeitbeziehungen«, gab er zu.

»Warum ist das so?«, hakte ich nach.

»Vieles langweilt mich schnell«, erzählte er. »Und ich finde Beziehungen extrem schwierig, weil sie so rasch in eine Routine münden.«

Als wir dieses Gespräch führten, hatte Seth gerade erst mit einem Mädchen Schluss gemacht, mit dem er etwa einen Monat zusammen gewesen war. Ich fragte, was geschehen sei. Er erzählte: »Das Erste, was ich einem Mädchen erzähle, wenn wir uns näherkommen, ist Folgendes: ›Hey, so bin ich. Ich liebe meine Freiheit. Ich reise viel. Und ich will, dass du von Anfang an weißt, wie ich bin.‹ Und ich habe festgestellt, dass das nur wenige Menschen akzeptieren können.«

Seth erzählte, dass genau das während seiner letzten Beziehung geschehen sei. Am Anfang war die Frau verständnisvoll. »Aber nach ein paar Wochen fing sie dann an zu sagen: ›Nee, du musst jetzt auch mal ein Wochenende dableiben.‹«

Seth' Frustration war offensichtlich, und ich konnte nachvollziehen, wie er sich fühlte. Unabhängigkeit und eine Beziehung zeitgleich auszubalancieren, kann schwer sein.

Wenn Seth sich für eine Langzeitbeziehung bereit fühlt, würde ich ihm raten, sich jemanden mit dem Persönlichkeitsmerkmal »schüchtern« zu suchen, jemanden, der zufrieden ist, allein zu sein, und die Zeit allein möglicherweise sogar genießt, während Seth unterwegs zu einem Abenteuer ist. Jemanden, der nicht ausflippt, wenn er verkündet: »Hey, für die nächsten drei Monate bin ich dann mal weg.« Viele glauben, dass sie mit einer anderen ebenfalls unternehmungslustigen Natur besser bedient wären. Aber das ist nicht der Fall! Ich glaube, dass sich Gegensätze anziehen. Als allgemeine Regel gilt wohl eher, dass zwei Leute, die das gleiche dominante Persönlichkeitsmerkmal aufweisen, leichter Schwierigkeiten miteinander haben werden. Wenn beide ständig zu Abenteuern rund um die Welt aufbrechen, wird man wenig Zeit füreinander finden.

Auf der anderen Seite erzählte Seth, das sein nächster großer Plan im Leben sei, mit dem Fahrrad einmal quer durch China zu radeln. Ein faszinierendes Ziel! Aber keines, das allzu gut funktionieren würde, wenn er in einer Langzeitbeziehung mit einer Frau leben würde, die von neun bis sechs Uhr arbeitet und für die »normal« bedeutet, jeden Dienstag und Donnerstag abends noch etwas trinken zu gehen und samstags zum Essen auszugehen.

An diesem Punkt in seinem Leben wird Seth wohl immer Schwierigkeiten haben, mit irgendjemandem eine Beziehung einzugehen, der zu sehr an den traditionellen Beziehungsmustern hängt. Auch deshalb wäre eine Person von schüchternem Naturell eine gute Partie. Viele abenteuerlustige Menschen wissen jemanden in ihrem Leben zu schätzen, der ihnen Stabilität bietet, wenn sie von ihren Abenteuern zurückkehren.

Und schüchterne Menschen wissen oftmals einen Partner zu schätzen, der sich von Zeit zu Zeit rar machen kann. Das ist in meinen Augen ein schönes Beispiel, wie sich gegensätzliche Persönlichkeitsmerkmale gut ergänzen können.

Darum lautet mein allgemeiner Rat, nach jemandem zu suchen, der die eigenen Persönlichkeitsmerkmale ergänzen kann. Wenn man bereits in einer Beziehung ist, dann ist wohl das Wichtigste zu verstehen, wie die eigenen dominanten Persönlichkeitsmerkmale mit denen des Partners/der Partnerin interagieren. Finden Sie heraus, was Sie voneinander unterscheidet und was jeden von Ihnen auf seine/ihre Art wunderbar sein lässt.

Zusammenfassung: Gehören Sie zum abenteuerlustigen Typ?

Sind Sie abenteuerlustig? Falls ja, dann gehören Sie zur Brandbreite der aufregenden und inspirierenden Individuen. Sie tragen das Forschergen in sich – ein genetischer Vorteil, der bedeutet, dass Sie wunderbar für Abenteuer und Erkundungen vorbereitet sind. Egal, ob Sie eine neue, kreative Unternehmung auf der Arbeit anführen oder die Karriere in einer großen Firma an den Nagel gehängt haben, um jedes einzelne Land dieser Erde zu besuchen, es gibt viele Möglichkeiten, Ihre unternehmungslustige Natur für sich wirksam einzusetzen.

Wenn man ziemlich weit oben auf der ADHS-Skala rangiert, bringt das Herausforderungen mit sich. Viele soziale Strukturen sind dazu gemacht, um starke Persönlichkeiten wie Ihre zu beschränken. Menschen in Machtpositionen können Menschen, die außerhalb der herkömmlichen Schubladen denken (und agieren), oft nicht anerkennen. Menschen mit anderen Persönlichkeitsmerkmalen – die, die weit oben bei den sozialen Ängsten, Angstzuständen oder Zwangsstörungen rangieren – fühlen sich von dieser Lebensweise oft überfordert oder abgelenkt.

Es ist wichtig, darüber nachzudenken, wie man mit diesen Herausforderungen umgeht und wie man die schwierigen Elemente dieses dominanten Persönlichkeitsmerkmals minimieren kann. Nehmen Sie sich die Zeit herauszufinden, wie Sie dieses vorherrschende Persönlichkeitsmerkmal zu Ihrem Vorteil einsetzen können. Bedenken Sie dabei: Es gibt keinen Grund, Ihre abenteuerlustige Natur zu unterdrücken. Bringen Sie Ihre Lebensfreude, Ihre Verspieltheit und Ihre Kreativität zum Leuchten. Auf diese Art und Weise werden Sie glücklicher sein.

KAPITEL 3

PERFEKTIONISTISCH – ZWANGSSTÖRUNG

»Oh, mein Gott!«, sagen die Leute zu Alexis. »Du bist so zwanghaft.«

Alexis ist eine Eventplanerin aus New York. Wenn Freunde und Kolleginnen auf ihre Zwangsstörung anspielen, beziehen sie sich zu meist auf die unglaubliche Aufmerksamkeit, die sie für ihre Arbeit bei der Planung und Umsetzung spektakulärer Events für ein bedeutendes Museum der Stadt aufbringt. Vielleicht sprechen sie aber auch über die sorgfältig entwickelten und perfekt umgesetzten Speisefolgen, mit denen sie ihre Klienten bei den von ihr ausgerichteten Veranstaltungen bewirtet. Oder sie denken an ihren präzise durchstrukturierten Lebensstil, ihren perfekt austarierten Kalender mit privaten Treffen und Aktivitäten und der Langzeitplanung jedes Aspekts ihres Lebens.

Alexis war schon in ihrer Kindheit eine Perfektionistin. »Eine Erinnerung, die bis heute hervorsticht«, erzählte sie, »ist, als ich in Connecticut das Internat besuchte und wie alle im Wohnheim lebten. Ich weiß noch, dass ich mit 14, 15 Jahren sehr stolz darauf war, mein Bett ordentlich zu machen. Ich arrangierte die Kissen genau auf die Art, wie es mir gefiel, und steckte die Laken ordentlich fest. Kam jemand ins Zimmer, setzten sie sich auf das Bett, denn es gab keine Couch. Dann sagte ich: ›Oh, bitte. Setz dich nicht auf mein Bett. Es ist frisch gemacht, und ich will keine Abdrücke darauf.‹«

Mitbewohner im Wohnheim und Freunde verstanden ihr Beharren auf gerade gezogenen Laken und ordentlich aufgereihten Kissen nicht immer – aber die Angewohnheit hat sie heute noch. »Ich selbst mache für mich auch keine Ausnahme«, gesteht Alexis mir gegenüber. »Selbst wenn ich mich auf mein Bett setzen müsste, um ein paar Strümpfe anzuziehen, tue ich es nicht. Ich hüpfe herum oder lehne mich an der Wand an. Ich habe diese Vorstellung von Perfektionismus, von der ich nicht abweichen kann.«

Als ich Alexis fragte, ob sie ihr Bedürfnis nach Sauberkeit, Organisiertheit und Struktur je in Schwierigkeiten gebracht habe, antwortete sie voller Nachdruck: »Nein, das kann ich wirklich nicht sagen.« Das ist ein klarer Beleg, dass Alexis nicht an einer Zwangsstörung leidet. Aus diagnostischer Perspektive zwingen Zwangsstörungen (auch: Zwangsneurosen) Menschen, ihre Verhaltensweise auch dann einzuhalten, wenn sie ihr Leben behindern oder sie in Bedrängnis bringen. Das trifft auf Alexis nicht zu. Stattdessen ist es Alexis gelungen, rund um ihren Perfektionismus ein erfolgreiches Leben aufzubauen. Sie lebt in New York City, einer Stadt, die so chaotisch ist, dass sie viele Menschen überfordert. Dort hat sie für sich Strukturen geschaffen, die ihr Trost und Stabilität geben. Essen, sportliche Betätigung, Sozialleben und Arbeit: Es ist alles sorgfältig geplant, terminiert und wird eingehalten. »Es wäre für mich unvorstellbar, früh aufzuwachen und nicht ins Fitnessstudio zu gehen.« Dort trainiert sie sechs Tage die Woche.

Auf der Skala der Zwangsstörung ist Alexis eine Sieben – so ist sie nun einmal. Und aus diesem Grunde, so sagt sie, ist die Arbeit bei einem Eventplaner »perfekt für mich. Man arbeitet mit überaus anspruchsvollen Kunden, die in bestimmten Dingen Wert aufs Detail legen. Erfüllt man ihre Erwartungen nicht, erledigt man seinen Job nicht richtig.« Ihre Persönlichkeit ist in ihrem Arbeitsbereich nicht nur eine nette Zugabe, sondern eine Grundvoraussetzung.

Perfektionismus kann für eine ganze Reihe von Menschen nützlich sein. Was einige Nichtperfektionisten in den Wahnsinn treibt (»Lass es doch einfach mal laufen«, sagen sie), wollen Perfektionist superordentlich, superorganisiert, tadellos und detailverliebt sein. Sie können komplexe Aufgaben erledigen, die sie in ihre Einzelteile zerlegen. Als Perfektionist übertrifft man die Erwartungen der anderen, weil man an sich selbst einen überaus hohen Maßstab ansetzt. Und das ist eine gute Sache.

Das Kontinuum-Modell: perfektionistisch

KONTINUUM DER ZWANGSSTÖRUNG		
UNORGANISIERT	GENAU	ZWANGHAFT
0 3	5 7	10+
nicht vorhanden	dominant	superdominant

Manchmal scheint es, als wären Zwangsstörungen überall verbreitet. Oder wie Alexis es ausdrückt: »Sie sind heute schon ziemlicher Mainstream.« Die meisten von uns sind durch Melvin, der von Jack Nicholson verkörperten Figur in der Komödie *Besser geht's nicht*, oder Adrian Monk, dem zwanghaft sauberen Ermittler aus der gleichnamigen Fernsehserie, mit den Stereotypen von Zwangsstörungen vertraut. Wir alle kennen das Bild vom sozial merkwürdigen und überaus ängstlichen Typ, der sich stundenlang die Hände wäscht, sich weigert, anderen Menschen die Hand zu schütteln, oder seine Zählrituale einhalten muss. All das sind typische Symptome von Zwangsstörungen.

Gleichzeitig werden Zwangsstörungen als psychiatrische Erkrankungen von den Medien oft missverstanden oder falsch dargestellt. Anders als ADHS oder soziale Angststörungen (Schüchternheit) werden Zwangsstörungen noch immer stigmatisiert. In Film und Fernsehen erscheinen die Menschen mit Zwangsstörungen als verrückte, bizarre, abgedrehte und total merkwürdige Menschen – und den meisten Perfektionisten fällt es schwer, in Melvin, Monk oder anderen eine überspitzte Version von sich selbst wiederzuerkennen. Wahrscheinlich ist das auch einer der Gründe, warum meine Forscher Schwierigkeiten hatten, bei den Interviews für dieses Buch Menschen zu finden, die in die Kategorie Perfektionismus fielen. Obwohl sich diese Menschen eigentlich leicht identifizieren ließen – wir alle kennen den einen oder anderen Perfektionisten. Doch wenn ich meinen Interviewpartnern das Skalenmodell des Perfektionismus zeigte und sie am Ende der Skala »Zwangsstörungen« lasen, bekamen sie es mit der Angst zu tun.

»Wissen Sie«, beharrte Kurt in seinem Interview »Ich kenne die offizielle Definition von diesen Dingen nicht. Also kann ich dazu schwer etwas sagen.« Wir hören in Kürze von Kurt noch mehr.

Alexis stimmt zu: »Ich habe wirklich keine Zwangsstörung.«

Die Wahrheit ist jedoch, dass, obwohl in den Medien und der populären Kultur Zwangsstörungen immer noch stigmatisiert werden, die psychiatrische Gemeinschaft allmählich beginnt, sie als Erkrankungen innerhalb eines Spektrums wahrzunehmen – auf einer Skala, die in verschiedene Schweregrade unterteilt ist. Die Erkrankung wird derzeit wie folgt unterschieden: die traditionelle Zwangsneurose (ein Begriff, der auf Sigmund Freud zurückgeht) und die weniger schwerwiegenden Zwangsstörungen auf der Persönlichkeitsebene. Während Zwangsneurosen mit hinderlichen Besessenheiten und Zwängen in Verbindung gebracht werden, wird die Persönlichkeitsstörung durch ein Vorherrschen von Ordnungsliebe, Perfektionismus und Kontrolle charakterisiert. Noch wichtiger hingegen scheint, dass das DSM-5 die Zwangsstörung auf einem eigenen Persönlichkeits-Kontinuum anordnet. Doch die Autoren des DSM-5 hängen eben immer noch an einem Kontinuum-Modell, das in vier Abstufungen von »normal« (ohne Einschränkungen) zu »unnormal« (ernsthafte Einschränkungen) reicht.

Ich würde nie behaupten, dass Zwangsstörungen keine verheerenden Störungen sind, denn das sind sie, und ich habe dies bereits beobachten können. Doch die Vorstellung, dass erhöhter Perfektionismus direkt zu einem Leben mit Einschränkungen führt, ist absurd. Von all den Menschen, die zu den Perfektionisten zählen, wird nur ein relativ kleiner Teil durch dieses Persönlichkeitsmerkmal tatsächlich behindert. Die meisten von uns bewegen sich irgendwo in der Mitte. Und wenn sie, wie Alexis, die passende Arbeit oder den für sie passenden Lebensstil finden, können wir alle von ihrem Perfektionismus profitieren und große Dinge erreichen. Denn die vorherrschenden Persönlichkeitsmerkmale von Perfektionisten – sie neigen dazu, gewissenhaft, organisiert, ins Detail gehend und fokussiert zu sein – können überaus von Vorteil sein.

Stellen Sie sich Folgendes vor: Sie werden im Krankenhaus einer fremden Stadt in die Notaufnahme eingeliefert. Ihre Krankenakte befindet sich in einem ganz anderen Teil des Landes, und Sie selber sind nicht in der Lage, sich an alle relevanten Informationen zu erinnern, nach denen die Krankenschwester sie befragt. Zum Glück legte die Person, die das IT-System für das Krankenhaus aufbaute, Wert auf Details und war fast bis an die Grenze zur Obsession sorgfältig. Diese Liebe zum Detail könnte Ihnen das Leben retten.

Oder stellen Sie sich dieses Szenario vor: Sie sind in einem Flugzeug irgendwo hoch über dem Atlantik. Wir vergessen leicht, was für ein Wunderwerk ein solches Flugzeug ist – doch Flugzeuge sind komplexe Maschinen, und unser Leben hängt von ihrem einwandfreien Funktionieren ab. Doch nicht die großen Denker entwarfen die hochkomplexen Messgeräte und die ganze Maschinerie, die das Flugzeug oben in der Luft halten. Das bedurfte der Denkweise eines Perfektionisten.

Perfektionisten geben großartige Ingenieure, Manager, Planer und Organisatoren jeder Art ab. Und auch jede Menge glamouröser Karrieren beruhen auf perfektionistischen Persönlichkeiten. Die Modedesignerin Vera Wang zum Beispiel ist bekannt für ihren Fokus, den sie auf die kleinen Dinge legt. In einem Interview sagte Wang: »Ich bin besessen von Details und wie sie mit der Trägerin Hand in Hand gehen. Ich sehe die Frauen vor mir. Und das tue ich bei all meinen Produkten. Eine Frau kann eine Athlethin sein oder der klassische Typ, der traditionelle, oder sie ist der Typ Vamp. Jedes einzeln für sich oder alle gemeinsam können diese Persönlichkeitsmerkmale zu ein und derselben Frau gehören.«[14] Klingt, als wüsste Vera Wang das eine oder andere über die Bandbreite der Spektren und des Perfektionismus.

Meine bevorzugte Karriere für einen Perfektionisten wäre die eines Detektivs. Adrian Monk aus der beliebten Fernsehserie *Monk* ist dafür ein extremes Beispiel: Für seine Obsession mit der Desinfektion seiner Hände und Symmetrie ist er genauso bekannt wie für sein Talent, Kriminalfälle aufzudecken. Alle großen Detektive (seien sie nun fiktional oder nicht) besitzen ein unglaubliches Auge für Details. Und wer sagt, dass Perfektionist zu sein, nicht ein glamouröses Leben sein kann?

Die Neudefinition von Zwangsstörungen

Echte Zwangsstörungen gehören zu den verheerendsten und am meisten falsch verstandenen Störungen auf der Skala, und vermutlich sind davon in unterschiedlichen Schweregraden 2 bis 3 Prozent der amerikanischen Bevölkerung betroffen.[15] (Noch einmal, ich halte diese Prozentsätze durch Überdiagnosen für überhöht.) Bevor ich also im Detail die Skala der Zwangsstörungen erläutere, möchte ich noch einmal genauer auf einige Nuancen sowie die Komplexität dieser Störung eingehen.

Zwangsstörungen haben ihren Namen aus gutem Grund: Betroffene leiden unter Zwängen. Im DSM und medizinischen

Lexika hat dieser Begriff jeweils eine sehr spezifische Bedeutung. »Zwänge« werden vom DSM als teilweise oder andauernd auftretende Gedanken beschrieben, die als aufdringlich beziehungsweise intrusiv erlebt werden – sie tauchen also unaufgefordert auf und verschwinden nicht einfach von selbst wieder. Verlässt man das Haus, geht zum Bus und denkt: »Moment mal, habe ich den Herd auch wirklich ausgestellt?«, dann ist das ziemlich normal. Wir alle machen uns über solche Sachen von Zeit zu Zeit Sorgen.

Können Sie allerdings nicht aufhören, an den Herd zu denken, bleibt er also, was auch immer Sie versuchen, in Ihrem Kopf, und sind Sie den ganzen Tag von diesem vermaledeiten Herd besessen, dann spricht man von einem Zwang. Um etwas als Zwang zu qualifizieren, muss Ihnen der Gedanke Sorgen verursachen, und Sie müssen sich im Klaren sein, dass er unberechtigt ist. Möglicherweise haben Sie den Herd heute Morgen gar nicht angestellt. Vielleicht haben Sie aber auch bereits dreimal auf dem Weg zur Tür nachgeprüft, dass er ausgeschaltet ist. Vielleicht denken Sie aber auch jeden Morgen an den Herd. Die Situation ängstigt Sie und macht Sie unglücklich. Nach einer Station steigen Sie aus dem Bus aus und rennen nach Hause, nur um mit dem Herd auf Nummer sicher zu gehen. Sie brauchen immer länger – manchmal sogar Stunden –, um sich zu vergewissern, dass alles in Ordnung ist und Sie zur Arbeit gehen können. Jetzt unterliegen Sie einem Zwang.

Wie kommt man mit einer Zwangsvorstellung klar? *Zwangsstörungen* sind eine Art, wie Menschen mit einer Zwangsvorstellung, etwa einer zwanghaften Angst vor Bakterien, der Angst vor Krankheiten oder dem Bedürfnis nach Symmetrie, umgehen. Zwangsstörungen können lose mit Zwangsvorstellungen in Verbindung gebracht werden: Wenn man von der Angst vor Bakterien zwanghaft besessen ist, dann wäscht man sich zwanghaft zwanzigmal am Tag die Hände. Andererseits können sie auch so gut wie keinen Bezug zur Realität haben, wenn zum Beispiel Melvin in *Besser wird's nicht* das Licht dreimal an- und ausschaltet, um so einer Erkrankung vorzubeugen.

Wovor genau fürchten sich Menschen, die an Zwangsstörungen leiden? Zwangsvorstellungen variieren von Mensch zu Menschen, dennoch scheinen sie in verschiedene allgemeine Kategorien zu fallen:

Angst vor Keimen (50 Prozent)
Angst vor lebensbedrohlichen Krankheiten (33 Prozent)
das Bedürfnis nach Ordnung und Symmetrie (32 Prozent)
wiederkehrende Gedanken daran, gewalttätige Taten zu begehen (31 Prozent).
wiederkehrende Gedanken an unangemessene sexuelle Handlungen (24 Prozent).[16]

Zunächst einmal hoffe ich, dass diese Liste die Komplexität und die Herausforderungen, die ein Leben mit einer Zwangsstörung mit sich führt, verdeutlicht. Weil die Betroffenen oftmals die irrationale Natur ihrer Zwänge und Besessenheiten nicht erkennen, leiden sie zusätzlich zu ihrer Störung noch unter Ängsten und Selbstzweifeln. Zwei von drei Patienten mit einer Zwangsstörung hatten mindestens eine Phase schwerer Depression in ihrem Leben.[17]

Mein Hauptpunkt hierbei ist: Zwangsstörungen sind vielschichtige und oftmals verheerende Erkrankungen, die sich von Patient zu Patient unterscheiden und im Laufe eines Lebens unterschiedlich verlaufen. Sie können in der Kindheit auftauchen und dann während des Erwachsenenlebens abklingen oder sich von Zeit zu Zeit verschlimmern. Ängste oder Stress können den Zustand intensivieren. Und bestimmte Behandlungen helfen, mit den Symptomen besser umgehen zu können.

Heute therapiert man die meisten Menschen mit Zwangsstörungen mit einer Kombination aus therapeutischen und medizinischen Behandlungen. SSRI (Selektive Serotinin-Wiederaufnahmehemmer), eine Klasse von Antidepressiva, können helfen, die Symptome von Zwangsstörungen abzumildern. Das gilt ebenso für Verhaltens- und kognitive Therapien. Verhaltenstherapien arbeiten oft direkt vor Ort: Der Patient wird der Quelle seiner Zwangsvorstellungen ausgesetzt und dann darin bestärkt, nicht mit einem zwanghaften Verhalten darauf zu reagieren. In kognitiven Therapien geht es eher um eine Veränderung der Denkmuster (Kognition bedeutet Gedanke), also darum, ein Zwangsverhalten neu einzuordnen, sodass es weniger hinderlich ist. Wenn man lernt, seine zwanghaften Persönlichkeitsmerkmale zu verstehen und wie man einen Lebensstil als Perfektionist lebt, dann, so hoffe ich jedenfalls, gelingt es auch, das zwanghafte Verhalten in etwas Positives zu wandeln.

Und das ist bereits gelungen. Ein gutes Beispiel ist der Fernsehstar Howie Mandel. Er sprach in der Öffentlichkeit über seine Schwierigkeiten mit seiner Zwangsstörung und seiner Besessenheit in puncto Keime. Er hat jede Menge »merkwürdiger« Verhaltensweisen, die ihm den Umgang damit ermöglichen. So vermittelt ihm zum Beispiel sein kahl geschorener Schädel das Gefühl von Sauberkeit, und dass er zur Begrüßung lieber Fäuste aneinanderstößt, statt Hände zu schütteln, ist eine weitere seiner Keimvermeidungsstrategien. Selbst mit diesen schrulligen Angewohnheiten schaffte es Mandel, mehr als 30 Jahre lang eine treibende Kraft im Showbusiness zu sein. Neben seinen beliebten Fernsehshows trat er jedes Jahr bei etwa 200 Konzerten auf und schrieb seine Bestsellerautobiografie *Here is the Deal: Don't Touch Me.* Darin schildert Howie von seinem Kampf mit seiner Zwangsstörung und ADHS und welche Rolle diese beiden Persönlichkeitsmerkmale in seinem Arbeits- und Privatleben spielten.[18]

Für jene Menschen, die am äußersten Ende des Perfektionismus-Spektrums sind wie Howie Mandel, kann das Leben schwierig sein, aber das ist kein Grund, warum es nicht auch erfüllend und erfolgreich sein sollte.

Ein evolutionärer Imperativ

Wie viele psychologische Störungen haben auch Zwangsstörungen eine genetische Komponente. Studien belegten, dass 3 bis 12 Prozent von Verwandten ersten Grades dieses Persönlichkeitsmerkmal teilen, und Studien an eineiigen Zwillingen mit Zwangsstörungen deuten ebenfalls auf einen genetischen Faktor hin.[19] Das wiederum führt zu der Frage: Wenn Zwangsstörungen wirklich so eine miese Sache sind, warum gibt es sie dann? Warum haben die evolutionären Kräfte sie nicht schon vor Jahrtausenden verdrängt?

Diese Frage ist falsch gestellt. Wie wir alle wissen, funktioniert Evolution nicht so. Viele schreckliche Dinge – wie etwa Krebserkrankungen oder Herz-Kreislauf-Erkrankungen – werden über unsere Gene weitergegeben. Es wäre ein Fehler zu denken, die Evolution würde nur die guten Gene weitergeben.

Doch Herzerkrankungen und Krebs treten für gewöhnlich erst recht spät im Leben der Betroffenen auf. In prähistorischen Zeiten bekamen Männer und Frauen oft schon im Alter von 13 Jahren Kinder, also mussten sie gerade einmal bis zur Pubertät überleben, um ihre Gene weitergeben zu können. Genetische Mutationen, die einmal zu Krebs führen sollten, spielten im evolutionären Zusammenhang demnach keine Rolle.

Doch eine Zwangsstörung tritt bereits in der Kindheit und frühen Jugend auf. Sie wartet nicht bis zum fortpflanzungsfähigen Alter, um sich zu zeigen. Tatsächlich gehen Zwangsstörungen mit einer verringerten Fruchtbarkeit einher – also einer geringeren Chance darauf, Kinder zu bekommen und sein genetisches Material weiterzugeben.

Warum haben Zwangsstörungen dennoch dem Druck der natürlichen Auslese standgehalten? Eine Gruppe von Wissenschaftlern der University of Manitoba, Kanada, nennt dies das Zwangsstörungs-Paradoxon. In ihren Augen ist eine Möglichkeit, dass es sich mit Zwangsstörungen wie mit der Sichelzellenanämie verhält. Diese kann eng an ein Gen gekoppelt sein, das so gut für uns ist, dass sie trotz ihrer negativen Folgen überlebt hat. Sichelzellenanämie geht beispielsweise mit der Resistenz gegen Malaria einher. Der positive Aspekt (Malaria überleben) überwog den negativen (ein kleiner Prozentsatz der Bevölkerung erkrankt an Sichelzellenanämie), weshalb das Gen überlebte. Das Problem dieser Theorie – und zwar ein schwerwiegendes – ist, dass Zwangsstörungen nicht mit einer Malariaresistenz einhergehen und, soweit wir das wissen, auch nicht mit irgendeinem anderen

Vorteil.[20] Stattdessen schlugen die kanadischen Wissenschaftler vor, Zwangsstörungen *an sich* könnten etwas Positives sein. Einige soziale Tierarten, wie Bienen oder Ameisen, weisen Spezialisierungen auf, in denen beispielsweise einige für die Nahrungssammlung geeignete Körper haben, andere wiederum für die Fortpflanzung oder für den Kampf. Natürliche Selektion hat in diesem Fall die Entwicklung von Vielfalt bevorzugt. Betrachtet man Zwangsstörungen also als »alte Verhaltensspezialisierung«, wie es diese Wissenschaftler vorschlagen, dann könnten die Menschen in den Dörfern der Steinzeit von einigen Persönlichkeitsmerkmalen einer Zwangsstörung profitiert haben, ohne dass die gesamte Gesellschaft an Zwangsstörungen litt.

Was also sind die evolutionären Vorteile der Symptome einer Zwangsstörung? Eine ist zwanghaftes Waschen. Zu einer Zeit und an einem Ort, als die Menschen noch nichts von Bakterien wussten, gab es keine rationalen Gründe, dass man Dinge sauber und hygienisch halten sollte. Aber wenn nur ein Mitglied der Gemeinschaft darauf bestand, dann lebte die ganze Gemeinschaft sauberer und damit gesünder – ohne dass sie genau wusste, warum. Das ist einer der Gründe, warum Stammesgemeinschaften noch heute viele Wasch- und Reinigungsrituale haben, auch wenn ihnen die Konzepte von Keimen und bakteriellen Infektionen nicht geläufig sind. Könnten solche Rituale auf Menschen mit Zwangsstörungen zurückgehen?

Zwanghaftes Nachprüfen könnte ebenfalls sehr nützlich sein. Stellen Sie sich vor, Sie lebten in einer Stammesgemeinschaft im Regenwald in der Nähe des Äquators. Ihre Gesundheit und ihre Ernährung hängen davon ab, ob Sie in der Lage sind, Ihre Nahrung abzukochen. Aber Sie wissen nicht, wie man Feuer macht. Sie wissen nur, wie man Feuer am Brennen hält. Geht es Ihnen aus, müssen Sie möglicherweise kilometerweit durch die Wildnis wandern, um einen vorbeiziehenden Stamm zu finden, der sein Feuer mit Ihnen teilt. Ein zwanghafter Prüfer würde ein Feuer niemals ausgehen lassen. Und das könnte das Überleben des ganzen steinzeitlichen Dorfes sichern.

Oder denken Sie ans Hamstern. Meistens stellen wir uns Hamsterer oder Leute, die Dinge horten, als Menschen vor, die in schmutzigen, unübersichtlichen Wohnungen hausen, kaum fähig sind, sich zu bewegen, und erst recht nicht, zu kochen oder sauber zu machen. Aber was, wenn das, was sie sammelten oder hamsterten, für das Überleben das Stammes notwendig war? Was, wenn so jemand während einer Hungersnot noch über jede Menge Essen verfügte? In der Steinzeit hätte möglicherweise das Überleben des ganzen Dorfes von diesem einzelnen Hamsterer abgehangen.[21]

Das ist keine reine Spekulation. Ich habe bereits erfolgreich Hamsterer behandelt, indem ich ihnen half, ihr zwanghaftes Verhalten in eine nützliche Praxis umzuwandeln. Eine Frau, mit der ich vor mehr als zwanzig Jahren arbeitete, fing an, Flaschenverschlüsse, Korken und Dosen zu sammeln; ihre Sammlung ist heute eine unglaubliche Summe wert. Vor Kurzem hat sie sich mit mir auf Facebook in Verbindung gesetzt und mir aus ganzem Herzen gedankt. Sie schuf sich aus dem, was andere als hinderliche Störung ansahen, eine Art Rentenabsicherung. Selbst Menschen am äußersten Ende der Skala können einen guten und Ertrag bringenden Nutzen für dieses Persönlichkeitsmerkmal finden.

Vorherrschende Stärken

Bis zu einem bestimmten Grad ist Perfektionismus gesund und kann im Arbeits- und Privatleben von Vorteil sein. Perfektionismus bietet folgende vorherrschende Stärken:

Tatkraft

Man weiß, wie man sich realistische, erreichbare Ziele setzt – und wie man diese erreicht.

Gründlichkeit

Man legt großen Wert auf Details, mit der Fähigkeit des absoluten Fokussierens, und man weist ein vorsichtiges Herangehen an die Dinge auf.

Sauberkeit und Organisation

Ihre Stifte sind nach Länge, Farbe und Typ sortiert? Briefumschläge und Papiere sind nach Form, Größe und Farbe geordnet? Wunderbar! Diese Art der Organisation kann Ihnen helfen, noch leistungsfähiger zu sein. Sie suchen nicht endlos lange nach Dingen, denn Sie wissen genau, wo sie sind.

Hohe Maßstäbe

Sie würden von einem Projekt nicht besessen sein, außer Sie wollten es gut machen. Zwangsverhalten kann eine Erinnerung daran sein, dass Ihnen der Erfolg wichtig ist.

Fokus

Solange Ihre Besessenheit nicht ins Extreme kippt, kann sie Ihnen bei der Konzentration auf die anstehenden Arbeiten hilfreich sein. Menschen, bei denen dieses Persönlichkeitsmerkmal stark ausgeprägt ist, neigen dazu, sich sehr auf die Arbeit zu konzentrieren, stets pünktlich zu sein und Aufgaben umgehend und verlässlich zu erledigen.

Ein »perfektes« Leben führen

Ein »perfektes« Leben führen. Das sagt schon alles über die Herausforderungen und die Vorteile einer dominant perfektionistischen Persönlichkeit. Wer bei Sieben oder noch höher auf der Skala der Zwangsstörung steht, ist vermutlich mit dem Problem des Perfektionismus vertraut. Auf der einen Seite ist es eine feine Sache, wenn man auf Details Wert legt, fokussiert ist und sich auf die anliegenden Arbeiten konzentriert. Es sind Grundvoraussetzungen für hoch qualifiziertes Arbeiten, ganz gleich in welchem Gebiet. Musiker und Ingenieure brauchen in ihrem Streben nach Spitzenleistung gleichermaßen Geduld, Ausdauer und harte Arbeit.

Doch natürlich ist »Perfektion« ein flüchtiges Ziel. Niemand ist perfekt – und ab einem bestimmten Punkt müssen wir alle in der Lage sein zu sagen: »gut genug« und mit anderen Dingen weitermachen. Sonst werden wir nie überhaupt etwas fertigstellen! Das Streben nach Perfektion um ihrer selbst willen führt nur zu Frust und Enttäuschung.

Doch man kann eine gewisse Balance finden. Es ist möglich, im täglichen Leben nach Spitzenleistungen zu streben, ohne dabei das große Ganze aus den Augen zu lassen. Im Arbeitsleben und in den persönlichen Beziehungen kann man lernen, die Herausforderungen, die mit diesem Persönlichkeitsmerkmal einhergehen, zu erkennen und zu minimieren, während man sich gleichzeitig die Stärken zunutze macht. Das mag vielleicht nicht »perfekt« sein – aber für mich hört sich das ziemlich ideal an.

Arbeitsleben und Karriere

Ich habe schon über die Wichtigkeit von Sorgfalt, Genauigkeit und dem Blick fürs Detail für den Erfolg bei vielen Karrieren gesprochen. Alexis beschrieb ihren Job als den, der perfekt zu ihr passe, und tatsächlich ist ihre Persönlichkeit hervorragend für diesen Job geeignet.

Kurt hatte nicht ganz so viel Glück wie Alexis. Als passionierter Wortkünstler und Liebhaber der kleinen Elemente der Sprache, die das geschriebene Wort ausmachen, dachte Kurt, dass er seine Berufung gefunden hätte, als er seine Doktorarbeit in Englischer Literatur begann. Doch es zeigte sich, dass literarische Studien nicht dasselbe wie eine akademische Karriere sind. »Zwei Dinge stellten sich mir in den Weg«, erzählte mir Kurt. »Zum einen war ich kein besonders guter Autor.« Er lachte. »Das Schreiben stellte immer ein Problem für mich dar, denn ich hatte eine klare Vorstellung davon, was ich sagen wollte, und zwar auf eine ganz bestimmte Art und Weise. Doch ich konnte niemals einfach nur Ideen aufschreiben und diese dann nachbessern.« Stattdessen verbrachte er Stunden damit, den perfekten Satz zu suchen. Er war wie gelähmt.

Dasselbe Problem hatte Kurt als Lehrer. Wenn er Aufgaben benotete, stellte er sich vor, wie die perfekte Hausaufgabe aussehen sollte. Und bevor er es sich versah, sagte er: »Ich fühlte mich gezwungen, die gesamte Aufgabe neu zu verfassen.« Er kam zu dem Punkt, an dem er das Gefühl hatte, sein ganzer Schreibtisch würde ihn wegstoßen, wie das falsche Ende eines Magneten. Kurts Liebe zur Sprache und seine Passion für die kleinen Details in der Forschung waren das eine, aber die tägliche Arbeit als Akademiker war eine ganz andere Geschichte.

Eines Tages zeigten ihm einige Freunde ein Stellengesuch für einen Techniker zur Reparatur von Uhren. Selbst Ende der 1960er-Jahre war das Reparieren von Uhren nicht unbedingt ein weitverbreiteter Beruf. »Es war das erste und einzige Mal innerhalb der letzten 30 Jahre, dass es eine solche Anzeige gab.« Kurt war eigentlich gar nicht auf der Suche nach einem Job. Aber ihm war klar, dass sich etwas ändern musste. Also schrieb er eine Bewerbung.

Dass die Wahl auf die Uhren fiel, war nicht so zufällig, wie es zunächst scheinen mag. Kurt hatte es schon immer geliebt, mit den Händen zu arbeiten – er hatte Klaviere repariert und gelernt, Musikinstrumente zu bauen. An dieser Arbeit liebte er den Aspekt des Lösens von Problemen und die erforderliche Aufmerksamkeit fürs Detail. Er hatte sogar schon einmal für einen Freund rein aus Spaß eine Uhr repariert. Als man ihm den Job anbot, hängte er die akademische Karriere für immer an den Nagel.

Kurts Geschichte ist sehr inspirierend. Was als eigenwilliger Job mit vier Dollar Stundenlohn begann, wurde eine ausgewachsene Karriere. Kurt führt nun ein erfolgreiches kleines Geschäft, von dem er selbst sagt, dass seine Passion für Perfektionismus hier gut aufgehoben sei. Beim mechanischen Arbeiten genau wie beim Schreiben, so erklärt er, brauchte man eine unglaublich genaue Vision von dem, was man erreichen will.

Gleichzeitig hat Kurt als Mechaniker genau definierte Parameter, die ihm helfen, seinen zwanghaften Perfektionismus unter Kontrolle zu behalten. Während ein Essay schier endlos redigiert werden kann, spezifizieren Kunden, die mechanische Teile bestellen, ihren Grad der Perfektion, sagen wir, den Hundertstel Millimeter. Hat Kurt diesen Grad an Perfektion erreicht, kann er aufhören. Diese Arbeit passt zu seinen Interessen und seiner Persönlichkeit, ohne ihn zu überfordern und ohne sein Persönlichkeitsmerkmal noch zu verstärken.

Es hat mich gefreut, von Kurt über seinen Weg zu erfahren und wie er dadurch erfolgreich wurde, indem er seine Persönlichkeitsmerkmale akzeptierte. Und man kann noch mehr aus der Geschichte lernen. Wie Kurt fühlte ich mich als junger Mann zu einem Arbeitsgebiet hingezogen, das nicht ganz zu mir passte. Ich war einem romantischen und leidenschaftlichen Traum aufgesessen: Ich wollte um die ganze Welt reisen und Diamanten suchen.

»Na klar, Dale«, werden Sie jetzt wahrscheinlich denken, »Sie haben ja auch die klassische Abenteurerpersönlichkeit.« Sie haben recht! Die Vorstellung, die ganze Welt zu bereisen – auf der Suche nach Glanz und Gloria –, fand ich sehr verlockend. Ich flog nach Kalifornien, um am Gemological Institute of America (GIA) zu studieren und um dort zu lernen, wie man Diamanten bewertet. Ich liebe es, neues Wissen zu erwerben, war begeistert von meiner Vision der Zukunft und verbrachte eine tolle Zeit an diesem Institut. Bevor ich es mich versah, saß ich in einem Flugzeug nach Tel Aviv und wollte die ersten Diamanten kaufen.

Wie sich herausstellte, war die tägliche Arbeit als Diamantenjäger bei Weitem nicht so glamourös wie die Version davon, die man im Fernsehen zu sehen bekommt. Auf dieser ersten Reise kam ich erst nach Mitternacht in Tel Aviv an, und am nächsten Morgen ab sechs Uhr saß ich in verschiedenen Büros im sogenannten Diamantenviertel, um Steine zu begutachten. Die nächsten zehn Stunden hockte ich auf meinem Stühlchen und bewertete Diamanten. Dies ging die ganze Woche lang so. Ich war unruhig, frustriert und, offen gesagt, gelangweilt.

Zu dieser Zeit hatte ich noch nicht verstanden, was schiefgelaufen war. Wie Kurt wusste ich noch nicht viel über Charakterzüge, und ich hatte keine Ahnung davon, dass mein Profil nicht besonders gut zu diesem Arbeitsgebiet passte. Ich wusste nur, dass ich da wegmusste. Und das setzte ich auch bald in die Tat um. Bei vielen Unternehmungen war ich recht erfolgreich – als Psychiater, als Pokerspieler und jetzt als Anwalt einer neuen Denkweise bezüglich der Persönlichkeitsmerkmale. Ich denke, ich kann von mir sagen, dass ich während der Jahre einem Lebensstil, der zu meinem eigenen, einmaligen Persönlichkeitsprofil passt, immer näher gekommen bin. Zwar bin ich nicht mehr als Diamantenjäger unterwegs, gleichwohl vermisse ich manchmal die Vorstellungen, für die dieser Gedanke stand.

Und das ist auch Kurts Geschichte. Aus dem Scheitern seiner akademischen Karriere heraus fand er den beruflichen Erfolg. Über die Jahre erkannte er langsam seine wahren Stärken und wie er diese einsetzen konnte. Als er einen Job gefunden hatte, der zu ihm passte, blieb er dabei – und was zunächst wie ein enormes Risiko wirkte, entpuppte sich als gute Wahl für einen Lebensstil. Ich hoffe, das ist eine Lektion, aus der wir alle lernen können.

Im Privatleben

Nehmen wir an, Kurt möchte eine Kamera kaufen. Die meisten von uns werden, wenn sie eine Kamera kaufen möchten, ein bisschen im Internet recherchieren, vielleicht durch ein paar Läden streifen, eine Entscheidung fällen und dann den Kauf tätigen. Nicht so Kurt. Denn bei ihm läuft es so: »Ich beginne mit meinen Nachforschungen«, erzählt er. »Und bei der amerikanischen Lebensweise ist die Zahl der mir zur Verfügung stehenden Optionen fast unendlich. Das bedeutet, dass ich ewig damit zubringe herauszufinden, welche Kamera wohl die beste für mich ist. Ich verbringe Stunden damit, die verschiedenen Optionen zu überdenken und darüber nachzugrübeln, warum diese Kamera besser als jene für mich geeignet wäre. Ich bin kein professioneller Fotograf. Ich möchte eigentlich nur ein paar Schnappschüsse machen. Aber es gibt so viele andere Arten von Bildern, die ich mit den verschiedenen Kameras machen könnte. Mit dieser zum Beispiel könnte ich großartige Tieraufnahmen machen. Na ja, vielleicht will ich ja mal Tiere fotografieren. Das ist möglich. Ich mag Tiere. Oh, und diese Kamera erlaubt sogar Filmaufnahmen. Vielleicht will ich eines Tages ja mal einen Film drehen. Also vertiefe ich mich mehr und mehr in die Auswahl, finde mehr und mehr Möglichkeiten, und die Möglichkeiten ufern aus. Es wird richtig schwer, eine Entscheidung zu treffen. Also sage ich mir dann, na ja, jetzt habe ich drei Monate damit zugebracht, alles über Kameras zu recherchieren, vielleicht brauche ich letztendlich ja gar keine. Meine ursprüngliche Begeisterung für Kameras hat sich in Luft aufgelöst. Und bald stelle ich fest, dass ich eigentlich auch ganz prima ohne Kamera leben könnte.« Doch bevor er es sich versieht, genießt Kurt nach einer langen Wanderung eine schöne Aussicht oder ist mit seiner Familie auf einer Veranstaltung und wünscht sich: »Oh, hätte ich nur eine Kamera!«

Perfektionismus kann frustrierend für einen selbst und die eigene Familie sein. Stehen Sie selbst vor den Herausforderungen eines Lebens als Perfektionist – Sie haben das Gefühl, eine fixe Idee steht Ihnen im Weg, sei es, dass sie Sie vom Kauf einer Kamera abhält oder auch von wesentlicheren Dingen –, dann empfehle ich Ihnen, dass Sie diesen drei Schritten folgen: *erkennen, umorganisieren, umleiten.*

Bevor ich diese drei Schritte weiter im Detail ausführe, lassen Sie mich ergänzen, dass Ihnen diese Schritte in jeder Situation oder bei jedem Problem helfen können – nicht nur in Bezug auf den Perfektionismus, sondern bei jedem der acht Persönlichkeitsmerkmale. Ganz gleich, mit welchem Problem Sie kämpfen – sei es ein geringes Selbstwertgefühl, Ärger oder Angst vor Konfrontationen –, es ist immer ein guter Ansatz und eine effiziente Art, einen funktionierenden Plan zum Umgang damit zu entwickeln, indem man zunächst einmal diese drei Schritte durchläuft. (Ich habe sie vor Jahren in meiner Praxis entwickelt, aber auch andere nutzen sie und haben über sie geschrieben, zum Beispiel Ian Spencer, der sogar noch zwei Schritte ergänzte: nochmals anfangen und wiederholen. Diese Konzepte mögen Ihnen also bekannt vorkommen. Falls dem so ist – wunderbar!) Und hier sind sie:

Erkennen

Zuallererst muss man für sich selbst das Problem erkennen. Mit Perfektionismus ist es zum Beispiel so, dass man vermutlich wahrnimmt, dass man eine Tendenz zu zwanghaftem Verhalten hat. Aber selbst wenn man sich bewusst ist, dass man manchmal zwanghaft sein kann, geschieht es leicht, dass man sich im Zwang verfangen hat, bevor man es sich versehen hat. Also ist der erste Schritt, um einen Zwang zu managen, dass man sich stets seiner Gedanken und Emotionen bewusst ist und jene erkennen sollte, die typisch für zwanghaftes Verhalten sind.

Versuchen Sie, diese Denkweisen von Ihrer mentalen und emotionalen Ausstattung zu entfernen. Damit das gelingt, schreiben Sie diese vielleicht in einem Tagebuch oder Notizbuch auf, sodass Sie zurückblicken und reflektieren können. Im Falle von Kurts Kamerageschichte hätte er vielleicht notiert: »Ich muss die perfekte Kamera finden.«

Umorganisieren

Nachdem Sie die störenden Gedanken identifiziert und aufgeschrieben haben, können Sie leichter herausfinden, wie Sie diese neu organisieren. Das Ziel hierbei ist, das Positive in dem, was Sie bisher für schlecht hielten, zu finden. Zum Beispiel mag Kurt sich sagen: Sicher wäre es toll, es paar Fotos von meiner Nichte und ihrem frischgebackenen Ehemann auf ihrer Hochzeit zu machen. Oder: Die letzte große Anschaffung, das war der Fernseher, hat prima geklappt. Ich bin so froh, dass ich ihn habe! Und genauso wird es sicherlich auch mit der Kamera werden.

Umleiten

Der letzte Schritt ist, eine neue und vor allem positive Richtung für Ihre Besorgnis zu finden. Eine Möglichkeit ist, sich selbst abzulenken. Lenken Sie Ihre Aufmerksamkeit absichtlich auf anderes. Machen Sie einen Spaziergang. Räumen Sie den Dachboden auf. Essen Sie Ihre Lieblingsspeise. Rufen Sie Freunde an. Planen Sie eine Reise. Gehen Sie ins Fitnessstudio. Machen Sie etwas, irgendetwas, das Ihnen Freude bereitet und Ihnen nicht den gleichen Stress bereitet.

Kurt ist ein begeisterter Radfahrer, also lässt er oft, wenn er sich überfordert fühlt, seinen Computer stehen und macht eine Radtour. Dann bereitet er sich eine Tasse seines Lieblingstees Darjeeling zu und kehrt zu seiner Aufgabe zurück, erfrischt und bereit zu entscheiden, welche Kamera er kaufen soll.

Kurts Frau unterstützt ihn beim Fällen von Entscheidungen und trägt ihn durch die zwanghafteren Tage. »Eine der Qualitäten meiner Frau ist, dass sie sich nicht in Dinge verrennt«, erzählt Kurt. »Das ist entspannend, denn während ich manchmal von den Dingen besessen bin, ist sie es nicht.«

Und es gibt noch einen weiteren Vorteil, den Kurt in Bezug auf seine Ehe mit jemandem, die weniger zwanghaft ist als er, erwähnt. »Sie kann Dinge tun, ohne von ihnen besessen zu sein. Bevor wir in den Urlaub fahren, kann sie einfach eine Kamera kaufen, irgendeine Kamera!«

Der Drei-Schritte-Plan funktioniert für Kurt gut. Und ich habe gesehen, wie diese Schritte für viele, viele Menschen (einschließlich mir), die mit einer großen Bandbreite an Problemen kämpfen, funktionieren.

Zusammenfassung: Sind Sie ein Perfektionist?

Sollten Sie am oberen Ende der Zwangsstörung-Skala rangieren – wenn Perfektionismus also Ihr dominantes Persönlichkeitsmerkmal ist –, dann sind Ihnen vermutlich einige Herausforderungen des Lebens mit diesem Persönlichkeitsmerkmal bekannt. Aber haben Sie schon einmal darüber nachgedacht, wie Ihre hervorstechende Stärke auch eine Bereicherung Ihres Arbeitslebens sein könnte? Oder welche Rolle sie in Ihren Beziehungen spielen könnte?

Wenn Perfektionismus Ihr dominantes Persönlichkeitsmerkmal ist, dann tragen Sie jene Gene, die historisch gesehen ausschlaggebend für das Überleben der menschlichen Spezies waren, in sich. Ihre vorherrschenden Stärken – Gründlichkeit, Genauigkeit, hohe Maßstäbe und Fokus – waren für die Menschheit jahrtausendelang von Vorteil. Und sie spielen auch in der heutigen Gesellschaft eine entscheidende Rolle.

Wenn Perfektionismus Ihr dominantes Persönlichkeitsmerkmal ist, dann nehmen Sie sich einen Moment Zeit, und denken Sie darüber nach, woher dieses Merkmal kommt und welche Rolle es in Ihrem Leben spielt. Fragen Sie sich selbst, ob Sie sich Ihre detailverliebte Persönlichkeit zunutze machen oder sie als Behinderung oder gar Problem ansehen. Und dann finden Sie heraus, ob Sie etwas ändern können, um Ihr Persönlichkeitsmerkmal noch besser zur Geltung zu bringen. Beginnen Sie mit einem detailorientierten Hobby, das Sie schon immer mal ausprobieren wollten. Melden Sie sich als Schatzmeister oder Veranstaltungsplaner für gemeinnützige Aktionen in Ihrer Gemeinde. Wenn das Ihr dominantes Persönlichkeitsmerkmal ist, dann verleihen Ihnen Ihre Fokussiertheit und Ihr Auge für Details einen enormen Vorteil. Unterdrücken Sie dieses Persönlichkeitsmerkmal nicht. Es ist Ihr größter Vorzug – und meinen Sie nicht, dass es an der Zeit wäre, ihn wertzuschätzen?

KAPITEL 4

SCHÜCHTERN – SOZIALE ANGSTSTÖRUNG

Schüchternheit gehört nicht zu meinen dominanten Persönlichkeitsmerkmalen. Ich bin gesellig und charismatisch. Ich liebe öffentliche Auftritte. Ich liebe es, neue Menschen zu treffen – das ist zum Glück Teil meiner Arbeit sowohl als Psychiater als auch als Gastkommentator im Fernsehen. Meine Freundin Lorraine, die ich seit meiner Kindheit kenne, ist das genaue Gegenteil. Während mein Kalender bis zum Bersten mit Arbeitstreffen und sozialen Engagements gefüllt ist, arbeitet Lorraine von zu Hause aus und begnügt sich mit wenigen Aktivitäten außerhalb. Während ich in Gruppensituationen aufblühe, arbeitet Lorraine am besten, wenn sie allein ist.

Lorraine, die inzwischen 52 Jahre alt ist und im Südosten der USA lebt, war ein sonderbares Kind, das immer einige wenige enge Freunde hatte, jedoch nie in einer großen Clique war. Sie war eine eifrige Leserin und ist es noch heute, ihr E-Reader platzt vor Büchern und anderen Lesestoffen fast, außerdem ist sie sehr kreativ. Sie machte ihren Collegeabschluss im Fach Kunst. Als Lorraine klar wurde, dass sie ihren Lebensunterhalt mit dem Geld, das sie mit der Kunst verdiente, nicht finanzieren konnte, besuchte sie noch einmal das College und machte einen Abschluss in Jura. Nach dem Examen fand sie eine Anstellung in einer großen Rechtsanwaltskanzlei. Und dann begann der Ärger.

»Ich arbeite nicht gern in einem Büro und habe nicht gern einen Chef«, erzählte Lorraine mit der für sie charakteristischen Geradlinigkeit. Viele Menschen empfinden es als schwierig, sich an eine Arbeitsumgebung anzupassen, wo ihre Zeit streng kontrolliert wird. Doch für Lorraine läuft die Arbeit in einem Büro wider ihre innerste Natur: Lorraine ist eine Acht auf der Skala der sozialen Ängste. »In einem Büro bin ich immer nervös«, sagt sie.

Es half nicht, dass sie einen »Albtraum von einem Chef« hatte, der ihr keinerlei Freiheiten zugestand. »Er flippte aus, wenn ich während meiner Mittagspause arbeitete. So kontrollsüchtig war der Typ.« Letztendlich wurde sie gefeuert. Lorraine hält das inzwischen für das Beste, was ihr widerfahren konnte, öffnete es ihr doch die Tür, um ihr eigenes Geschäft als Anwältin in einer kleinen Nische zu finden. Sie recherchiert und schreibt Zusammenfassungen, die Rechtsanwälte bei Beschwerdeklagen verwenden. »Ich betreue viele Fälle, in denen Menschen verletzt wurden und nun für diese Fälle Entschädigungen möchten. Ich empfinde das als sehr befriedigend. Ich halte mich für sehr, sehr glücklich.«

Es erfordert eine Menge Mut, als unabhängiger Freiberufler zu arbeiten – vielleicht für eine Frau sogar noch mehr als für einen Mann –, und dafür respektiere ich Lorraine sehr. Es war ein kluger Schachzug von ihr. Ihre schüchterne Persönlichkeit war ganz offensichtlich nicht für eine Karriere geeignet, die von ihrer Fähigkeit abhing, in großen Gruppenkonstellationen mit anderen zu kooperieren. Inzwischen ist sie so gefragt, dass sie sich nicht einmal anpreisen muss, um Aufträge zu bekommen. (Eine schöne Sache, denn sie mag die Menschenmengen bei den Treffen der örtlichen Anwaltskammern nicht.) Klar, mit ein bisschen mehr Eigenwerbung könnte sie vielleicht mehr Geld verdienen. Andererseits hat sie einige Kunden seit 15 oder 20 Jahren, und zwar nur deshalb, weil sie so professionell im Hintergrund arbeitet. Sie hilft diesen Anwälten – die, anders als sie, gern im Rampenlicht stehen –, vor den Berufungsrichtern gut dazustehen.

Wie ich in diesem Kapitel noch ausführen werde, hängt Lorraines Erfolg bei ihrer Arbeit und in anderen Gebieten ihres Lebens direkt mit ihrer Schüchternheit zusammen. Sie zeigte in einer schwierigen Situation unglaubliche Stärke – ein schwieriger Chef und die daraus resultierende Arbeitslosigkeit – und verwandelte diese in eine Gelegenheit, um zu zeigen, wer sie wirklich ist. Etwas, das sie im Grunde schon oft in ihrem Leben getan hat, wenn sie mit Schwierigkeiten konfrontiert war.

Sollte Schüchternheit zu Ihren dominanten Persönlichkeitsmerkmalen gehören, dann hoffe ich, dass Ihnen dieses Kapitel zeigt, dass ein stilles Leben kein schlechtes ist. Und ich hoffe, es hilft Ihnen, diese kraftvolle Ressource von innen heraus anzuzapfen.

Das Kontinuum-Modell: Schüchtern

KONTINUUM DER SOZIALEN ANGSTSTÖRUNG		
EXTROVERTIERT	UNABHÄNGIG	SOZIALE ANGSTSTÖRUNG
0 3	5 7	10+
nicht vorhanden	dominant	superdominant

Lassen Sie uns einen Blick auf jemanden werfen, der am äußeren Ende des Spektrums der sozialen Angststörung rangiert, um mögliche Bandbreite zu sehen. Der folgende Text stammt aus einer E-Mail, die ich über meine Webseite von einer neununddreißigjährigen Frau erhielt, ich nenne sie im Folgenden Debra:

> Solange ich mich erinnern kann, hatte ich in sozialen Situationen Schwierigkeiten. In der Schule blieb ich für mich allein. Allein der Gedanke, vor der Klasse sprechen oder in der Mensa mit den anderen zusammensitzen zu müssen, löste bei mir Panik aus. Ich hatte einige enge Freunde, aber wenn sie nicht an meiner Seite waren, hatte ich das Gefühl, dass mich alle anstarrten.

> Ich gehe selbst den Menschen, die ich liebe, aus dem Weg, einzige Ausnahme sind mein Ehemann und meine Kinder. Ich stresse mich mit Situationen, in denen ich mit anderen zusammen sein muss: Geburtstagsfeiern, Zusammenkünfte in der Schule und so weiter.

Ich gebe mir wirklich Mühe, diese Ängste zu überwinden. Vor Kurzem habe ich mich freiwillig zu einer Aufgabe an der Schule meiner Tochter gemeldet, denn ich möchte wirklich gern eine gute Mutter sein, aber ich hatte die ganze Zeit einen Knoten im Magen.

Wenn ich irgendwo alte Freunde sehe, gehe ich ihnen, wenn irgend möglich, aus dem Weg. Im Supermarkt verstecke ich mich zum Beispiel in einem anderen Gang. Wenn mein Telefon klingelt, gehe ich in der Regel nur ran, wenn es meine Mutter oder mein Ehemann sind. Das Merkwürdige ist, dass ich mich manchmal, wenn auch nicht sehr oft, ganz normal fühle und ans Telefon gehe und eine Weile mit meinen Freunden plaudere.

Es gibt Tage, an denen ich mich gut fühle und gern mit anderen zusammen bin, aber es sind wenige, und sie sind selten. Und ich bin auch empfindlich gegenüber meiner Familie geworden, ich streite mit meinem Mann und meinen Kindern wegen kleinster Dinge. In großen Menschenmengen wie zum Beispiel in Einkaufszentren habe ich das Gefühl, gleich zu explodieren. In diesen Situationen werde ich gereizt und nervös. Ich will mich so nicht verhalten, aber ich bin einfach so nervös und habe Panik. Ich hatte mir vorgenommen, dass ich mir einen Job suche, wenn meine Tochter in die Schule kommt. Jetzt ist sie im Kindergarten, und die Angst davor, mich wirklich zu bewerben, ein Vorstellungsgespräch zu führen und unter neuen Menschen zu sein, ist mehr, als ich aushalten kann. Ich weiß, dass ich ein Problem habe und Hilfe brauche.

Wie jeder erkennen kann, ist Debra schüchtern. Mir erscheint es so, als sei Debra an diesem Punkt in ihrem Leben eine Neun oder Zehn auf der Skala der sozialen Angststörung. Ihre Schüchternheit ist superdominant geworden – sie ist inzwischen so extrem, dass sie sie davon abhält, ihr Leben in vollen Zügen zu genießen, und das macht sie ernsthaft unglücklich.

Allein anhand ihrer E-Mail kann ich natürlich nicht beurteilen, wie superdominant ihr Persönlichkeitsmerkmal genau ist und in welchem Maß sie psychiatrische Behandlung oder Medikation benötigt. (Allein aufgrund einer E-Mail würde ich niemals eine Diagnose erstellen.) Aber Debras Zustand klingt, als ob er sich dicht an der psychischen Störung, die man auch als soziale Angststörung bezeichnet, befinden würde.

Soziale Angststörungen, auch soziale Phobien genannt, werden im Wesentlichen durch die Angst vor anderen Menschen oder sozialen Situationen definiert.[22] In den USA ist Fernsehwerbung für Psychopharmaka, also auch für Arzneimittel zur Reduzierung von sozialen Angststörungen, gang und gäbe. Die Werbespots zeigen unglücklich dreinschauende Männer oder Frauen, die während einer lustigen Party einsam und allein in einer Ecke stehen; aus dem Off spricht eine Stimme über soziale Ängste und fragt dann direkt die Zuschauer, ob sie sich jemals in sozialen Situationen unglücklich fühlten oder das Gefühl hatten, den »Spaß im Leben« zu verpassen.

Meine Antwort lautet, dass Medikamente das Letzte sind, dem Sie sich zuwenden sollten, wenn Sie soziale Situationen als stressig empfinden oder das Gefühl haben, den »Spaß im Leben« zu verpassen. Zunächst einmal sollten Sie einen ehrlichen, Blick auf Ihre Persönlichkeit werfen und kleine Veränderungen vornehmen, die Ihr Leben stärker in Einklang mit

Ihren vorherrschenden Persönlichkeitsmerkmalen bringen. Am Ende dieses Kapitels empfehle ich diesbezüglich einige Aktivitäten.

Dennoch gibt es Medikamente, welche die schlimmsten Symptome sozialer Ängste lindern können und helfen, dass man sich wieder der Mitte des Kontinuums annähert. Menschen mit sozialen Angststörungen erleben eine lähmende Angst vor jeglichen Situationen, in denen sie dem neugierigen Blicken der Öffentlichkeit ausgesetzt sind (wie zum Beispiel eine Aufführung, eine Party oder sogar eine Verabredung). Sie erleben ernsthafte Angstzustände oder sogar Panik, wenn sie an solchen Veranstaltungen tatsächlich teilnehmen. Wenn es wirklich schlimm wird, können soziale Ängste es diesen Menschen sehr schwer machen, Beziehungen zu unterhalten, einer geregelten Arbeit nachzugehen oder ihre täglichen Aufgaben erledigt zu bekommen.

Debra ist ein gutes Beispiel für jemanden, der soziale Ängste in einer störenden Art und Weise erlebt. Ich würde ihr empfehlen (und auf meiner Webseite tat ich das auch), dass sie einen Psychiater aufsucht, der sie besser kennenlernt, ihre Symptome genauer einschätzen und dann festlegen kann, was sie tun sollte, um ihr Leiden zu verringern. Bei einer ernsthaften sozialen Angststörung mag eine Medikation zur Verringerung ihrer Angst durchaus hilfreich sein, einhergehend mit Veränderungen ihrer Lebensweise und einer kognitiven Verhaltenstherapie. Mithilfe dieser Werkzeuge könnte es ihr gelingen, eine Sechs oder Sieben auf dem Kontinuum zu werden. Doch Debra wird niemals eine Null oder eine Eins. Debra und jeder andere mit sozialen Ängsten muss die oftmals schwierige Herausforderung meistern, ihr dominantes Persönlichkeitsmerkmal anzunehmen. Mit ein klein wenig Hilfe ihrer Ärzte können Menschen mit einer ausgewachsenen Angststörung sogar Vorbilder werden, wie ein schüchterner Lebensstil aussehen könnte.

Die Neudefinition von sozialer Angststörung

Als Gesellschaft profitieren wir von den Menschen, die an den Seitenlinien stehen. Menschen, die wir für »Mauerblümchen« halten, mögen letztendlich die besten Beobachter und Erklärer sein. Von vielen Schriftstellern, wie zum Beispiel Agatha Christie oder Harper Lee, ist bekannt, dass sie extrem schüchtern waren. Aber mit ihren Worten haben sie Geschichten erzählt, die die Welt veränderten. Harper Lees 1960 erschienener Roman *Wer die Nachtigall stört* ist ein durchdachter Kommentar zur amerikanischen Gesellschaft. Das Buch wurde mit dem Pulitzer-Preis ausgezeichnet, zu einem der besten amerikanischen Bücher aller Zeiten gewählt, und es wird wohl in allen Klassenzimmern der USA gelesen. Doch Harper Lee, die 2016 hochbetagt starb, zeigte sich fast nie in der Öffentlichkeit.

Doch extrem schüchtern sind nicht nur Schriftsteller. Von der Schauspielerin Kim Basinger heißt es, dass sie als Kind Ballettstunden nehmen musste, um mit ihrer sie lähmenden Schüchternheit umzugehen. Bei Ricky Williams, Runningback der Miami Dolphins, also ein Angriffsspieler und zweimaliger All-American-Athlet sowie Gewinner der Heisman Trophy, wurde eine soziale Angststörung diagnostiziert. Obwohl Williams auf dem Footballfeld ein Superheld war, trug er bei Interviews einen Helm, und zwar mit heruntergeklapptem Visier. »Ricky ist halt ein bisschen anders«, erklärte sein Team-kollege Joe Horn.

Und vermutlich sind Computernerds die in der heutigen Gesellschaft am meisten gefeierten schüchternen Typen. Als Jugendliche wurden sie als sozial merkwürdig geneckt, sie verbrachten ihre Wochenenden mit dem Schreiben von neuen Codes, während ihre geselligeren Mitmenschen Sport trieben oder auf Partys gingen.

Doch die Zeit und Energie, die diese jungen Menschen in ihre Studien steckten, machten sie zu Experten, die die anderen längst links liegen gelassen hatten. Wir müssen uns nur Bill Gates oder Mark Zuckerberg ansehen, um zu erkennen, wie schüchterne Menschen ihre einmalige Persönlichkeit als eine Möglichkeit einsetzen, großen Erfolg zu erlangen. Es heißt, dass Zuckerberg trotz seines Ruhmes und seines beträchtlichen Vermögens ungern im Fernsehen auftritt, da er vor der Kamera Panik hat. Und natürlich sind die Seiten sozialer Netzwerke wie Zuckerbergs Facebook für schüchterne Menschen nützliche Werkzeuge, um durch die Herausforderungen des Lebens zu navigieren. Nicht schlecht für einen schüchternen Typen.

Man kann weglaufen, doch man kann nicht vor sich selbst weglaufen. Man kann versuchen, vielen Dingen zu entkommen, aber man bleibt doch immer man selbst – also wird man am glücklichsten, wenn man akzeptiert, wer man ist, und mit seiner wahren Stärke arbeitet.

Deshalb ist Lehrsatz Nummer eins in diesem Buch der griechische Aphorismus »Erkenne dich selbst«. Wenn man weiß, wer man selbst ist – hat man also sein dominantes Persönlichkeitsmerkmal oder seine dominanten Persönlichkeitsmerkma-

le erkannt –, hat man eine Wahl. Man kann jeden Tag gegen
sich selbst ankämpfen, um wie alle anderen zu werden. Oder
man kann sich entscheiden, seine dominanten Persönlichkeitsmerkmale anzunehmen.

Ein evolutionärer Imperativ

Was ist Schüchternheit? Im Jahr 2013 meinten israelische
Wissenschaftler die Wurzel der Schüchternheit entdeckt zu
haben, als sie das sogenannte Schüchternheitsgen fanden. Um
schüchterne Kinder zu identifizieren, interviewten die Wissenschaftler Hunderte von Schulkindern, ihre Familien und
Lehrer. Als sie ihre DNA analysierten, fanden sie heraus, dass
schüchterne Kinder dazu neigten, ein bestimmtes Gen zu haben – das lange Allel des 5-HTTLPR-Polymorphismus. Das
ist eines der Gene, die mit Angst in Verbindung gebracht werden, was keine große Überraschung ist, denn Ängstlichkeit
und Schüchternheit sind eng miteinander verbunden.[23] (Deshalb bezeichnen einige Menschen Schüchternheit als »soziale
Angst« und ordnen sie im DSM-4 in die allgemeine Kategorie
der Angststörungen ein.)

Gefühlsmäßig ergibt es Sinn, dass Schüchternheit mit bestimmten Genen in Verbindung gebracht wird – und tatsächlich zeigen Studien zur Erblichkeit, dass Schüchternheit zu den
genetisch vererbbaren Persönlichkeitsmerkmalen gehört. Der
Anteil der Genetik an den sozialen Angststörungen wird sogar
in einer Höhe von 51 Prozent vermutet.[24] Und neue Forschungen gehen sogar davon aus, dass jene Gene, die mit Ängsten in
Verbindung gebracht werden, auch bestimmte Aktivierungs-

muster beeinflussen – Muster, wie wir Stress wahrnehmen und darauf reagieren –, die in der »Gefühlszentrale« unserer Gehirne liegen, jenem Teil, den man auch als Amygdala[25] kennt.

Unsere Gene können also beeinflussen, wie wir uns in bestimmten sozialen Situationen fühlen. Doch Studien mit eineiigen Zwillingen zeigen, dass Schüchternheit weit komplexer als die involvierten Gene ist. Als die Wissenschaftler ein- und zweieiige Zwillinge untersuchten, stellten sie fest, dass eineiige Zwillinge, obwohl sie die gleiche genetische Struktur aufwiesen, doch nicht gleichermaßen schüchtern waren. Wie so oft spielten auch hier Umweltfaktoren eine wesentliche Rolle.

Dennoch legt jedes Persönlichkeitsmerkmal mit genetischen Ursachen auch Evolution nahe, und es ist interessant, sich näher anzuschauen, was genau Menschen schüchtern werden lässt. Ist es vielleicht möglich, dass in Schüchternheit sogar ein evolutionärer Vorteil liegt?

Vermutlich können Sie sich meine Meinung zu dieser Frage bereits denken. Ich bin sicher, dass Schüchternheit einen evolutionären Vorteil in sich birgt – und die Evolutionsforscher geben mir Rückendeckung. Weithin wird davon ausgegangen, dass Angst die Aufmerksamkeit für Risiken oder Gefahren erhöht. Man kann sich leicht vorstellen, dass das überaus nützlich sein kann, vor allem in lebensbedrohlichen Zeiten. Wenn hinter jeder Ecke ein Säbelzähntiger lauern und selbst eine kleine Verletzung tödlich enden kann, kann eine erhöhte Sensibilität gegenüber Gefahren ein echter Lebensretter sein.

Bei sozialen Ängsten geht man davon aus, dass sie die Sensibilität gegenüber subtileren Arten von Gefahr erhöhen. Statt ausgelöst zu werden von blutrünstigen Raubtieren, Kriegen oder Stürmen, kommt soziale Angst meist von einer verstärkten Sensibilität gegenüber sozialen Gefahren. Menschen mit sozialen Ängsten sind zumeist besser als der Rest von uns in der Lage, Veränderungen in einem Gesichtsausdruck wahrzunehmen – insbesondere wenn diese Hinweise ihnen als bedrohlich erscheinen. Sie erkennen auch leichter, wie sich andere Menschen fühlen, was sie ungeheuer empathisch sein lässt. Und sie sind hochsensibel gegenüber Verhaltensweisen, die soziale Konflikte auslösen können.[26]

Und warum sollte das wichtig sein? Das Leben in den Dorfgemeinschaften der Steinzeit war extrem hierarchisch, und die sozialen Normen waren viel strikter als heutzutage. Man könnte sogar sagen, dass die Schublade dessen, was als normal angesehen wurde, noch viel kleiner war als heutzutage. Der geringste soziale Fehler konnte zu Verbannung oder Vertreibung führen – was beides ziemlich sicher den Tod bedeutete. Soziale Hinweise wahrzunehmen und in der Lage zu sein, soziale Konflikte zu vermeiden, war also eine überlebenswichtige Notwendigkeit, und zwar im ganz wörtlichen Sinn.

Schüchternheit ist auch im Tierreich ein vererbbares Persönlichkeitsmerkmal. Nehmen wir zum Beispiel die Zwergtintenfische. Diese Meerestiere zeigen während ihrer Entwicklung eine genetische Disposition, ob sie eher keck oder schüchtern werden. In stressigen oder risikoreichen Situationen wird ihr Wesen sogar noch verstärkt. Schüchterne Tintenfische bleiben zurückhaltend, kecke Tintenfische werden noch mutiger. Ein Vorschlag der Wissenschaftler: Schüchterne und kecke Tintenfische ergänzen einander, weil sie für unterschiedliche Lebensräume jeweils besser geeignet sind. Mutige Tintenfische erobern neue Nahrungsgründe, in die sich noch nie zuvor ein Tintenfisch gewagt hat, während die schüchternen im »sicheren Hafen« bleiben – und die Ressourcen werden so von allen geteilt.[27]

Sowohl bei Tintenfischen als auch bei Menschen entwickelte sich Schüchternheit offensichtlich als ein gewisser Schutzmechanismus. Hinzu kommt, das schüchterne Menschen oftmals wichtige Persönlichkeitsmerkmale besitzen, die sie zu unverzichtbaren Teilen der Gesellschaft werden lassen. Einige Wissenschaftler tendieren dazu, Schüchternheit als unterwürfigen Charakterzug zu sehen, ich halte dies jedoch als zu stark von der derzeit herrschenden Vorstellung, Schüchternheit als Schwäche oder gar Fehlfunktion zu sehen, beeinflusst. Schüchterne Menschen sind nicht die Dienstboten der Gesellschaft. Es sind unsere Schriftsteller, Programmierer, Erfinder oder spirituelle Führer. Sie mögen nicht nach Ruhm und Ehre streben, aber sie sind von entscheidender Bedeutung als Beobachter und Stimme sozialer Erfahrungen.

Mehr noch, schüchterne Menschen neigen dazu, etwas zu haben, dass ich »Stärke von innen heraus« nenne. Es ist ein weitverbreiteter Irrtum, dass Schüchternheit von einer zugrunde liegenden Unsicherheit geprägt wird. Tatsächlich können schüchterne Menschen unglaublich selbstbewusst sein und eine große, unabhängige Kraft auf ihrem Lebensweg entwickeln. Das ist eine Stärke, die sie zu großartigen Dingen beflügeln kann. Nur hat das Marketing der heutigen, narzisstischen Kultur uns alle davon überzeugt, dass kontaktfreudig und gesprächig zu sein, mit »gut« gleichzusetzen ist und Schüchternheit dann einfach »schlecht« ist.

Vorherrschende Stärken

Ein bestimmtes Maß an Introvertiertheit ist gesund und kann sowohl für die Arbeit als auch im Sozialleben von Vorteil sein. Schüchternheit geht mit den folgenden Stärken einher:

Genaues Zuhören

Wahrscheinlich ziehen Sie es vor, zuzuhören und Informationen aufzunehmen, statt selbst gesprächig zu sein, eine Qualität, die Ihnen in Beziehungen sowie bei der Arbeit sehr zupasskommt. Weil Sie mehr zuhören, als selbst zu reden, fallen Ihnen auch mehr Details auf, Sie erinnern sich an wichtige Informationen über die Menschen, die Sie treffen, und Sie nutzen diese auf eine durchdachte und achtsame Art und Weise. Das sind die Merkmale eines geübten kommunikativen Menschen.

Sensibilität

Nuancen nehmen Sie für gewöhnlich wahr, jene feinen Unterschiede bei Menschen und in Situationen, und Sie entwickeln Empathie für die anderen – eine große Stärke beim Aufbau solider Beziehungen. Sie neigen dazu, rücksichtsvoll und feinfühlig zu sein – genau die Art von Mensch, die andere schüchterne Personen gern treffen würden! Sie sind in der Lage, tiefe Freundschaften zu pflegen, und können in kleinen Gruppen oder in Zweiergesprächen gut mit Menschen umgehen.

Bewusste, durchdachte Entscheidungen

Sie tragen Ideen oft lange mit sich herum und müssen darüber nachdenken, bevor Sie handeln.

Unabhängigkeit

Für gewöhnlich arbeiten Sie ohne große Hilfestellungen. Sie sind fokussiert, arbeiten gern allein, und in der Regel macht es Ihnen nichts aus, hinter den Kulissen zu wirken und anderen das Rampenlicht zu überlassen. Sie können an der richtigen Position einen guten Mitarbeiter abgeben, wenn Ihnen die richtigen Aufgaben übertragen werden und Sie die Chance bekommen, sich zu beweisen.

Produktive Einsamkeit

Sie sind gern auch mal allein, nutzen diese Zeit zur Selbstreflexion und wissen einen ruhigen Ort zu schätzen, wenn Sie sich konzentrieren möchten. Vor einiger Zeit führte ich unter meinen Patienten eine informelle Umfrage durch, um herauszufinden, wer von ihnen auch mal alleine zum Abendessen ausgeht. Ich musste feststellen, dass dies weniger als 5 Prozent taten (das ist einer von 20!). Fernsehwerbung, Bücher, Filme, sie alle vermitteln uns, dass wir Loser sind, wenn wir keine Liebesbeziehung haben – noch so eine unglückliche Stigmatisierung. Die Fähigkeit, mit sich selbst zufrieden zu sein, ist ein ungeheuerlicher Vorzug.

Fürsorge

In der Regel sind Sie sowohl in Beziehungen als auch in familiären Situationen oder in der Zusammenarbeit mit anderen fürsorglich und aufmerksam.

Ein stilles Leben führen

Schüchtern zu sein, ist nicht immer einfach. Unsere Gesellschaft ist um soziale Einrichtungen herum aufgebaut. Besonders in der heutigen, auf Selbstdarstellung ausgelegten narzisstischen Kultur herrscht ein großer Druck auf uns allen, einem bestimmten Persönlichkeitstyp zu entsprechen: gesellig, charmant und immer eine angenehme Gesellschaft. Der Student, der samstagsabends lieber zu Hause bleibt, oder die Frau, die allein lebt und die Einladungen der Nachbarn ablehnt, werden als langweilig oder reserviert angesehen oder gar als Loser.

Caroline Knapp, Autorin des autobiografischen Buches *Alkohol. Meine gefährliche Liebe*, schrieb diverse Artikel über Schüchternheit. Sie berichtete, wie die Nachbarn hinter ihrem Rücken zu tuscheln begannen, nachdem sie mal wieder eine Einladung zu einer Grillparty abgelehnt hatte. »Halten sie mich für einen Snob? Für überheblich? Sehen sie nicht, dass ich einfach nur schüchtern bin?«, fragte sie.[28]

Nachdem sie all die Jahre ihre Selbsterkenntnisse in ihren Memoiren festgehalten hatte, kam Knapp an einen Punkt in ihrem Leben, an dem sie mit Kritik umgehen und das Ruder in die Hand nehmen konnte. Doch die große Mehrheit der schüchternen Menschen schlägt einen anderen Weg ein: Sie versuchen, es herunterzuschlucken und darüber hinwegzukommen. Sie nehmen an den Gartenpartys teil, trotz der fast lähmenden Angst, die sie ihnen verursachen. Sie gehen samstagabend zu den Studentenfeten und anschließend zum Psychiater, um ihre Schüchternheit behandeln zu lassen.

Schüchternheit und Suchtverhalten

In einigen Fällen greifen schüchterne Menschen zu Hilfsmitteln, um ihre soziale Angststörung leichter zu ertragen – Mittel wie Alkohol, Marihuana oder Tabak. Manche Menschen bezeichnen Alkohol als »sozialen Schmierstoff«, aber wir alle wissen, dass nur ein schmaler Grat besteht zwischen einem gelegentlichen Drink, um das Unbehagen herunterzuspülen, und einer handfesten Abhängigkeit. Knapp ist bei Weitem nicht die Einzige mit diesem Verhaltensmuster. Lorraine sprach mit mir auch über ihren Kampf mit der Abhängigkeit. »Als ich jünger war«, erzählte sie in unserem Interview, »hatte ich ein ziemliches Alkoholproblem.«

Lorraine bestätigte, dass Alkohol zu einem Hilfsmittel für schüchterne Menschen werden kann. »Viele Menschen trinken, um den sozialen Ängsten oder der Einsamkeit die Schärfe zu nehmen«, erklärte sie. »Ist man ein introvertierter Mensch, dann ist das eine Art, mit der Einsamkeit umzugehen.« Für viele Jahre war genau dies Lorraines Situation. Sie war in einer unglücklichen Ehe mit einem Alkoholiker verheiratet und versuchte, über die Runden zu kommen.

Und was ist das Inspirierendste an Lorraines Geschichte? Ihre innere Stärke, die es ihr letztendlich ermöglichte, die Sucht, die für so viele Jahre ihr Leben bestimmt hatte, zu überwinden.

Lorraine hatte schon eine ganze Weile versucht, vom Alkohol loszukommen. »Ich versuchte, weniger zu trinken, aber das klappte nicht.« Was mich wirklich beeindruckte, waren ihre Schwierigkeiten mit den Anonymen Alkoholikern. Ich vergesse immer wieder, wie sehr unsere Gesellschaft auf Menschen ausgelegt ist, die sich in Gruppen wohlfühlen. Die Therapie bei den »Anonymen Alkoholiker« ist ein Gruppenprogramm, und es funktioniert für Menschen wie Lorraine nicht.

»Ich ging nicht zu den Anonymen Alkoholikern, weil ich niemand bin, der einfach mitmachen kann«, berichtete sie. »Ich war bei einem Treffen der AA, und es war so niederschmetternd, dass ich nicht damit umgehen konnte.«

Ein Gruppenprogramm wie das der AA bot also keine Hilfe für Lorraine, denn all die Menschen verschlimmerten ihr Problem nur noch. Und obwohl sie ein spiritueller Mensch ist, ging es ihr bei Kirchenbesuchen ähnlich. Sie zog es vor, ihren Glauben auf ihre eigene Art zu leben. Und da fand sie auch die Quelle ihrer Stärke. »Ich bin froh, dass ich es so gemacht habe, wie ich wollte«, erzählte sie. »Ich weiß nicht, was mich motivierte. Doch es gelang mir mit einer Veränderung meiner Einstellungen. Ich überzeugte mich selbst davon, dass Alkohol giftig sei, was ja auch stimmt, und dass ich das nicht mehr wollte.«

Lorraine ergänzte diese veränderte Einstellung mit Hypnose-CDs, Gebeten und Büchern. Letztendlich war es jedoch ihre innere Einstellung, mit dem Trinken aufzuhören, eine Wahl, die sie selbst traf und die sie erfolgreich beibehielt. »Sechs Monate nachdem ich mit dem Trinken aufgehört hatte, wollte ich nicht mehr trinken. Ich probierte mal wieder einen Drink, einfach um es auszutesten, und wurde krank davon. Toi, toi, toi, seither wollte ich keinen mehr.«

Suchtverhalten ist natürlich eine Krankheit für sich, unter der Menschen mit allen Persönlichkeitstypen und aus den verschiedensten Gründen leiden können. Und doch hoffe ich, dass Sie zwei wichtige Erkenntnisse aus Lorraines Kampf gegen die Sucht mitnehmen können.

Zunächst einmal: Sollten Sie schüchtern sein, ist der Ansatz der »Gruppenunterstützung« möglicherweise nicht der beste Weg für Ihr Problem (was immer auch Ihr Problem sein mag). Wie bei Lorraine können Selbsthilfegruppen gelegentlich für mehr Stress als Erleichterung sorgen. Sollte dies der Fall sein, ist es vielleicht besser, wie Lorraine mit einem individuelleren Ansatz, beispielsweise mit einer veränderten Einstellung, Hypnosen oder Büchern, die Rat und Unterstützung bieten, zu arbeiten oder mit Einzeltherapien.

Zweitens: Anders als die Menge zu sein, ist okay! Wenn Sie schüchtern sind, mögen Sie sich in großen Menschenmengen unwohl fühlen, aber vermutlich verfügen Sie über mehr innere Stärke, als Ihnen bewusst ist. Einsamkeit kann ein Zeichen großer, innerer Stärke sein. Und von dieser Stärke können Sie zehren, um auch die größten Schwierigkeiten zu meistern.

Ein zurückgezogenes Leben führen

Ihren Job in einer großen Anwaltskanzlei in den 1990er-Jahren aufzugeben, war Lorraines beste Entscheidung. »Ich war sehr glücklich damit«, erinnert sie sich. Aber es gab auch Schwierigkeiten. »Das einzige Problem war, dass es sehr isolierend ist. Es ist hart, rauszugehen und Leute zu treffen, besonders wenn man ohnehin schon dazu neigt, introvertiert zu sein.«

127

Einsamkeit kann für viele Menschen ein verheerendes Problem darstellen, insbesondere wenn man schüchtern ist und ohnehin viel Zeit allein verbringt. In einem wissenschaftlichen Artikel, der sich mit dem Thema Einsamkeit auseinandersetzte, schrieb ein Autor, dass man wohl darin »übereinstimmt, dass Einsamkeit eine schmerzhafte oder unangenehme Erfahrung ist«.[29]

Für diese Erkenntnis braucht es nun wirklich keine psychiatrischen Forscher. Mit der Erfahrung der Einsamkeit kämpfen die Philosophen seit Jahrhunderten, seit Pandora, so stelle ich es mir jedenfalls vor, ihre Büchse mit all dem anderen Unheil auf der Welt entleerte. Seither wurden ganze Genres von Musik und Poesie diesem Thema gewidmet. In meinen Augen sprach Mutter Teresa mit genau derselben Klarheit und Präzision wie jeder Wissenschaftlet, als sie sagte: »Die größte Armut sind die Einsamkeit und das Gefühl, ungeliebt zu sein.« Leider fühlen sich einer aktuellen Studie zufolge etwa 20 Prozent aller Amerikaner einsam.[30]

Der gerade erwähnte wissenschaftliche Artikel zeigt noch zwei weitere wichtige Punkte auf. Zum einen ist Einsamkeit ein Gefühl, keine objektive Wahrheit – oder wie sie es ausdrücken: »Menschen können sich auch in der Gemeinschaft anderer einsam fühlen oder allein sein, ohne sich einsam zu fühlen.«[31]

Hört sich das vertraut an? Haben Sie schon einmal die befremdliche Erfahrung gemacht, dass Sie in einer Gruppe von Menschen sind, sich aber nicht »zugehörig« fühlen, oder umgekehrt, dass Sie bei einem persönlichen Projekt so im Flow sind, dass Ihnen gar nicht bewusst ist, dass Sie allein sind?

Das bringt uns zum zweiten wichtigen Punkt in dem Artikel: »Nahezu übereinstimmend wird ein Unterschied zwischen Einsamkeit und Alleinsein gemacht. Einsamkeit ist ein Gefühl der Traurigkeit, dass wir auch in der Gesellschaft unserer besten Freunde oder Liebhaber erfahren können. Oder wie es im Harry-Nilsson-Song ›One‹ heißt (es gibt eine bekannte Version von ›Three Dog Night‹): ›Two can be as bad as one / It's the loneliest number since the number one‹« (»Zwei kann so schlimm sein wie eins, sie ist nach der Nummer eins die einsamste Zahl«).

Auf der anderen Seite können das Alleinsein oder die Einsiedelei ein Zeichen großer Stärke und eine durchaus positive Erfahrung sein. Davon kann ich das eine oder andere erzählen. Ich bin mit dem Fahrrad und Motorrad quer durch Amerika gefahren, durch den Golf von Mexiko und die Karibik gesegelt und mit dem Kajak auf einigen der schönsten Flüsse Amerikas entlanggepaddelt – und zwar ganz für mich allein. Ich kann der Möglichkeiten zur Selbstreflexion viel abgewinnen, die die Einsamkeit bietet, und der Art, wie diese Soloabenteuer meine Stärke als Individuum herausfordern. Und interessanterweise waren die anderen Soloabenteurer, denen ich auf diesen Reisen begegnete, die kontaktfreudigsten Menschen, die man sich nur vorstellen kann. Wir halten Menschen, die allein sind, oft für schwach – zu ängstlich, um auszugehen und Freunde zu finden –, doch eigentlich verfügen Menschen, die Zeit mit sich allein verbringen, oft über eine große innere Stärke.

Die Herausforderung ist zu lernen, die eigene einsame Persönlichkeit zu akzeptieren und kein Problem damit zu haben, der Welt zu verkünden: »Ja, ich verbringe meine Zeit allein – und das ist eine gute Sache.«

Lorraine zum Beispiel hat nur wenige Beziehungen – einige Familienangehörige sowie einige ausgewählte Freunde –, diese sind jedoch sehr eng. Sie möchte oder braucht kein riesiges Netzwerk an Freunden, das einigen von uns verlockend erscheint. Und doch dachte sie viele Jahre lang, dass sie Teil eines größeren sozialen Kreises sein sollte, dass sie mehr ausgehen und sich an mehr Klubs und Gruppen beteiligen sollte. Und dann fühlte sie sich schlecht, weil sie genau das eben nicht tat.

Auch über diesen Kampf schreibt Caroline Knapp in ihrem Artikel über Schüchternheit. Angespornt von ihrer Frustration über ihre eigene Schüchternheit und ihrem Gefühl der Unzulänglichkeit, startete Knapp die Aktion, sich mit ihren Nachbarn anzufreunden, sie plauderte mit ihnen über den Zaun hinweg und brachte ihnen auch mal einen Kuchen vorbei. Eines Tages wird sie für ihre Mühen belohnt, als Frank, ein Nachbar, vorbeikommt, um sie zum Essen einzuladen. Knapp holt tief Luft, zwingt sich, die Einladung anzunehmen, und geht sogar so weit, einen Termin zu vereinbaren.

»Ich fühlte mich mutig und selbstbewusst, ich war mir durchaus bewusst, dass ich eine mutige Sache getan hatte, dass ich mich für Risiko und Geselligkeit statt für die Angst und Einsamkeit entschieden hatte, und an dem fraglichen Tag ... bekam ich eine schrecklich hinderliche Erkältung.«[32]

Genau das ist ihr Ausweg, wie sie sozialen Verpflichtungen entflieht. Knapps Geschichte drückt wunderbar jene Balance zwischen sozialen Erwartungen und der Stärke aus dem Inneren im Leben einer schüchternen Person aus. Als gutherziger Mensch möchte sie sich mit ihren Nachbarn gut verstehen. Sie möchte eben nur keine Horde Halbfremder als Freunde.

Wenn es um Freundschaften geht, widmen schüchterne Menschen ihre Aufmerksamkeit nur jenen wenigen Menschen, die sie in ihr Leben gelassen haben. Ihre unglaubliche Sensibilität in sozialen Situationen lässt sie ziemlich empathisch und unterstützend werden: Schüchterne Menschen sind als Freunde wunderbar.

Falls Sie mir nicht glauben sollten, empfehle ich die Lektüre von Gail Caldwells Buch *Let's Take the Long Way Home*, in dem sie über ihre Beziehung zu Caroline Knapp, die 2002 an Lungenkrebs starb, schreibt. Es ist ein sehr eindrucksvolles Porträt einer Freundschaft.

Eine schüchterne Kameradschaft

Wie gelingt es nun schüchternen Menschen, die wenigen, speziellen Freunde oder gar eine Liebe zu finden? Traditionelle soziale Arenen wie Bars, Klubs oder organisierte Gruppen lösen oft Ängste aus und bringen eine schüchterne Person manchmal sogar dazu, einfach dichtzumachen.

Doch es gibt Wege, damit umzugehen. Einige Gruppenaktivitäten sind so ausgelegt, dass sie Menschen ermutigen, zusammen allein zu sein – im Alleinsein zusammenzukommen, ohne Druck oder Einschränkungen –, während sie in der Gemeinschaft anderer sind. Meditation und Yoga sind zwei Praktiken, die diese Art des Knüpfens von Kontakten ermöglichen, und Lorraine hat vor nicht allzu langer Zeit mit beidem begonnen. Es ist eine nette Art, herauszukommen und Menschen zu begegnen, ohne davon überfordert zu sein.

Das Internet hat seine Pforten auch für Menschen geöffnet, denen soziale Situationen nicht liegen. So bieten zum Beispiel Textnachrichten ganz neue Möglichkeiten für Menschen, die Beziehungen pflegen möchten, ohne an jenen Veranstaltungen teilzunehmen, auf denen Beziehungen üblicherweise aufgebaut werden. Eine Studie unter Collegestudenten hat im Übrigen belegt, dass, obwohl es viele Gründe zum Texten gibt (es erleichtert die Kommunikation erheblich und dient ebenso der Prokrastination), schüchterne Studenten insbesondere dazu neigen, es zu nutzen, um die Einsamkeit zu lindern, ohne ihr Recht auf Alleinsein aufzugeben.[33]

An zunehmender Wichtigkeit gewinnt das Internet auch als Datingmöglichkeit für jedermann, schüchterne Menschen eingeschlossen. Lorraine erfreut mich mit regelmäßigen Updates über ihre Abenteuer beim Onlinedating (sie hat diesbezüglich einen großartigen Sinn für Humor).

Während ich dieses Kapitel schreibe, kann ich auch freudig berichten, dass sich Lorraine derzeit mit jemandem trifft, den sie auf einer Internetdatingseite kennengelernt hat und den sie liebevoll als »schrägen Vogel, genau wie ich es bin«, beschreibt. Es würde mich nicht wundern, bald etwas von Verlobungsplänen zu hören.

Lorraine erzählte mir, dass es schön sei, mit jemandem zusammen zu sein, der ebenfalls ihren Persönlichkeitstyp hat. Sie bevorzugt stille Menschen, denn dann herrscht kein Druck, dass man ausgehen und zu Partys muss (obwohl sie mit 52, wie sie lachend erzählt, wohl so ziemlich aus dem Partyalter heraus ist). Über den Mann, mit dem sie sich derzeit trifft, sagt sie: »Es ist gut, denn wir ermutigen uns gegenseitig, rauszugehen und Dinge zu unternehmen. Und das ist sehr schön.«

Außerdem kann Lorraine ihre Fähigkeiten als Beobachterin und Kommentatorin der Gesellschaft dazu nutzen, uns zu informieren und zu unterhalten. Sie schreibt derzeit ein humorvolles Buch über das Dating.

Zusammenfassung: Sind Sie schüchtern?

Wo liegen Sie auf der Skala der sozialen Angststörung? Sie sind extrovertiert? Unabhängig? Haben Sie Wege gefunden, Ihre Schüchternheit zu Ihrem Vorteil einzusetzen? Oder kämpfen Sie immer noch gegen Ihre eigenen Instinkte an?

Denken Sie an die letzten Monate zurück. Wie oft haben Sie sich in sozialen Situationen wiedergefunden, in denen Sie sich nicht wohlgefühlt haben? Einmal? Zweimal? Einmal pro Woche? Einmal am Tag? Falls Sie in Ihrem Leben für Ihr Unbehagen ein Muster entdecken, stellen Sie sich selbst diese wichtige Frage: *Müssen Sie an diesen Aktivitäten teilnehmen?*

»Müssen« ist ein lustiges Wort. Die Gesellschaft sagt, man müsse jeden Freitag und Samstag »ausgehen«. Ihr Chef sagt, dass Sie an den Network-Veranstaltungen teilnehmen müssen. Ihre Freunde sagen, dass Sie eine/n Partner/in brauchen. Doch wenn man genauer hinschaut, dann erwartet die Gesellschaft eigentlich, dass Sie sich am Wochenende von der Arbeitswoche erholen sollen – und zwar auf die Art, mit der es Ihnen am besten geht. Denn Ihr Chef erwartet, dass Sie in Ihrem Job gute Leistungen erbringen. Und Ihre Freunde sagen, dass sie nicht möchten, dass Sie sich einsam fühlen.

Nur Sie können entscheiden, ob eine soziale Lösung Ihre Bedürfnisse am besten erfüllt. Wenn Sie schüchtern sind, ist das wahrscheinlich nicht der Fall. Ist Ihr dominantes Persönlichkeitsmerkmal Schüchternheit, dann können Sie so einiges tun, um dieses Persönlichkeitsmerkmal anzunehmen. Zuallererst gilt: Wenn Sie sich quälen, weil Sie sich in großen sozialen Situationen unwohl fühlen – hören Sie auf damit!

Wenn Sie das Glück haben, so selbstbewusst und unabhängig zu sein, dann machen Sie sich dies zunutze, und ziehen Sie Vorteile aus diesem Persönlichkeitsmerkmal. Nehmen Sie sich die Zeit, um all jene Dinge zu tun, die Sie wirklich lieben – sei es nun Gartenarbeit, zu lauter Musik in der leeren Küche zu tanzen oder einfach nur mit einem guten Buch unter der Kuscheldecke zu liegen. Und wenn Sie mehr Menschen in Ihr Leben einbeziehen wollen, dann suchen Sie nach Wegen, die Sie nicht in unangenehme Situationen bringen.

Es gibt keinen Grund, warum Ihr dominantes Persönlichkeitsmerkmal Sie unglücklich machen sollte. Nehmen Sie es an, und Sie werden schnell feststellen, dass es mit vielen Stärken einhergeht – wie zum Beispiel Sensibilität, Unabhängigkeit und produktiver Einsamkeit. Wenn Sie dies zu Ihrem Vorteil nutzen, dann werden Sie vermutlich ein glücklicheres und produktiveres Leben führen.

KAPITEL 5

ERHÖHTE WACHSAMKEIT –
GENERALISIERTE ANGSTSTÖRUNG

Vermutlich werden sich in diesem Persönlichkeitsmerkmal viele Menschen wiedererkennen. Denn nur wenige von uns sind wohl der manchmal lähmenden Wirkung von Hyperaufmerksamkeit entkommen – was zu einem gewissen Grad einer Angststörung entspricht. Ab und an erleben wohl die meisten von uns in der einen oder anderen Frage in unserem Leben Momente der tiefen Angst. Ich betrachte Ängste als Rauchmelder – als Warnsystem, das in unserem Gehirn eingebaut ist. Wir alle kennen den Adrenalinrausch, wenn es so scheint, als würden wir gleich in einem Autounfall verwickelt werden.

Dieser plötzliche Energierausch verkürzt die Reaktionszeit und versetzt einen in den Modus schneller, lebensrettender Handlungsweisen. Auf ähnliche Art und Weise sind Ängste oft ein Frühwarnsystem, das anzeigt, dass etwas im Leben fehlt und angesprochen werden sollte. In einem gesunden Maß halten Ängste uns wachsam und auf Trab, wenn wir Gefahren für uns selbst wahrnehmen, und sie können uns motivieren, unser Verhalten auf positive und oft sehr konstruktive Art zu verändern.

Mein Freund Leonard ist ein gutes Beispiel für jemanden, dessen »Rauchmelder« anging, was ihm letztendlich zu einigen wichtigen Veränderungen in seinem Leben verhalf. Leonard ist ein hart arbeitender, ziemlich leicht reizbarer Typ.

Solange er sich erinnern kann, war er schon so. »Ich wollte immer alles gut machen«, erzählte er. »Ich erinnere mich noch gut an das College. Freitagnacht gingen die meisten aus, was trinken, und sie machten Party, hatten einen lustigen Abend. Ich ging in die Bibliothek und lernte. Ich hatte Angst, dass ich, wenn ich nicht mit meinen Hausaufgaben, meiner Lektüre und meinen Essays auf dem Laufenden blieb und mich nicht auf die Prüfungen vorbereitete, keine guten Leistungen bringen würde.« Leonard hatte ziemlich oft Kopfschmerzen von dem ganzen Stress. Nach dem Abschluss, als er anfing, die Karriereleiter hinaufzuklettern, wurde es sogar noch schlimmer.

Eines Tages hatte Leonard auf dem Weg zur Arbeit in der U-Bahn eine Panikattacke. Es gab keinen speziellen Auslöser. Er dachte, dass er einen Herzanfall hätte. »Du schwitzt an den Schläfen, und dein Herz schlägt rasend schnell«, erinnert er sich. »Atmen fällt schwer. Dir wird schwindlig. Du hast Angst, ohnmächtig zu werden. Vielleicht stirbst du hier und jetzt.« Sein zweiter Anfall war in seinem Büro. Nach jedem Anfall ging Leonard zu seinem Kardiologen, der mit ihm jede Menge Tests durchführte. »Ich war in Ordnung«, sagte Leonard, zumindest laut den Testergebnissen. Aber er war nicht in Ordnung – und sein inneres Alarmsystem zeigte ihm genau das an.

Leonard ist ein sehr achtsamer Mensch. Und wie wir sehen werden, ist das nicht unbedingt schlecht. Panikattacken sind eine Zehn plus auf der Skala der Angstzustände, und sie sind sicherlich keineswegs gesund, aber das richtige Maß an erhöhter Achtsamkeit kann durchaus eine feine Sache sein.

Das Kontinuum-Modell: erhöhte Wachsamkeit

KONTINUUM DER GENERALISIERTEN ANGSTSTÖRUNG		
WOHLBEHAGEN	ENERGIE	ANGST
0 3	5 7	10+
nicht vorhanden	dominant	superdominant

Das Gefühl der Angst – also ein Zustand erhöhter Aufmerksamkeit – ist im Grunde eine ungewöhnliche, unnatürliche und erhöhte Tendenz zur Besorgnis über etwas, das in der Zukunft geschehen mag oder eben auch nicht. Die schlimmste Form der Angst ist, wenn man sich um etwas sorgt, das außerhalb der eigenen Kontrolle liegt, oder wenn man alle möglichen Ereignisse befürchtet, deren Eintreten überaus unwahrscheinlich ist, oder wenn man Angst hat, dass man sich zu sehr fürchtet.

So kann man sich zum Beispiel Sorgen um die Berufswahl eines Freundes machen. *Wie kann sie/er diesen Beruf auch nur in Betracht ziehen? Es wird alles ganz schrecklich für sie/ihn. Wie kann sie/er überhaupt nur auf die Idee kommen, dass das der richtige Job für sie/ihn ist!* Eine andere Person wiederum hat Todesangst vor einer Grippeepidemie, die die Hälfte der Bevölkerung dahinraffen wird. *Wie soll das Leben nach dem Unglück nur weitergehen?* Er oder sie wird grübeln, sich Sorgen machen und sich hundert mögliche Szenarien ausdenken, die allesamt übel aussehen

Hat man andererseits keine oder nur wenig Sorgen im Leben, ist man behaglich und ruhig. Solche Menschen leben so ungefähr nach diesem Mantra: *»Alles kein Problem, Kumpel.«* Sie reagieren auch nicht besonders auf stressige Umstände und schaffen es, emotional unbeteiligt zu bleiben.

Das kann durchaus hilfreich sein, wenn man zum Beispiel gezwungen ist, unangenehme oder unbeliebte Entscheidungen zu treffen. Doch wenn man zu entspannt, zu gelassen und nicht aggressiv genug ist, verpasst man möglicherweise die wichtigsten Gelegenheiten, legt Probleme auf Eis und verharrt in Beziehungen oder Jobs jahrelang in Sackgassen.

Der Mangel an Besorgnis kann auch ein falsches Gefühl von Sicherheit vermitteln. Ein Mensch von diesem Ende der Skala mag zum Beispiel mit Fremden reden, ohne die eigene Sicherheit in Betracht zu ziehen; Verträge unterschreiben, ohne jeden Satz gelesen zu haben; nicht ausreichend versichert sein; nicht für genügend finanzielle Reserven vorgesorgt haben; Arzttermine verschwitzen. Diese Menschen sind die idealen Zielpersonen für skrupellose Geschäftemacher. Sie machen sich einfach nicht die Mühe, die verborgenen Seiten der Dinge ebenso wahrzunehmen.

Die Angstzustände am anderen Ende der Skala sind jedoch ebenso ein Problem. Die Angst kann sich verselbstständigen. Bei Menschen, die ständig Angst haben, nervös sind und sich um alles Sorgen machen, bestimmt die Angst letztendlich ihre Persönlichkeit. Ihr Angstmechanismus – der Rauchmelder – ist außer Kontrolle, sodass sie sich die meiste Zeit in ständiger Alarmbereitschaft, nahe einer Panik, befinden. Am extremen Ende der Skala, bei einer Neun oder Zehn, kann eine schwere Angststörung in eine ausgewachsene Depression münden, falls sie unkontrolliert und unbehandelt bleibt. Es ist sogar so, wie ich an anderer Stelle schon erwähnte, dass all diese Wesensmerkmale beinahe immer von einer Depression begleitet werden, sobald ein Mensch die Neun oder Zehn auf der Skala erreicht. Die Verbindung zwischen Angststörung und Depression ist besonders ausgeprägt – mindestens die Hälfte aller Menschen, die mit einer Angststörung leben, werden während ihres Lebens Episoden einer schweren Depression durchmachen,[34] und zahlreiche Studien untersuchen die Verbindung dieser beiden Krankheitsbilder. Auch aus meiner eigenen klinischen Erfahrung kann ich sagen, dass fast jeder mit einer schweren Angststörung auch an Depressionen leidet.

Es gibt wohl keinen besseren Darsteller von großen Ängsten als Woody Allen, der seine gesamte Filmkarriere auf der Zeichnung neurotischer Figuren aufbaute. Doch während seine Ängste (und die seiner Figuren) überwältigend sein können, ist der Schauspieler kein Beispiel für solch schlimme Panikattacken, die ich gerade vorgestellt habe. Er ist eher eine Sieben oder Acht auf der Skala.

In seinem Klassiker von 1986, *Hannah und ihre Schwestern*, durchläuft Allen eine Phase der Angst, als der Arzt ihm eine Computertomografie zeigt, nachdem er einen ungewöhnlichen Fleck in seinem Gehirn entdeckt hat. Er geht aus dem Arztzimmer, die Hände tief in den Taschen seines Mantels vergraben. »Okay«, murmelt er zu sich selbst. »Bleib ruhig. Es wird schon alles werden. Bloß keine Panik.« Und dann, in der nächsten Einstellung: »Ich sterbe! Ich sterbe! Da ist ein dunkler Fleck auf meiner Lunge, ich weiß es genau ... und in meinem Kopf ist ein Tumor von der Größe eines Basketballs!«

Woody Allens Panikattacken und Neurosen sind das Markenzeichen seiner Karriere als Schauspieler. Doch im echten Leben sind überwältigende Angstanfälle überaus hinderlich. Viele Mütter machen sich zum Beispiel Sorgen um ihre Kinder, und manchmal geraten diese Sorgen außer Kontrolle. Manch eine stellt sich dann jedes Mal das Schlimmste vor, wenn sich ihre Kinder nur um ein paar Minuten verspäten, das Telefon spät in der Nacht noch einmal klingelt oder sie irgendwo die Notarztsirenen hört. Die Sorge kann sich in körperlichen Schmerz verwandeln. Das Herz rast, und die Mutter hat das Gefühl, keine Luft mehr zu bekommen.

Bei einigen Patienten hat die Angst sich bereits recht stark verselbstständigt, wenn sie zu mir kommen. Viele Menschen, besonders jene, die eine Zehn plus auf der Angstskala haben, halten die Angst selbst für die größte Quelle der Angst. Sie halten ihre ständigen Befürchtungen für unnormal, und deshalb können sie nicht aufhören, sich ihretwegen Sorgen zu machen. Wow.

Beantworten Sie sich selbst diese einfache Frage: Halten Ihre Ängste Sie davon ab, das Leben zu leben, das Sie gern führen würden? Falls ja, stehen Sie so weit oben auf der Skala, dass Sie über professionelle Hilfe nachdenken sollten.

Andererseits ermöglicht einem eine gesunde und kontrollierbare Angst, also eine erhöhte Wachsamkeit, über all jene Dinge nachzudenken, die passieren könnten. Man kann einen klugen Plan schmieden, falls die Dinge so eintreten – und die ganze Sache dann so lange auf sich beruhen zu lassen.

Ist man gezwungen, in einer stressigen Situation zu handeln, kann Angst eine der stärksten Ressourcen sein. Der Kick des Adrenalins kann, statt uns zu lähmen, jede Menge Mut freisetzen. Er versorgt uns mit der nötigen Energie, Aufmerksamkeit und dem Selbstvertrauen, dass wir tun können, was in den härtesten Momenten des Lebens nötig ist.

Die Neudefinition der generalisierten Angststörung

»Angst« ist solch ein gewöhnliches Wort, dass den meisten Menschen gar nicht bewusst ist, dass es auch eine psychische Störung klassifiziert. Doch es gibt verschiedene Angststörungen, zu denen unter anderem Panik, Phobien und sogar Zwangsstörungen gezählt werden. Die Grenzen zwischen den einzelnen Störungen können verwischen, und die meisten Menschen mit Angststörungen weisen mehr als eine von ihnen auf. Doch innerhalb der Begrenzungen des DSM ist die generalisierte Angststörung jene Kategorie, die das obere Ende des Angstspektrums wohl am besten beschreibt.

Menschen mit einer generalisierten Angststörung leiden unter übermäßigen, unkontrollierbaren Ängsten und Sorgen. Aufgrund dieser Ängste sind sie reizbar und angespannt, sie können nicht schlafen, sind schnell erschöpft und unruhig. Die Ängste nehmen so viel Raum ein, dass sie eine deutliche Belastung mit sich bringen und das tägliche Leben der Person beeinträchtigen. Menschen mit einer generalisierten Angststörung sind nicht in der Lage, einer Arbeit nachzugehen, sich um ihre Kinder zu kümmern oder auch nur das Bett zu verlassen – und das alles wegen ihrer überwältigenden Ängste.

Manchmal können diese Ängste so umfassend werden, dass sie zu einer Depression führen. Ängstliche Menschen können so ängstlich werden, dass sie im Alltag nicht mehr funktionieren. Der Verlust dieser Alltagsfähigkeiten kann zusammen mit der lähmenden Angst depressiv machen. Ich setze die Depression am äußersten Ende der Angstskala an. Es ist das am wenigsten wünschenswerte Ergebnis von superdominanter Ängstlichkeit. Die gute Nachricht ist aber, dass die Behandlung einer Angststörung einen Mensch wieder aufrichten kann und sie hilft, die Depression auf ein Niveau zu bringen, auf dem man mit ihr umgehen kann. Nur etwas weiter unten auf der Skala kann einen dieses Rauchmeldesystem in die Lage versetzen, zielführend und auf positive Art an einem besseren Leben zu arbeiten.

Leonard zum Beispiel verstand seine Panikattacken als deutliche Signale seines Körpers, dass er in seinem Leben psychologisch oder spirituell nicht am richtigen Platz war. Er reagierte darauf, indem er seinen Job in einer großen Firma kündigte und einen neuen Berufsweg einschlug. Glücklicherweise hatten einige Kollegen Kontakte in die Unterhaltungsindustrie, und Leonard entdeckte bei der Arbeit mit ihnen, wie sehr er es liebte, »mit Talenten« umzugehen.

Inzwischen arbeitet Leonard hinter den Kulissen der Unterhaltungsindustrie. Er ist ein selbstbewusster Mann, der seine Energie, seinen Enthusiasmus und sein Charisma dazu nutzt, seine berühmten Klienten zu promoten. Als genauso wichtig wie sein Selbstbewusstsein und sein persönlicher Charme sieht

Leonard seine Besorgnis – ja, Besorgnis, es sind nicht länger Ängste – als ein Persönlichkeitsmerkmal an, der ihm zum Erfolg verhilft.

»Was würde geschehen«, fragte er mich eines Tages, »wenn mein Klient an einem Kino- oder Fernsehfilm mitarbeiten würde, und ein recht ähnlicher Film käme heraus, bevor er fertig ist? Wie würde er damit umgehen? Wie kann ich sicherstellen, dass ich bei vergleichbaren Projekten vorn liege? Wenn ich von einem ähnlichen Projekt erfahre, wie kann ich meinen Klienten dies am besten wissen lassen?«

Indem er vorausdenkt, Probleme durchspielt und im Sinne seiner Klienten umsichtig ist, hat Leonard immer die Nase vorn. »Ich glaube, dass ich im Herzen das bin, was die Leute gemeinhin einen ›Bedenkenträger‹ nennen, und im Grunde ist das eine gute Sache«, sagt er. »In diesem Beruf kommt es mir sehr zupass, denn wenn ich mich auf meinen Lorbeeren ausruhen oder einfach nur davon ausgehen würde, dass alles schon klappt, dann wäre ich in diesem Job sicher nicht erfolgreich.«

Die Wissenschaft belegt, was Leonard bereits für sich selbst herausgefunden hat. Im Jahr 2008 führte ein Team von Psychologen der Stanford University eine Studie durch, um herauszufinden, ob Ängste auch gut für uns sein könnten. Im ersten Teil der Studie testeten sie die verschiedenen Angstlevel bei den Teilnehmern. Dazu scannten sie bei gesunden Erwachsenen die Gehirne, während die Probanden daran denken sollten, wie es wäre, Geld zu verlieren. Bei einigen von ihnen zeigten die Scans in einem Gebiet der vorderen Hirnrinde eine deutlich verstärkte Aktivität – einem Hirnareal, das mit Angstgefühlen in Verbindung gebracht wird.[35]

Einige Monate später wurden die Teilnehmer noch einmal ins Labor eingeladen. Man bat sie, bei einem Spiel mitzumachen, und sie erhielten ein Coaching, wie sie das Verlieren vermeiden konnten. Die naturgemäß ängstlichen Menschen – also jene, bei denen die Gehirnscans höhere Aktivitäten in der vorderen Hirnrinde gezeigt hatten – stellten sich als jene heraus, die besser lernten, wie man im Spiel Verluste vermeiden kann. Den Teilnehmern, die in diesem Hirnareal weniger Aktivität gezeigt hatten, bereitete es größere Schwierigkeiten zu lernen, wie man Verluste vermeidet. Im Endergebnis verloren sie mehr Geld.

Was bedeutet das nun? In diesem Fall schlägt die Studie vor, dass die Menschen, die dazu neigen, in Bezug auf Geld ängstlich zu sein, sich besser Fähigkeiten aneignen, mit denen sie sich vor finanziellen Verlusten schützen können. Die Angst ist ihnen hierbei von Vorteil. Ein bisschen Angst kann in diesem Fall viel bewirken – nicht nur in Bezug auf Geld, sondern in allen Lebensbereichen.

Ein evolutionärer Imperativ

Angstzustände haben die Menschen schon seit Jahrtausenden. Evolutionspsychologen zufolge gab es eine Anpassung der Angst in dem Maße, dass sie unseren Vorfahren das Überleben in Situationen sicherte, in denen zwischen Leben und Tod nur ein sehr schmaler Grat war. Die Angst warnte Menschen, wenn ihr Leben in Gefahr war: nicht nur vor Säbelzahntigern, Höhlenbären, hungrigen Hyänen und anderen Tieren, die durch die Landschaft streiften, sondern auch vor feindlichen Stämmen.

In Alarmbereitschaft zu sein, half den Menschen früherer Zeiten, Angreifer abzuwehren, vor Feinden zu fliehen oder »stillzuhalten« und sich in die Umwelt einzufügen, und zwar so geschickt, dass sie nicht bemerkt wurden. Es mobilisierte sie, auf reale Gefahren zu reagieren und ihr Überleben zu sichern. Es zwang sie dazu, ihre Kinder aus der Gefahrenzone zu bringen. Ängste überdauerten die Evolution bei einem Großteil der Bevölkerung, denn sie waren (und sind) ein vorteilhaftes Persönlichkeitsmerkmal, das das Überleben sichert.

Heute tendiert die Wahrscheinlichkeit, von einem Säbelzahntiger angegriffen zu werden, gegen null (außer Sie zählen den Typ zwei Schreibtische weiter dazu, der immer dieses fiese Grinsen im Gesicht hat!). Und doch reagieren wir auf die gleiche Art auf die modernen Bedrohungen unseres Wohlergehens: anspruchsvolle Chefs, missratene Kinder, eine überbeschäftigte Lebensführung, die unerbittliche ökonomische Ungewissheit der heutigen Zeiten. Die Reaktionsmuster, die wir mit Angst in Verbindung bringen – rasende Herzschläge, schnelle Atmung, hohe Pulsfrequenz –, sind noch immer Reaktionen unserer Körper, die in unserem Gehirn verankert sind, um sich auf stressige Situationen einzustellen.

Dieser Vorbereitungsmechanismus hilft zu verstehen, warum eine der meistgenannten Beschwerden in Zusammenhang mit Ängsten Schlaflosigkeit ist.

»Wenn es etwas gäbe, das ich in meinem Leben ändern könnte«, erzählte der ansonsten selbstbewusste Leonard mir, »dann würde ich gern besser schlafen können.« Er findet, dass unsere ständig unter Strom stehende Kultur das Problem eher noch verstärkt. »Wir sind alle so überlastet, dass wir fast schon wieder aufstehen müssen, wenn wir es endlich schaffen, ins Bett zu gehen. Wir alle sind so unter Druck durch den Ansturm der neuen Technologien, den Erwartungen der anderen und davon, wie hart wir arbeiten müssen, um das zu erreichen, was unsere Eltern oder Großeltern schafften.«

Das sind eine Menge Sorgen. Kein Wunder, dass so viele von den Menschen mit erhöhter Wachsamkeit sich dem Alkohol oder anderen Beruhigungsmitteln zuwenden, um all den Sorgen die Schärfe zu nehmen.

Erhöhte Wachsamkeit und Medikamente

Vor Kurzem erhielt ich folgende Anfrage über meine Webseite von Robert, der in seinem Leben immer wieder Angstzustände unbekannter Ursache erlebte:

Ich leide unter etwas, dass ich immer »Schmetterlinge im Bauch und Angst« nenne. Diese Gefühle hatte ich schon als kleiner Junge, und inzwischen bin ich 44 Jahre alt.
Ich habe keinen Grund zur Sorge; es scheint mir nur, als ob ich zur Ängstlichkeit prädestiniert bin. Als ich jünger war, trank ich jede Menge Alkohol. Das tue ich inzwischen nicht mehr, aber wenn ich an jene Zeiten zurückdenke, dann schien es, als ob die Schmetterlinge nach zwei Drinks verschwänden und ich ruhiger würde, einen klareren Kopf hätte, meine Denkmuster sich etwas verlangsamten und ich selbstsicherer würde. Als ich älter wurde, begann ich, mich nach einigen Perioden der Angst niedergeschlagen und depressiv zu fühlen.

Ich war bei Ärzten, und sie verschrieben mir Serotonin-Wiederaufnahmehemmer (Antidepressiva), um meine Angst zu behandeln. Sie wirken, doch ich fühle mich sehr schwergängig. Ich nehme nur eine halbe Tablette.

Können Sie mir sagen, welche Hormone/chemische Botenstoffe mich so ängstlich fühlen lassen? Gibt es irgendwelche Bluttests, die ich machen lassen kann, um festzustellen, ob ich zu viele oder zu wenige Hormone in meinem Blut habe? Ist vielleicht meine Schilddrüse aus dem Gleichgewicht geraten? Könnte meine Nebenniere das verursachen?

Ich schrieb Robert, dass es tatsächlich viele körperliche Ursachen geben könne, die Angststörungen auslösen. Chronische Herzerkrankungen, Fettleibigkeit, Schilddrüsenfehlfunktion, Reizdarm, Fibromyalgie, chronische Schmerzen, Krebs – und die Liste geht noch weiter.

Die Nebennieren sind in der Tat ziemlich wichtig, wenn es um Ängste geht. Sie sind sowohl bei psychischem als auch bei körperlichem Stress im Körper im Einsatz. Stimulantien wie Koffein aktivieren die Nebennieren, während Vitaminmangel sie träge werden lässt. Im Grunde kann jede Form von Stress, ganz gleich ob körperlich oder psychisch, die Nebennieren beanspruchen. Und ja, auch Hormone können ein Grund sein, Männer können ebenso wie Frauen unter einem hormonellen Ungleichgewicht ungemein leiden.

Im Grunde können verschiedene medizinische Diagnosen Angstzustände als Symptom haben. Lassen Sie sich also zunächst von Ihrem Hausarzt untersuchen und ein Blutbild erstellen. Alle möglichen medizinischen Ursachen, sofern es welche gibt, sollten dabei angesprochen werden.

Wenn Ihr Allgemeinarzt nach einer medizinischen Durchsicht keine körperlichen Ursachen ausmachen konnte, müssen Sie sich selbst auf die Suche nach den Wurzeln Ihrer Ängste begeben. Wie bereits gesagt, Ängste sind oft eine Art Frühwarnsystem, dass etwas im Leben fehlt oder angesprochen werden sollte. Ich bitte meine Patienten immer als Erstes um eine vollständige persönliche Inventur: Wie geht es Ihnen in Bezug auf Ihre Familie, Partner/in, Freunde, Job und andere grundlegende Aspekte in Ihrem Leben? Angst kann das Ergebnis eines persönlichen inneren Konfliktes sein, der Ihnen noch nicht einmal bewusst ist. Doch eine Introspektion kann dies für gewöhnlich an die Oberfläche bringen.

Finden Sie im Verborgenen schlummernde Konflikte, können Sie diese einen nach dem anderen angehen. Sie werden verblüfft sein, was allein das für einen beruhigenden Effekt haben kann. Doch falls nichts bei Ihrer persönlichen Inventur auftaucht, die Symptome nur schlimmer und schlimmer werden und Sie in der Art, wie Sie Ihr Leben gern leben möchten, behindern, dann könnte es an der Zeit sein, dass Medikamente angebracht sind und eine psychiatrische Einschätzung nötig ist.

Doch ein Wort der Warnung: Alkohol ist ein Sedativ, das die Hirnaktivität verlangsamt. Wenn man also trinkt, hat man für gewöhnlich ein verlangsamtes Denken und eine gewisse Ruhe, so wie Robert es beschrieb. Doch das ist kein gutes Mittel im Umgang mit chronischen Angstzuständen, denn es braucht für die gleiche Wirkung immer mehr Alkohol, was zur Abhängigkeit führt. Im folgenden Kapitel sehen wir, wie die mit diesem Persönlichkeitsmerkmal zusammenhängenden Eigenschaften zum Kampf mit Sucht beitragen, während man gleichzeitig in genau diesen Charakterzügen auch die Stärke zur Überwindung einer Sucht finden kann.

Die 28 Jahre alte Alexis, die Veranstaltungsplanerin, die wir in Kapitel 3 kennengelernt haben, begann nach der Scheidung ihrer Eltern mit der Einnahme angstlösender Medikamente. Doch sie ist sehr gesundheitsbewusst (das sind ängstliche Menschen oft), und es behagte ihr nicht, wie die Medikamente in ihr Leben eingriffen. »Wenn ich sie nicht unbedingt brauche, nehme ich sie lieber nicht«, sagte sie, und wie wir noch sehen werden, geht es ihr auch ohne gut – indem sie sich so akzeptiert und annimmt, wie sie ist.

Vorherrschende Stärken

Zu einem gewissen Grad ist Ängstlichkeit normal und kann sogar von Vorteil sein. Eine erhöhte Wachsamkeit geht oftmals mit folgenden Stärken einher:

Wachsamkeit

Menschen mit erhöhter Wachsamkeit achten oftmals sehr auf ihre Mitmenschen, auf Ereignisse, Situationen oder zukünftige Gefahren, sie wiegen alternative Vorgehensweisen ab und überlassen nichts dem Zufall. Ihre Aufmerksamkeit hilft ihnen, sich auf die Qualität ihrer Arbeit zu fokussieren. Sie neigen ebenfalls zu großer Sorgfalt hinsichtlich ihrer eigenen Gesundheit – sie achten darauf, was sie essen, sie behalten ihr Gewicht im Blick, halten Blutdruck und Cholesterinwerte in Tabellen fest und nehmen regelmäßige Vorsorgeuntersuchungen wahr.

Bereitschaft

Ich war bei den Pfadfindern und hänge immer noch an dem alten Motto »Sei vorbereitet!«, besonders nachdem ich die verheerenden Hurrikane Rita und Katrina im Jahr 2005 mitbekommen habe. Diese Art des Vorbereitetseins, die einen gegenüber Naturkatastrophen und anderen Gefahren stählt, kann man auch dazu nutzen, um seine Chancen zu verbessern. Menschen mit diesen Fähigkeiten glänzen in Vorstellungsgesprächen, bei Schulaufgaben, sportlichen Wettkämpfen, Wettbewerben, öffentlichen Auftritten und in vielen anderen Gebieten. Einige der besten öffentlichen Referenten, die ich kenne, geben zu, vor jedem Auftritt unglaublich aufgeregt zu sein. Und doch sind sie in der Lage, diese Aufregung während des Auftrittes in eine ungeheurere Energie umzuwandeln.

Intuition

Intuition ist wie ein innerer Radar für Weisheit und Führung. Ich bezeichne das manchmal als »etwas zu wissen, ohne zu wissen, warum man es weiß«. Menschen, die ihre Angst zu ihrem Vorteil einsetzen, haben oftmals ein genaues Gespür dafür, was geschehen könnte. Sie »folgen ihrem Bauchgefühl« und sind gut darin zu erkennen, was die nächsten Probleme sein könnten – und entsprechend zu planen.

Beobachtung

Die meisten ängstlichen Menschen haben ein gut entwickeltes Talent zur Beobachtung. Warum? Weil sie sich ihrer Umgebung sehr bewusst sind. Solche Menschen nehmen selbst kleine Veränderungen in ihrem Umfeld wahr und können ihre Gabe zur Beobachtung gut in Betätigungsfeldern wie etwa der Forschung, der Strafverfolgungsbehörden, in der Kunst oder Fotografie einsetzen.

Das Leben mit einem Rauchmelder

Auf die eigenen Ängste zu achten, statt zu versuchen, diese Gefühle zu ignorieren, kann sehr wichtig und hilfreich sein. Wissenschaftler haben herausgefunden, dass Krankheiten bei jenen Menschen erhöht auftreten, die ihre Gefühle, insbesondere Ängste, unterdrücken. Außerdem könnten ihre durch die Angst ausgelösten Ahnungen ja richtig sein! Behalten Sie stets im Kopf: Wachsamkeit ist der Rauchmelder des Lebens!

Ich habe eine sehr nervöse Freundin, Sue, deren Kinder einen Klassenflug mit einem Charterbus machten. Sue fuhr ihre Kinder zur Schule und brachte sie zu dem wartenden Bus. Sie begegnete kurz dem Fahrer, der nett genug wirkte, und sah ihren Kindern beim Einsteigen zu. Plötzlich überkam sie eine schier überwältigende Sorge.

Einen Moment lang zögerte sie, dann traute sie ihrem Gefühl. Sie teilte dem Fahrer mit, dass sie ihre Kinder selbst fahren werde, und holte sie wieder aus dem Bus. Auf dem Weg zu der Veranstaltung wurde der Bus in einen Unfall verwickelt. Zum Glück wurde niemand ernsthaft verletzt. Der Fahrer räumte später ein, dass er mit persönlichen Problemen zu kämpfen hatte und während der Fahrt abgelenkt war. Sue schreibt die Warnung vor der potenziellen Gefahr ihrer inneren Stimme zu.

Wenn Sie so etwas spüren, sollten Sie es auf jeden Fall ernst nehmen. Selbst wenn Sie mitten in einem stressigen Tag stecken, gönnen Sie sich eine kurze Ruhepause. Überlegen Sie, ob Sie das Gefühl schon früher hatten und wann und wie die Situation damals war. Als das Gefühl das letzte Mal auftrat, haben Sie sich darauf konzentriert? Falls nicht, was ist passiert? Hätte es einen Unterschied bedeutet, wenn Sie darauf geachtet hätten? Können Sie ein Muster erkennen?

Falls Sie sich jedoch andererseits als übermäßig besorgt empfinden, unternehmen Sie ein paar positive Schritte, um ein Stück auf der Angstskala nach unten zu rutschen. Wie Leonard es zusammenfasste: »Ich bin mir meines Persönlichkeitsmerkmals bewusst. Ich gebe mir große Mühe, viel Sport zu treiben, gesund zu essen und ausreichend Pausen einzulegen. Ich arbeite hart, aber ich feiere auch ausgelassen. Ich habe Spaß mit meinen Kindern. Ich versuche einfach, Pausen zu machen und Dinge, die Spaß machen, zu unternehmen, wie *Mad Men* zu gucken, ins Kino zu gehen oder am Fluss entlangzuspazieren.« Und Yoga. Leonard hat es lange abgelehnt, da er es für ein Klischee hielt. »Aber«, stellte er fest, »allein das Ausüben von Yoga scheint Angst zu einem gewissen Grad zu reduzieren.«

Versuchen Sie, die Lautstärke Ihres Alarmsystems gelegentlich zu dimmen, aber versuchen Sie nicht, es komplett auszustellen. Es ist wichtig, zu einem gewissen Maß auf die besorgte Stimme im Inneren zu hören – machen Sie sich die Sorge zunutze!

Arbeit und erhöhte Wachsamkeit

»Angst hat einen wirklich schlechten Ruf«, begann ein Artikel in der Zeitschrift *Science Daily*. Und das stimmt. Und wenn man die Worte »Angst« und »Arbeit« zusammenpackt, dann kann man sich leicht einige unschöne Ergebnisse denken, so wie Leonards Panikattacken.

»Druck und Sorge können sich im Körper eines Menschen anhäufen«, beschreibt er. »So vieles von dem, was wir psychisch und emotional erleben, wird körperlich.« Leonard vergleicht die Angst mit den Metastasen von Krebszellen, die den ganzen Körper angreifen. Und dennoch haben wir gesehen, wie die Angst Leonard hilft, seinen Job gut zu erledigen – nachdem er einen Beruf gefunden hatte, der seinem Persönlichkeitstyp entsprach.

Ähnliches gilt für Alexis, deren Arbeit als unabhängige Veranstaltungsplanerin für ein namhaftes Museum an der Ostküste »sehr intensiv« ist, wie sie selbst sagt. Sie muss Veranstaltungen, in denen Gruppen von wohlhabenden, gebildeten Menschen für ein paar Stunden zusammenkommen und ihre geschulten Sinne bei Speis und Trank befriedigen, organisieren und durchführen. Die Gerichte werden frisch gekocht, und alle Menüs müssen sich voneinander entscheiden. Vor jeder Veranstaltung prüfen ihre Kunden die Gerichte und legen dabei ihre ungewöhnlich hohen Wertmaßstäbe an. Wie sind die Saucen? Kommen alle Zutaten aus regionalem Anbau? Sind Obst und Gemüse auch wirklich reif?

Alexis blüht bei ihrer Arbeit auf, und ihre erhöhte Wachsamkeit ist ihr sehr von Vorteil. »Ich muss immer alles zweimal prüfen, nachprüfen und noch mal prüfen«, sagt sie. Sie hat großen Erfolg und ist sehr stolz auf ihre Arbeit. »Wenn ich es hinderlich finden würde, hätte ich nicht diese Art von Arbeit. Dann hätte ich mir einen etwas weniger stressigen Job gesucht, etwas weniger Anspruchsvolles, etwas weniger Forderndes«, erzählt sie.

Trotzdem ist es nicht immer ein Zuckerschlecken. Genau wie Leonard leidet auch Alexis unter Schlafstörungen. »Am stärksten manifestiert sich die Angst, wenn ich nachts nicht schlafen kann«, erzählte sie mir. »Oft nimmt mich eine Arbeit und alles, was damit zusammenhängt, so ein, dass ich überhaupt nicht schlafen kann. Ich liege dann im Bett und starre die ganze Nacht die Decke an.« Sie mildert diesen unangenehmen Nebeneffekt ihrer Ängste mit einem strengen Trainingsprogramm, und zwar sechs Tage die Woche. »Wenn ich das Programm nicht durchziehe, fühle ich mich für den Rest des Tages schlecht. Ich kann das nicht.« Das ist eine im Grunde genommen logische und gesunde Reaktion auf eine Angstsituation, der ich applaudiere.

Beziehungen und erhöhte Wachsamkeit

Manchmal fühlen sich hochwachsame und besorgte Menschen von Menschen mit einem ähnlichen Persönlichkeitsprofil angezogen (obgleich auch hier wieder als Faustregel gilt, dass bei Partnerschaften das ausgeprägte Persönlichkeitsmerkmal hoch oben auf der Skala oftmals besser mit einem weniger ausgeprägten harmoniert).

Leonard fühlt sich zum Beispiel sehr von »Menschen angesprochen, die intensiv fühlen und sich noch mehr als ich sorgen«. Das hat den interessanten Effekt, dass er – der Bedenkenträger – in seinen Freundschaften zum Fels in der Brandung wird. »Menschen wenden sich an mich, weil sie Rat oder Trost suchen, weil sie das Gefühl brauchen, dass alles okay ist, dass die Dinge schon laufen werden, weil sie Optimismus brauchen.« Lassen Sie sich das auf der Zunge zergehen. Leonard ist ein Bedenkenträger, aber »diese Qualitäten helfen mir, auf andere Menschen zu achten«, sagt er. Seine Ängste helfen ihm dabei, einen beruhigenden Effekt auf andere Menschen, die noch ängstlicher sind, zu haben.

Für Alexis wiederum gilt: »Wenn ich jemanden treffe, der ähnliche Tendenzen wie ich hat, funktioniert es meistens nicht. Für mich gilt eher ›Gegensätze ziehen sich an‹ – wenn ich die etwas Nervösere bin und der andere etwas zurückhaltender und nicht so leicht reizbar ist.«

In ihrer letzten Langzeitbeziehung war sie mit jemandem zusammen, den sie als »unglaublich ADHS« beschreibt, während sie sich selbst als »den totalen Gegensatz zu ADHS sieht«. (Achten Sie einmal darauf, dass diese Kategorien in unserer Kultur schon so etabliert sind, dass wir völlig beiläufig uns und andere selbst diagnostizieren.)

Das Yin und Yang der Beziehung funktionierte für Alexis sehr gut. »Ich bin immer die treibende Kraft. Wann essen wir zu Abend? Was unternehmen wir am Wochenende? Was machen wir diesen Sommer? Wohin fahren wir in den Urlaub?« Ihr Freund half ihr, sich zu entspannen. »Er sagt, in Ordnung, lass uns eines nach dem anderen angehen. Warum überlegen wir uns nicht zuerst einmal, wohin wir über die Feiertage fahren, denn die kommen zuerst. Und über den nächsten Sommer brauchen wir uns jetzt noch keinen Kopf zu machen.«

Mit einer Prise Humor beschrieb mir Alexis, wie eine Beziehung mit einer anderen besorgten Person wohl aussehen würde: »Wenn ich mir vorstelle, ich wäre mit jemandem wie mir zusammen – Ja, was machen wir nächsten Sommer? –, dann würden wir durchdrehen und abheben und wegen jeder Kleinigkeit ausflippen.«

Alexis' Vorstellung von einem unproduktiven Ausflippen entspricht so ziemlich der Sorge, ob man das nächste Mal, wenn man einen Schritt vors Haus setzt, von einem Meteoritenschauer getroffen wird. Der Schlüssel liegt darin, seine erhöhte Wachsamkeit auf etwas zu verwenden, was einem Zuversicht in den herausfordernden Situationen im Leben gibt. Und anzufangen, positiver und proaktiver mit diesen Situationen umzugehen. Fragen Sie sich selbst: »Was ist das Schlimmste, was passieren könnte?« Könnten Sie das überleben, wenn Sie unbedingt, unbedingt müssten? Die Antwort lautet meistens Ja, Sie würden das überleben, und der Rest sind nur Details. Die Menschen neigen dazu, an den Herausforderungen des Lebens zu wachsen, und sie werden dabei immer stärker.

Zusammenfassung: Sind Sie hyperwachsam?

Die meisten von uns halten Ängste für etwas, das man unter Kontrolle halten muss. Ich bin so überaus ängstlich, denken Sie. Ich muss mich beruhigen. Doch wenn Ängstlichkeit Ihr dominantes Persönlichkeitsmerkmal ist, dann können Sie sich die nervöse Energie auch gut zunutze machen. Vielleicht stellen Sie fest, dass Sie am besten unter Druck arbeiten oder dass es Ihnen einen Kick gibt, wenn Sie die Deadline erreichen.

In der Steinzeit waren die hyperwachsamen Menschen jene, die das Dorf vor lebensbedrohlichen Risiken bewahrten. Und es gibt keinen Grund, warum diese Art des Vorbereitetseins, die mit diesem Persönlichkeitsmerkmal einhergeht, nicht auch noch heute von Vorteil sein sollte. Natürlich sollte man darauf achten, dass einen die Ängste nicht auffressen, doch kann man von diesem Aspekt der Persönlichkeit auch profitieren. Und Sie könnten Ihren Terminkalender dahingehend ändern, dass Sie stets auf Abgabetermine hinarbeiten.

Sie können an Wettbewerben teilnehmen, sei es nun Schach oder Triathlon. Sie können Wanderungen oder andere Veranstaltungen organisieren – Ihre Ängste werden Ihnen helfen, viele der sich ändernden Anforderungen zu berücksichtigen. Angstgefühle gehen mit Stärken einher, dazu gehören das Vorbereitetsein, Intuition und Beobachtungsgabe. Als hyperwachsamer Mensch können Sie diese Eigenschaften gut einsetzen, wenn Sie Ihr Wesen annehmen.

KAPITEL 6

THEATRALISCH – HISTRIONISCH

»Leben heißt, auf dem Drahtseil zu stehen«, sagte Karl »Papa« Wallenda, der wagemütige Drahtseilkünstler. »Alles andere ist nur Wartezeit.« Papa Wallenda meinte das wörtlich. Er lebte für jene Momente, die er im Rampenlicht verbrachte, für die Aufmerksamkeit der Menge und, ja, auch für den Nervenkitzel seiner Auftritte.

Wir können Papa Wallendas Worte jedoch auch im übertragenen Sinn verstehen, als Aufruf zur Vereinigung aller dramatischen Persönlichkeiten. Für theatralische Menschen ist das ganze Leben eine Aufführung. Wenn sie in einen Raum kommen, nehmen die Menschen das wahr. An ihrem Arbeitsplatz sind sie der Dreh- und Angelpunkt, der eine Gruppe zusammenhält und in der Öffentlichkeit repräsentiert. Im persönlichen Leben sind sie emotional verletzlich und gleichzeitig emotional dramatisch: Manchmal fühlt sich das Leben wie eine Achterbahn oder wie ein Drahtseilakt an!

Ich bin eine Sieben auf der Persönlichkeitsskala. Wie Papa Wallenda liebe ich Auftritte – in meinem Fall ist es meine Arbeit im Fernsehen, Radio und im Internet, die mein Herz höherschlagen lässt. Ich liebe meine Arbeit als klinischer Psychiater, die Arbeit mit meinen Patienten bedeutet mir sehr viel.

Doch als ich das erste Mal vor einer Kamera stand, das war bereits 1987, hatte ich einen jener »Aha«-Momente. Wow. Es machte mir Spaß! Ich liebe es, vor der Kamera zu stehen und über psychische Gesundheit zu sprechen. Ich liebe es, der Experte zu sein und über menschliches Verhalten zu diskutieren. Ich liebe es, wenn sich Menschen melden und um Rat bitten. Ich liebe das Gefühl, gut in einer Sache zu sein und Dinge verändern zu können, und zwar nicht nur Patient für Patient, sondern indem ich über die Medien Tausende von Menschen erreiche.

Nach dieser ersten Erfahrung im Fernsehen hatte ich Blut geleckt.

Viele Darsteller sind theatralische Persönlichkeiten: Elton John, Tom Cruise, Lady Gaga oder Beyoncé, um nur ein paar zu nennen. Der Begriff, er/sie sei eine »dramatische Persönlichkeit«, wird oft gleichbedeutend mit dem Begriff »Schauspieler« verstanden. Und nehmen wir das Wort »Diva«. Es kommt aus dem Lateinischen und bedeutet »Göttin« oder »die Göttliche« und bezog sich ursprünglich auf herausragende Sängerinnen. Doch wir alle wissen, was Diva in der Popkultur bedeutet: aufgeregt, geschäftig, fordernd und im Zentrum der Aufmerksamkeit stehend – auf *und* hinter der Bühne.

Das Wort »histrionisch« hat ähnliche Wurzeln. Es bedeutet »theatralisch oder bühnenmäßig« und stammt von *histrio* ab, dem lateinischen Wort für »Schauspieler«. Unter Psychiatern benennt es eine Störung – die histrionische Perönlichkeitsstörung –, die sich am äußeren Ende dieser Skala für dieses Persönlichkeitsmerkmal befindet. Ich hoffe, dieses Buch hilft uns, die Begriffe »dramatisch« und »theatralisch« wieder als feierlich-positive Adjektive zurückzuerobern, nicht als negative Beschreibung zu sehen.

Während theatralisches (histrionisches) Verhalten weitgehend mit Schauspielern assoziiert wird, ist nicht jeder auf der Skala der histrionischen Persönlichkeiten ein professioneller Schauspieler. William, ein angesehener Rechtsanwalt, ist dafür ein gutes Beispiel. Als junger Mann träumte er vom Theater. Aber, so erzählte er, »alle, die ich kannte, auch jene Menschen, die viel mehr Talent als ich hatten, arbeiteten in New York City als Kellner. Ich hatte nicht das Gefühl, dass dies in einem glücklichen Leben enden würde.«

Also wandte sich William den Rechtswissenschaften zu, genau wie sein Vater und seine beiden Großväter, jedoch mit einem großen Unterschied. Während sein Vater, ein Firmenanwalt, ihn darin ermutigte, diesen Weg einzuschlagen, wusste William, dass seine Bestimmung woanders lag. »Mir war von Anfang an klar, dass ich, wenn ich Anwalt wurde, immer der Schauspieler unter ihnen sein würde«, erzählte er.

Williams Liebe zur Bühne wurde ein integraler Bestandteil seiner anwaltlichen Tätigkeit. Er spricht sogar von seinen Schlussplädoyers als schauspielerischer Kunst: »Meine Schlussworte halte ich immer ohne Aufzeichnungen. Manchmal wurde mir vorgeworfen, dass ich alles nur auswendig gelernt hätte. Aber ich erzähle nur eine Geschichte. Ich bin wirklich gut darin, Geschichten zu erzählen.«

William ist kein Schauspieler im herkömmlichen Sinne. Aber er ist eine Sieben auf der Drama-Skala.

Das Kontinuum-Modell: theatralisch

HISTRIONISCHES KONTINUUM		
WENIG AFFEKTE	UNTERHALTSAM	HISTRIONISCH
0 3 5 7 10+		
nicht vorhanden	dominant	superdominant

Das theatralische Persönlichkeitsmerkmal kann als fließendes Kontinuum gedacht werden und reicht vom Zeigen sehr weniger Emotionen (wenige Affekte) bis zur histrionischen Persönlichkeitsstörung.

Menschen mit wenig Affekten haben oder zeigen wenig Gefühle. Sie sind auch nicht sonderlich traurig, wenn sie eine Tragödie oder eine Enttäuschung erleben; genauso wie sie wenig Freude empfinden, wenn sie Glück haben. Ferner zeigen sie kaum etwas von den wenigen Gefühlen, die sie empfinden. Es sind jene Menschen, die auf einer Beerdigung erscheinen und nicht weinen. Andere ärgern sich über sie, und sie schütteln es einfach ab. Gute Nachrichten scheinen sie kaum zur Kenntnis zu nehmen. Es sind oft Menschen, die wir als unerschütterlich beschreiben – emotional aufgeladene Ereignisse stören sie nicht bei den Aufgaben, die sie gerade erledigen, oder behindern sie auch nicht beim Verfolgen ihre Träume.

Je weiter man auf der Drama-Skala nach oben rückt, desto mehr emotionale Aufgewecktheit zeigt man. Ihr emotionaler Zustand wird ein zunehmend wichtiger Faktor bei Entscheidungsprozessen. Sie suchen das Vergnügen, und wenn sie in einer Situation sind, die Schmerz, Frust oder Kummer erzeugt, dann drücken sie diese Gefühle auch aus und versuchen, die Umstände zu ändern. Die meisten von uns befinden sich irgendwo in diesem Spektrum.

Doch bei einigen Menschen überlagert der emotionale Zustand alle anderen Interessen. Diese Menschen wirken oft, als ob sie auf einer emotionalen Achterbahn unterwegs seien. Sie zeigen leicht ihre Gefühle, und jedes Mal, wenn sich ihr emotionaler Zustand ändert, lassen sie die ganze Welt daran teilhaben.

Als eine meiner Forscherinnen nach einer Fallstudie für dieses Kapitel suchte, traf sie die vierundzwanzigjährige Opernsängerin Leora. In der Hoffnung, einen Hinweis zu finden, fragte sie Leora, ob sie jemanden kennen würde, auf den die Charakteristik einer theatralischen Persönlichkeit zutreffen würde. Sie hatte nicht damit gerechnet, dass Leora sich selbst als solche identifizieren würde! Leora erkannte in den *theatralischen* Persönlichkeitsmerkmalen sofort ihre eigene Persönlichkeit und erzählte begeistert ihre Geschichte. (Das sollte keine Überraschung sein: Dramatische Persönlichkeiten sind oft wunderbare Geschichtenerzähler, und sie lieben, lieben, lieben es, über sich selbst zu sprechen.)

Leora ist ein interessanter Fall einer theatralischen Persönlichkeit, denn ihre Eltern waren beide Lehrer des Zen-Buddhismus. Und wir bringen Zen wohl kaum mit Drama in Verbindung. Doch ich denke, Leora würde jetzt sagen, dass es beim Zen darum geht, sich so anzunehmen, wie man ist – wie immer das sein mag.

Und diesen Ansatz verfolgten ihre Eltern ganz sicher. Einige von Leoras frühesten und lebhaftesten Erinnerungen sind jene an die emotionalen Ausbrüche ihrer Mutter. »Manchmal ärgerte sich meine Mutter über irgendetwas«, erinnerte sich Leora. »Ich machte mir Sorgen um sie, denn sie schien so zerbrechlich. Ich erinnere mich daran, wie ich mit meinem Vater zusammensaß und mit ihm darüber sprach. Er sagte: ›Sie tut so, als ob sie zerbrechlich sei, und manchmal denkt sie das auch selbst, aber im Grunde genommen gehört sie zu den stärksten Menschen, die ich kenne.‹« Er nannte Leoras Mutter eine »Tigerin«.

Was Leora daraus mitnahm, war ihre Fähigkeit, so intensiv wie ihre Mutter zu leben – sie konnte Dinge so tief empfinden und so offen ausdrücken. »Meine Mutter war nicht zerbrechlich und auch nicht schwach. Sie war unglaublich mutig, indem sie zeigte, was gerade vorging«, berichtete Leora. Das ist es, was ich mit dem Annehmen des histrionischen Persönlichkeitsmerkmals meinte.

Unglücklicherweise fand sich Leora auf dem College in einem deutlich weniger offenen Umfeld wieder als dem, das sie zu Hause kennengelernt hatte, und ihre Affinität zur Dramatik geriet ein wenig außer Kontrolle. Es gab verschiedene Faktoren, die dazu beitrugen, dass Leoras Erfahrungen am College eine ziemliche Herausforderung wurden.

»In meinem letzten Jahr am College war ich ziemlich depressiv«, erzählte Leora. »Ich wollte einfach nicht mehr dort sein.« Sie fühlte sich akademisch ausgebrannt und hatte die Nase voll vom Sozialleben am College und im Internat. Ein Problem war besonders quälend – es gab niemanden Neues mehr zu treffen oder kennenzulernen. (Histrionische Menschen lieben es, neue Menschen kennenzulernen.) Aber es war so eine kleine Schule, dass es in ihrem letzten Schuljahr so war, dass, »wenn du mit einem Typen selbst noch nicht ausgegangen warst, all deine Freundinnen bereits mit ihm aus gewesen waren«.

Diese emotionalen Herausforderungen drückten Leora noch ein bisschen weiter auf der Drama-Skala nach oben und ließen sie instabiler und empfindlicher als normal werden. Unglücklicherweise ist die Welt nicht immer tolerant gegenüber Verhalten, das als histrionisch wahrgenommen wird. Menschen, die dieses Persönlichkeitsmerkmal nicht aufweisen, empfinden dramatische Persönlichkeiten oft als hohl oder überwältigend.

Das bekam auch ich oft zu hören: dass meine Anlage, die Dinge stark zu spüren und mich selbst sehr gefühlsgeladen auszudrücken, für andere überwältigend sei, besonders wenn diese mich noch nicht gut kannten. Ich habe diesen Ausdruck an mir selbst immer als natürlich und authentisch wahrgenommen und nie verstanden, warum sich andere dabei unwohl fühlen. Aber andere Persönlichkeitstypen gehen mit ihren Emotionen auf andere Art und Weise um. Schüchterne Menschen nehmen sich zum Beispiel eher Zeit, um ihre Gefühle zu durchdenken und zu verarbeiten, bevor sie sie ausdrücken. Sie finden es schwierig, auf einen ungefilterten Gefühlsausdruck zu reagieren, der sich wie ein Schwall über sie ergießt.

Leora musste diese Erfahrung aus erster Hand machen. Im College aß sie oft mit einer Freundin zu Abend, wobei sie darüber redeten, was in ihrem Leben so vor sich ging. »Eines Abends gegen Ende des Herbstsemesters«, erzählte sie, »fühlte ich mich besonders zerbrechlich. Meine Freundin schaute mich an und meinte: ›Du siehst aus, als ob du gleich zu weinen anfängst.‹ Woraufhin ich sofort im Speisesaal anfing zu weinen, was furchtbar und peinlich war.«

Die Freundin tätschelte Leora die Schulter, sagte, dass sie sehen könne, dass Leora leide, und schlug ihr vor, sich beim psychologischen Dienst Hilfe zu suchen. Gute Idee, mögen Sie sagen! Nur Leora empfand das nicht so. Sie fühlte sich durch den Rat ihrer Freundin gedemütigt und abgelehnt.

In der darauffolgenden Woche lud die Freundin eine weitere Person ein, an ihrem gemeinsamen Abendessen teilzunehmen, als ob sie einen unbeteiligten Dritten als emotionalen Puffer brauchte. Der Abend ging in die Binsen, und Leora sagte: »Ich habe nie wieder mit dieser Freundin gesprochen.«

Was war geschehen? Leoras dramatische Persönlichkeit hatte sie gegenüber dem Verhalten ihrer Freundin übersensibel reagieren lassen. Ihre emotionale Ausdrucksstärke war für die Freundin unangenehm und für die Freundschaft vermutlich eine Belastungsprobe. Zur gleichen Zeit hatte Leora das Vertrauen in ihr dramatisches Selbst verloren. »Bei mir kam die Botschaft an, ich sei viel zu emotional«, erzählte sie. »Und ich nahm an, dies bedeutete, ich solle diesen Teil von mir besser nicht den Menschen zeigen, an denen mir etwas lag.«

Menschen mit extrem dramatischen Persönlichkeiten kämpfen oft mit diesem Problem. Obschon unsere Gesellschaft es liebt, theatralische Persönlichkeiten im Fernsehen zu beobachten, fühlen wir uns mit diesem Maß an Emotionalität in unserem eigenen Leben oft nicht wohl. Doch wenn ein theatralischer Mensch versucht, seine oder ihre Persönlichkeit zu unterdrücken, führt das nur zu Frust und Unzufriedenheit.

In diesem Kapitel werde ich noch einige Möglichkeiten beschreiben, wie theatralische Persönlichkeiten diese Frustrationen verarbeiten können, sodass sie gesunde und glückliche Beziehungen mit anderen Menschen führen und sich dabei doch treu bleiben können. Leora zum Beispiel fand einen Weg, ihre Emotionalität in ihrer Musik auszudrücken, was sie zu einer Weltklassedarstellerin macht und ihre Freundschaften (und ihre Liebesbeziehungen) ausgeglichener werden lässt. Sie nimmt sich selbst mehr an und sagt einem auch geradeheraus: »Ja, manchmal kann ich zu viel für andere sein. Aber so bin ich nun mal.«

An diesem Punkt in ihrem Leben war Leora vermutlich eine Acht auf der Skala der histrionischen Persönlichkeiten. Sie kämpfte mit diesem Persönlichkeitsmerkmal, aber es hinderte sie nie ernsthaft, gelungen mit der Welt zu interagieren.

Am äußeren Ende der Skala steht eine histrionische Persönlichkeitsstörung, eine seltene, aber sehr ernsthafte Persönlichkeitsstörung.

Die Neudefinition von histrionischer Persönlichkeitsstörung (HPS)

Die histrionische Persönlichkeitsstörung wird im DSM-4 als »allgegenwärtiges Muster überhöhter Emotionalität und Streben nach Aufmerksamkeit« beschrieben. Im Ansatz können wir diese »Symptome« auch in Leoras Geschichte wiederfinden. Im Speisesaal zu weinen kann durchaus als »übermäßige Emotionalität und Streben nach Aufmerksamkeit« verstanden werden. Leora hat es durchaus als übertrieben empfunden – und das hat es so peinlich für sie gemacht.

Doch um das volle Ausmaß dieser Persönlichkeitsstörung zu verstehen, würde ich mich gern noch der Tagebuchschreiberin, Romanautorin und Verfasserin von Kurzgeschichten

Anaïs Nin zuwenden. Post mortem wurde bei ihr von der Psychologin Angie A. Kehagia HPS »diagnostiziert«. Kehagia stellte bei sorgfältiger Durchsicht von Nins Biografie fest, dass sie mit Sicherheit histrionisch war. Obschon posthume Diagnosen oftmals problematisch sind, halte ich in diesem Fall Kehagias Schlussfolgerungen für sehr überzeugend.

Die Diskrepanz zwischen Leoras Tränen in der Öffentlichkeit und Anaïs Nins emotional zerstörerischem Verhalten ist gravierend. Ich möchte hier noch einmal klarstellen, dass das Verhalten der meisten theatralischen Menschen nicht einmal in die Nähe von Nins kommt, deren stürmisches Leben viele außereheliche Affären, die Ehe mit einem Bigamisten, ein ständiges Bedürfnis nach Aufmerksamkeit in jedem Bereich ihres Lebens sowie als Erwachsene Inzest mit ihrem Vater einschloss. Sie war mit Sicherheit eine Zehn plus auf der Skala.

Nin, wie viele Menschen mit HPS, hatte keinen stabilen Familienhintergrund. Bei HPS wird, wie bei vielen Persönlichkeitsstörungen, im Allgemeinen davon ausgegangen, dass es mehr durch das Umfeld als durch die Veranlagung beeinflusst wird. Nins Vater war ein launischer Komponist und Pianist, der viele außereheliche Affären hatte und seine Kinder körperlich und emotional missbrauchte. Er verließ die Familie, als Anaïs elf Jahre alt war. (Leoras intakte Familie mag einer der Gründe gewesen sein, warum sie immer auf der positiven Seite der Skala blieb.)

Als Erwachsene zeigte Nin alle diagnostizierbaren Symptome von HPS. Schaut man sich ihr Leben genauer an, erkennt man leicht, wie diese Verhaltensweisen für sie und andere destruktiv wurden. Das Bedürfnis, im Zentrum der Aufmerksamkeit zu stehen, ist zum Beispiel ein Diagnosekriterium für HPS, und Nin zeigte dieses im Übermaß. Besuchte sie eine Party, sorgte sie stets für Unterhaltung, indem sie aus ihrem letzten Werk las, spanische Tänze aufführte oder sang. Sie zeigte ebenfalls eine ungesunde Abhängigkeit von der Reaktion des Publikums. Kaum waren die Gäste gegangen, notierte Nin in ihrem Tagebuch genau, welche Worte der Bewunderung jeder ihrer Gäste gefunden hatte. Wer ihr keine Komplimente machte oder sie nicht lobte, wurde als unhöflich und ignorant abgeschrieben.[36]

Weil histrionische Persönlichkeitstypen ihre Gefühle auf übertriebene Weise ausdrücken, neigen sie dazu, die Vertrautheit, die sie mit anderen Menschen erreicht haben, zu überschätzen – ein weiteres Diagnosekriterium für HPS. So erinnert sich zum Beispiel einer von Nins sogenannten Freunden: »Ich war für sie eine Art Vater-Mutter-Beichtvater, sie kam immer wieder, saß auf dem Boden – ihr Kopf in meinem Schoß – und erzählte mir alle möglichen traurigen Sachen von sich ... Sie wollte mir so gern nahe sein, doch sie schien mir nie real.«[37] Nins Kapriolen erschienen den Menschen oft als irreal und nicht authentisch. Ein anderer Freund erinnert sich, dass »sie das Rampenlicht so unglaublich brauchte, ähnlich wie eine Schauspielerin«.[38]

Das destruktive Extrem in Nins Persönlichkeit lässt sich wohl am besten in der Art, wie sie sich selbst sexuell ausdrückte, beobachten. Ein Symptom von HPS ist die unangemessene sexuelle Verführung oder Provokation. Nin war nicht nur verführerisch und provokant gegenüber Menschen, die man als in »ihrer Liga spielend« ansehen konnte, sondern sie verführte auch Menschen, die außerhalb ihrer Reichweite lagen, einschließlich zweier ihrer Psychologen sowie ihren Vater. (Sie schrieb in ihrem Tagebuch über ihr Bedürfnis, ihren Vater zu verführen, und legte damit offen, dass sie bei der Affäre eine aktive Rolle spielte, sie vielleicht sogar initiierte.) Noch während sie mit ihrem ersten Ehemann verheiratet war, heiratete Nin ein zweites Mal, ohne zu offenbaren, dass sie bereits vergeben war.

Liest man ihre Tagebücher (die sie in wahrhaft histrionischer Manier veröffentlichte), können wir sehen, wie Nins Verhalten nicht nur für andere, sondern auch für sie selbst zerstörerisch war. Sie wurde von Begehren, Begierden und Verhaltensweisen gequält. Sie war bedürftig und oftmals zutiefst unglücklich. (Bitte beachten Sie, dass Depression am obersten Ende dieser Skala ebenfalls oft ein Symptom ist.)

In ihrem späteren Leben schien Nin einigermaßen die Balance gefunden zu haben. Angie Kehagia, die Wissenschaftlerin, auf deren Arbeit ich mich in diesem Kapitel beziehe, berichtet, dass sich Nin in ihren Fünfzigern so weit von ihrer histrionischen Persönlichkeit entfernte, dass sie in der Lage war, »zwischenmenschliches Glück und Erfüllung zu finden«. Ich kann mir nicht vorstellen, dass Nin jemals wenig Affekte hatte. Aber durch die Kombination einer effektiven Therapie und interessanterweise durch den Prozess des Tagebuchschreibens und der Veröffentlichung der Tagebücher war Nin in der Lage, einen gesünderen Platz auf der Skala zu erreichen.

Deshalb ist die Geschichte von Anaïs Nin solch ein gutes Beispiel für das Modell des Kontinuums. Ich sehe in ihr die Geschichte einer gequälten Frau, deren genetische Prädisposition (ihr Vater zeigte ähnliche Wesensmale) und schwierige

Kindheit dazu führten, dass sie einen ungesunden Persönlichkeitstyp entwickelte. Doch die Linie zwischen Gesundheit und Störung verlief immer schwankend, und am Ende war Nin in der Lage, mit sich selbst Frieden zu schließen und mit anderen auch.

Ein kultureller Imperativ

Fast alle Kapitel in diesem Buch enthalten einen Abschnitt über den »evolutionären Imperativ«, der beschreibt, wie Evolution und natürliche Auslese manche Persönlichkeitsstörungen begünstigten, die eigentlich hemmend erscheinen.

Persönlichkeitsstörungen (wie die histrionische oder narzisstische Persönlichkeitsstörung) sind ein bisschen anders gelagert. Oft werden diese Störungen als weniger ernsthaft angesehen. Nun könnten Sie erwarten, dass ich diese Störungen von meiner Liste gestrichen hätte. Doch im Grunde sind diese Erkrankungen viel älter als Klassifikationssysteme (wie etwa das DSM) oder das Forschungsfeld der Psychiatrie, sie sind Jahrhunderte alt. Narzissmus kann bis in die griechische Mythologie hinein zurückverfolgt werden. In meinen über dreißig Jahren Berufserfahrung habe ich mit unzähligen Menschen gearbeitet, bei denen diese Persönlichkeitsmerkmale dominant waren.

Ich meine, dass wir in einer Zeit leben, in der histrionische und narzisstische Typen in den Vordergrund geraten sind. Die Kräfte des sozialen Netzwerkens und des Reality-Fernsehens haben das histrionische Universum rasch bis zu jenem Punkt ausgedehnt, dass jeder mit einer histrionischen Ader im

Fernsehen landen und sie dort ausleben kann. Dramatik und Narzissmus werden in unserer Kultur überaus geschätzt. Ich vermute, dass Sie diese beiden Persönlichkeitsmerkmale genau wie ich an sich selbst wie auch bei Menschen, die Sie kennen, entdecken. Aus diesem Grunde habe ich beide in dieses Buch aufgenommen.

Weil das genetische Element dieser Persönlichkeitsstörung unklar ist (denn das Umfeld – also, die Art, wie man aufwächst – scheint hier einen größeren Einfluss als die Vererbung, also als die Gene/DNS, zu haben), gibt es noch nicht viele Untersuchungen zur Evolution dieser Persönlichkeitsstörungen. Wir können das Thema trotzdem aus einer eher anthropologischen Perspektive betrachten, um zu sehen, wie die Gesellschaft seit Jahrtausenden von histrionischen Persönlichkeiten profitiert.

Stellen Sie sich vor, Sie säßen in einem Steinzeitdorf um das Lagerfeuer herum. Sie sind in ein Tierfell gehüllt, und überall liegen die Reste vom letzten Wildschweinbraten verstreut. In der Mitte des Kreises steht ein Mann. Vielleicht ist er der Dorfälteste, eine Quelle heiligen Wissens und Führung. Vielleicht ist er auch der Seher des Dorfes, der die Vergangenheit deutet und die Zukunft vorhersieht. Dieser Mann erzählt die Geschichte einer Jagd auf ein Wollmammut. Das ganze Dorf lauscht aufmerksam, als er den mythischen Sieg des großen Kriegers über das Tier in der Wildnis bis ins kleinste Detail ausschmückt. In prähistorischen Zeiten war das Ende des Tages die Zeit für Erholung, um einer guten Geschichte zu lauschen und für einen Moment die harten Lebensbedingungen der Steinzeit zu vergessen und vielleicht auch, um etwas über die Kultur und Gesellschaft zu lernen.

Entertainern kommt heutzutage eine ähnliche Rolle zu. Wir vergessen oft, warum große Darsteller so gefeiert werden, warum wir sie so großzügig entlohnen und ihnen so viel unserer Zeit widmen. Der Grund liegt darin, dass die Freude, die sie in unser Leben bringen, von unschätzbarem Wert ist. Noch heute erlauben uns großartige Darbietungen, Bücher oder Filme für einen kurzen Moment eine Ausflucht, und zwar ganz unabhängig davon, wie schwierig unser Leben gerade sein mag. Und das ist wirklich unbezahlbar.

Anthropologen haben Geschichtenerzähler schon lange als zentrale Figuren im Leben eines Stammes ausgemacht. Diese Figuren sind nicht einfach nur Unterhalter, obwohl dies in den Tagen vor der Erfindung des Fernsehers sicherlich auch eine Rolle spielte. Sie sind vor allem Bewahrer des kulturellen Wissensschatzes. Sie sind für die Erinnerung der Geschichte einer Gesellschaft verantwortlich und, in Erweiterung dessen, ihrer Identität. Es ist ihre Aufgabe, diese Informationen an die nächste Generation weiterzugeben.

Philosophen, Soziologen und andere Beobachter und Wissenschaftler stimmen darin überein, dass Geschichtenerzähler eine essenzielle Rolle spielen. Der französische Philosoph Jean-Luc Nancy beschrieb das Erzählen von Geschichten als den wichtigsten Moment bei der Schaffung einer Gesellschaft. Und der deutsche Philosoph Walter Benjamin sah die Geschichtenerzähler als Quelle überlieferter Weisheit, von Moral und Wahrheit.

Für den französischen Ethnologen Claude Lévi-Strauss war das Erzählen von Geschichten das Weiterreichen universeller Wahrheiten, die eine Gesellschaft regeln. Der amerikanische Mythenforscher Joseph Campbell studierte die Rolle, die Geschichten und Geschichtenerzähler bei der Formung von kulturellen Traditionen, die bis heute andauern, spielten. Und natürlich war Campbell selbst ein sehr talentierter Geschichtenerzähler: Der Geschichtenerzähler einer mythischen Zeit, des Steinzeitalters, lebt in Menschen wie ihm noch heute fort.

Soziologen und Philosophen haben herausgefunden, was die Genetiker noch suchen: einen evolutionären Imperativ für histrionische Persönlichkeiten, der bis in die Steinzeit zurückreicht und noch heute seine Wichtigkeit hat. Doch mein Vertrauen liegt in der Wissenschaft. Geben Sie den Forschern noch fünf bis zehn Jahre Zeit, und ich bin mir sicher, die genetischen Marker sind da, um diese Theorie zu unterstützen.

Vorherrschende Stärken

Der Hang zur Dramatik geht mit ein paar potenziell wunderbaren Eigenschaften einher. Menschen mit diesem Persönlichkeitsmerkmal neigen dazu, sich an Gefühlen zu orientieren, ausdrucksstark und herzlich zu sein. Sie haben eine überbordende Vorstellungskraft und erzählen unterhaltsame Geschichten. Sollten Sie theatralisch sein, könnten Ihre begleitenden Stärken folgende sein:

Charme und Charisma

Sie tendieren dazu, quirlig, enthusiastisch und flirtfreudig zu sein, und verfügen über ausgeprägte soziale Fähigkeiten.

Angemessene Aufmerksamkeit für Erscheinungsbild und Körperpflege

Es ist Ihnen wichtig, wie Sie aussehen und wie Sie gepflegt sind. Sie mögen Klamotten. Sie folgen Modetrends. Sie haben einen persönlichen Stil.

Die Fähigkeit zu unterhalten

Sie genießen es, im Zentrum der Aufmerksamkeit zu stehen. Es gefällt Ihnen, wahrgenommen zu werden. Sie sind glücklich, wenn Ihnen Menschen zusehen. Solche Aufmerksamkeit bringt das Beste in Ihnen zum Vorschein. Sie sind geistreich, charmant, gesellig und oftmals jene Persönlichkeit, über die man am Arbeitsplatz am meisten spricht.

Tendenz zum Ausdruck von Gefühlen und körperlicher Zuneigung

Gefühle und Zärtlichkeit auf diese Art zu zeigen, kann ein wichtiger Faktor für den Aufbau von liebevollen, funktionierenden Beziehungen sein. Diese Stärke ist als Eltern wichtig. Kinder, die aus liebevollen Elternhäusern stammen, in denen Gefühle gezeigt werden, entwickeln sich gut. Sie besitzen nicht nur ein gesundes Maß an Selbstwertgefühl, sondern wissen auch andere zu schätzen und verfügen über gute soziale Fähigkeiten.

Ein theatralisches Leben führen

Viele großartige Schauspieler über alle Überlieferungen hinweg waren theatralische Persönlichkeiten. TänzerInnen,

OpernsängerInnen, Filmstars und SchauspielerInnen, sie alle fanden Wege, ihre theatralische Persönlichkeit in die Kunst einfließen zu lassen. Ihre Fähigkeit, emotional verletzlich zu sein, verleiht ihren Darstellungen oft den entscheidenden Funken an Authentizität. Und den theatralischen Persönlichkeitstypen ermöglicht eine Aufführung wiederum oft die Möglichkeit einer Katharsis.

Drama als darstellende Kunst

Erfahren Sie noch mehr von Leoras Geschichte. Schon als Kind liebte sie es zu singen: Mit ihrer Familie sang sie sehr viel, und als Kind erhielt sie Gesangsunterricht. Doch erst als sie am College mit dem klassischen Gesangsstudium begann, fühlte sie ihre Berufung zur Künstlerin. »Ich nahm eine Stunde, und sie wirkte total verändernd auf mich«, erzählte sie. »Der Lehrer vermittelte mir, wie ich meine Stimme so nutzen konnte, dass sie viel stärker war als alles, was ich bis dahin kannte. Es war total einschneidend, und ich wollte mehr davon.«

Leora hatte Popmusik und Musicalsongs gegenüber Oper oder klassischem Gesang immer bevorzugt. Jetzt verliebte sie sich in die Art, wie sie sich beim Singen von klassischen Liedern fühlte. Erst später verliebte sie sich in die Musik selbst. Trotz ihrer Wertschätzung für die Musik erwacht diese erst in vollem Maß zum Leben, wenn sie eine emotionale Verbindung spürt. »Die Fähigkeit, diese Gefühle wahrzunehmen, durch mich hindurchfließen zu lassen und sie an das Publikum weiterzugeben, ist grundlegend.« Sie kann sogar genau bestimmen, ob jemand eine emotionale Verbindung zur Musik hat oder nicht. Die Darstellung fühlt sich dann leicht falsch für sie an.

Leoras wichtigste Erfahrung mit dramatischen Auftritten war kurz nach ihrem letzten Jahr im College. Sie war mittendrin, alles für einen Auftritt zu organisieren und sich vorzubereiten, als sie eine furchtbare Nachricht erhielt: Ein Freund war gerade bei einem Autounfall gestorben. Leora entschied sich, den Auftritt der Erinnerung an ihren Freund zu widmen. Und so beschrieb sie, was geschah, als sie auf die Bühne kam und das Abendprogramm vorstellte:

»Als ich anfing, über meinen Freund zu sprechen, und ihm die Widmung darbrachte, fing ich an zu weinen. Das war mir schrecklich peinlich.« Zum Glück hatte Leora ein paar Minuten, um sich zu sammeln, während die erste Sängerin ihr Stück vortrug. Dann war Leora an der Reihe. Sie begann zu singen und lieferte die Vorstellung ihres Lebens.

»Es gibt eine bestimmte Offenheit und Verletzlichkeit, die beim Singen absolut notwendig sind«, sagte sie. »Und zwar nicht nur emotional, sondern auch physisch. Versucht man etwas zurückzuhalten, fließt die Stimme nicht. Man kann gut singen, aber der magische Funke springt nicht über. Hat man jedoch komplett losgelassen, dann ist es leicht zu singen, sogar die schwierigsten Sachen. Es kostet zwar immer noch jede Menge Energie und viel Konzentration, aber die Stimme fließt leicht, und das fühlt sich gut an.«

Leoras Fähigkeit, ihre verletzliche Seite anzunehmen, ließ sie an diesem Abend ein völlig neues künstlerisches Niveau erreichen. Ihre Aufführung hatte die transformative Qualität, die großartigen klassischen Gesang auszeichnet. Und noch mehr zählt wohl, dass es Leora half, ihre Trauer über den Tod ihres Freundes zu verarbeiten. »Die Trauer war zu groß für jede andere Form von Ausdruck«, sagt sie. »Alles andere brach einfach zusammen, aber ich konnte immer zum Üben zurückkehren und dort weitermachen.«

Wenn Sie eine dramatische Persönlichkeit sind und Erfahrungen mit Auftritten haben, mag Ihnen die transformative Kraft einer Aufführung bekannt sein. Leora nutzte die Musik, um einen Teil ihrer Trauer aufzufangen und zu verarbeiten, und ich nehme an, dass sie auch in anderen Aspekten ihres Lebens gesünder war. Indem sie diese starken Gefühle in eine gesunde Beschäftigung lenken, sind viele dramatisch veranlagten Menschen in der Lage, ihr persönliches Leben mehr in der Balance und unter Kontrolle zu halten.

Beziehungen und Emotionalität

Weil theatralische Menschen mit ihren Emotionen so eng in Kontakt stehen, fühlen sie sich oft zu Menschen hingezogen, die eine ähnliche emotionale Tiefe aufweisen.

Das trifft mit Sicherheit auf Leora zu. Viele Jahre lang glaubte sie, dass sich Gleich und Gleich anziehen. Sie suchte aktiv nach Beziehungen mit Menschen, die genauso emotional wie sie waren. »Ich fühlte mich immer von künstlerischen Typen angezogen, die gern über intensive und wichtige Dinge sprachen«, erzählt sie.

Innerhalb von sechs Monaten hatte Leora drei unglaublich emotionale Beziehungen zu Männern, die genauso theatralisch wie sie waren. Der Erste war zutiefst depressiv, total verliebt und ihr völlig verfallen. Nach dem dritten Treffen begann er, einen Zweijahresplan für ihre Beziehung auszuarbeiten. Das war das Ende. Der Zweite war ebenfalls sehr heftig. Er und Leora führten stundenlange tränenreiche Gespräche. Doch hatte er Schwierigkeiten, Entscheidungen zu treffen. Auch diese Beziehung fand ihr Ende. Für den dritten Mann war Leora die große Liebe auf den ersten Blick, nur Leora empfand für ihn nie so viel wie er für sie.

Am Ende dieser sechs Monate kam Leora zu dem Schluss, dass es »sehr leicht ist, Intensität mit Intimität zu verwechseln. An der Oberfläche fühlen sie sich ähnlich an.« Letztendlich nahm Leora alle drei Männer als prätentiös und unaufrichtig wahr. Sie waren nicht willens, wie Leora es ausdrückte, »die nachhaltige und stille Arbeit in Angriff zu nehmen, um sich selbst kennenzulernen und in einer Beziehung zu leben«.

Hätte ich Leora zu dieser Zeit schon gekannt, hätte ich sie gedrängt, dem alten Sprichwort, dass sich »Gegensätze anziehen«, zu folgen. Nicht immer ist für mehr als eine theatralische Persönlichkeit Platz im Zimmer. Deshalb geht es solchen Persönlichkeiten oft am besten, wenn sie mit jemandem zusammen sind, der/die die Beziehung geerdet hält.

Leora gelangte zu der gleichen Schlussfolgerung. Kurz nachdem sie mit dem dritten theatralischen Mann Schluss gemacht hatte, traf sie jemanden, den sie als gegensätzliche Persönlichkeit wahrnahm. »Er war ein Wissenschaftler, sehr handfest und rational. Er wollte seine Gefühle überwinden. Er hatte den Eindruck, dass Gefühle ihm nur im Weg stünden«, erzählte sie. »Und doch hatte er im Kern eine Echtheit, die ich bei den anderen Männern nicht gefunden habe.«

Das ist eine Liebesgeschichte, und sie hat auch ein glückliches Ende, aber bis dahin dauerte es eine Weile. Nach sechs Monaten Beziehung kam das Paar in eine holprige Phase. Leoras Freund betrog sie, und sie machte mit ihm Schluss. Doch interessanterweise hatte Leora den Mann nicht komplett verbannt, obwohl sie Schluss gemacht hatte. Stattdessen blieben die beiden im Gespräch. »Ich zwang ihn, mit mir darüber zu reden«, erzählte sie. »Ich war wütender als je zuvor, und ich zeigte ihm diesen Ärger. Aber ich versuchte nicht, irgendetwas Bestimmtes damit zu erreichen. Das war eine ziemlich radikale Erfahrung für ihn. Er erkannte, dass seine Handlungen diesen Ärger erzeugt hatten, und doch waren wir immer noch im Gespräch.«

Während der nächsten drei Monate fingen die beiden langsam wieder an, einander zu vertrauen. »Er hatte nie wirklich verstanden, welch schwerwiegende Auswirkungen seine Handlungen für mich hatten«, erklärte Leora. Sie erfuhr, dass er auch in seinen früheren Beziehungen fremdgegangen war. Wenn seine Partnerinnen dies herausfanden und ihn damit konfrontierten, machte er einfach Schluss. Leora weigerte sich, ihm dies zu gestatten. »Ich zwang ihn, den Prozess der Trauer mit mir zu durchlaufen, damit er den Treuebruch und den damit verbundenen Ärger, die Unsicherheit, die Angst und die Verletzlichkeit versteht.« Sie zeigte ihre gesamte Emotionalität – ihren Tiger – und brachte sie in der Beziehung zum Einsatz. »Ich ließ ihn nicht einfach verschwinden, mich selbst schlecht fühlen und dann darüber hinwegkommen«, erzählte sie.

Nicht viele Menschen möchten so viel Arbeit in eine Beziehung stecken – insbesondere nicht am Anfang. Aber klinische Studien zeigen, dass es Paaren, die von Beginn an um die Beziehung ringen und auch im Fortlauf im direkten emotionalen Ausdruck miteinander verbunden bleiben, deutlich besser geht als jenen, die das Spiel der Schuldzuweisungen spielen.[39]

Leora und ihr Freund blieben bei diesem Prozess am Ball, und ihre gemeinsame Arbeit an ihren Gefühlen ging noch weiter. »Es lag außerhalb seines Vorstellungsvermögens, dass seine Handlungen einen solchen emotionalen Effekt auf eine andere Person haben könnten«, erzählte Leora. »Die Art, wie wir das zunächst durchgearbeitet haben, und die Art, wie wir weiterhin damit umgehen, ist ein Prozess, um die Unterschiede zu verstehen, wie wir die Welt sehen und mit ihr interagieren.«

Es ist eine Herausforderung, aber Leora blüht dabei auf. »Wenn jemand mir ähnlich scheint, bin ich nicht sonderlich neugierig, wie er wirklich ist. Ich gehe einfach davon aus, dass es eine gemeinsame Basis gibt. Aber mit jemanden zusammen zu sein, der so grundlegend anders ist, bedeutet, dass ich nichts in Bezug auf ihn vermuten kann. Das lässt jede Menge Freiraum, um ihn als Person kennenzulernen.«

Das vielleicht Beste an ihrer Beziehung ist, dass Leora das Gefühl hat, ihr Freund akzeptierte ihre dramatische Persönlichkeit. »Er sieht meine Intensität und Emotionalität nicht als eine Herausforderung an, mit der er es aufnehmen muss. Er sieht es eher als Bereicherung unserer Beziehung.« Meiner Meinung nach ist Leora sogar in der Lage, die Gefühle ihres Freundes in einer Weise auszudrücken, zu der er nie in der Lage wäre, was ihrer Beziehung hilft und sie noch stärker macht.

Lassen Sie mich noch anmerken, dass dramatische Beziehungen sich oft von anderen unterscheiden. Viele von Leoras

Freunden waren besorgt über die Art, wie sie mit dem Treuebruch ihres Freundes umging. Tatsächlich glauben viele Menschen, dass gesunde Beziehungen emotional stabil seien. Das läuft jedoch dem Wesen einer theatralischen Persönlichkeit zutiefst entgegen!

Stattdessen zeigt die Forschung, dass Paare, die emotionale Herausforderungen durchstehen und offen zueinander sind, besser als die dastehen, die niemals kämpfen. Das erinnert mich daran, wie William, der Anwalt, seine 28 Jahre währende Beziehung beschreibt: »Es ist wohl die herausforderndste Beziehung, die ich je bei jemandem beobachtet habe«, sagte er. »Wir liegen uns ständig in den Haaren. Es ist eine Herausforderung. Aber ich habe um mich herum unzählige Menschen gesehen, die sich scheiden lassen, Schluss machen, was auch immer, nur wir nicht. Und ich dachte immer, die anderen führen bessere Beziehungen als wir. Doch ich denke, eines der Dinge, die wir haben, ist Kommunikation. Wir hören einander zu und sagen uns unsere Meinung. Und ich denke, das ist im Grunde der Schlüssel für eine erfolgreiche Beziehung.«

Am Ende kann die Fähigkeit zur emotionalen Intensität und Offenheit eine unheimliche Ehrlichkeit und Tiefe in menschliche Beziehungen bringen. Es erlaubt uns, die Tiefe unserer Erfahrungen auszuloten und dieses Wissen mit anderen zu teilen.

Emotionalität am Werk

Ich habe darüber gesprochen, wie emotionale Menschen zu großartigen Darstellern werden. Aber falls Sie eine theatralische Persönlichkeit sind, bedeutet das nicht, dass Sie nun alles stehen und liegen lassen und ein Flugzeug nach L.A. besteigen sollten. Es gibt viele Karrieren, die von einer dramatischen Persönlichkeit profitieren können.

William, der seine Fähigkeiten zum Erzählen von Geschichten einsetzt und das Rampenlicht genießt, um Fälle bei Gericht zu gewinnen, hat noch eine zweite Karriere, die ebenfalls von seiner dramatischen Ader profitiert. Vor einigen Jahren gründete er eine kleine Firma, die Paaren half, die nicht in der Lage waren, Kinder zu bekommen. Heute gehört diese Firma mit inzwischen 30 Angestellten zu einer den fünf größten in Amerika.

William ist offensichtlich ein gerissener Geschäftsmann, und ich werde im Kapitel zur Ichbezogenheit noch weiter auf seine Geschichte eingehen. Doch es ist interessant, wie viel Emotionalität William in seine Arbeit einbringt. Er arbeitet mit Menschen, die sich äußerst verletzlich fühlen, und seine Gespräche mit ihnen sind oft sehr intim. Also ist es ein wichtiger Teil seiner Arbeit, dass er das Vertrauen der Menschen gewinnt, und zwar indem er seine eigene Geschichte erzählt und über die Schwierigkeiten und Herausforderungen spricht, denen er und seine Partnerin gegenüberstanden, als sie sich entschieden, eine Familie zu gründen.

Die Fähigkeit, das Vertrauen von Menschen zu gewinnen, kann für dramatische Persönlichkeiten extrem nützlich sein. Vertrauen zieht Vertrauen nach sich, und die natürliche Fähigkeit dramatischer Menschen, Geschichten von sich selbst zu erzählen und offen ihre Gefühle zu zeigen, hilft anderen Menschen, sich in ihrer Gesellschaft wohlzufühlen. Das ist definitiv auch ein Charakterzug, den ich in meiner Arbeit als

Psychiater nutze. Nichts hilft einem Patienten oder einem Fernsehpublikum mehr, sich wohlzufühlen, als eine persönliche Geschichte, dank deren man die Situation genau nachvollziehen kann.

Dieses Persönlichkeitsmerkmal ist in jedem Geschäft nützlich. Obwohl einige Wirtschaftstheoretiker argumentieren mögen, dass wir besser alle zu Automaten werden sollen, so sind wir doch Menschen – und alle, die diese Menschlichkeit ansprechen können, sind erfolgreicher bei ihrer Arbeit. Einige Forschungsergebnisse zeigen sogar, dass histrionische und »bunte« Persönlichkeiten positiv mit echten, transformierenden Führungsqualitäten in Verbindung gebracht werden. Für viele Menschen ist das eine Überraschung. Denn die herkömmliche Annahme ist, dass Narzissten die geborenen Führungspersönlichkeiten seien. Doch Narzissten neigen dazu, ihre Führungsqualitäten in Bezug auf das, was sie anderen darüber berichten, überzubewerten. Schließlich liegt das in ihrem Wesen. Das schafft ein methodisches Problem für die Wissenschaftler und beeinflusst vermutlich unsere Vorstellung von Narzissten bezüglich ihrer Effektivität bei der Arbeit. Mit anderen Worten, sie erzählen uns, wie großartig sie sind, und wir – das allgemeine Publikum sowie die Wissenschaftler, die sie untersuchen – neigen dazu, ihnen zu glauben.

Nun haben zwei aktuelle Studien eine erhöhte Zahl an histrionischen Persönlichkeiten unter den CEOs und Seniormanagern im Vergleich zur allgemeinen Bevölkerung festgestellt.[40] Warum das? Vermutlich liegt es an diesen Qualitäten: ihrem Bedürfnis, im Mittelpunkt der Aufmerksamkeit zu stehen, ihrem Liebreiz, ihrem Charme und ihrer Begabung, Beziehungen aufzubauen. Im Grunde lieben es die Menschen, in Gesellschaft dieser unterhaltsamen, sozialen und emotional ausdrucksstarken Menschen zu sein. Wir vertrauen ihnen – und Vertrauen zu gewinnen, ist die Grundlage für erfolgreiches Führen. Angestellte, die ihren Job lieben und ihrem Arbeitgeber vertrauen, sind engagierter, arbeiten besser und sind kreativer.

Die Wissenschaft zeigt uns also, das dramatische Persönlichkeiten oft die besten Führer hin zu innovativen Gefilden und professionellem Erfolg sind.

Andere Berufe, in denen dramatische Personen glänzen können, sind im Verkauf, im Marketing, in der Pressearbeit oder jeglichen Unternehmungen, bei denen sie im öffentlichen Interesse stehen. William erzählte, dass er als Teenager einen Persönlichkeitstest machte, nach dem ihm empfohlen wurde, Lehrer zu werden. Lehrer, die ihre Schüler richtig motivieren können und dabei authentisch sind, begeistern am meisten. Und da dramatische Typen bei Aufführungen aufblühen und oft ihre besten Leistungen zeigen, wenn sie im Rampenlicht stehen, sind sie am besten in Jobs, in denen sie dieses Talent zum Einsatz bringen können. Ihre gewinnende Art hilft uns, das Leben nicht nur in abgedunkelten Tönen, sondern in voller Farbpracht zu sehen.

Zusammenfassung: Sind Sie eine theatralische Persönlichkeit?

Fast jeder liebt eine theatralische Persönlichkeit. Wenn Sie hoch oben auf der histrionischen Skala angesiedelt sind, sind

Sie das Herzstück jeder Party. Sie sind ein begabter Schauspieler, selbstbewusst und in der Öffentlichkeit sehr charismatisch. Sie sind anderen gegenüber emphatisch und zu den Menschen, die sie lieben, emotional offen.

Das sind alles positive Persönlichkeitsmerkmale. Histrionische Persönlichkeiten waren jahrhundertelang die Unterhalter der Gesellschaft und die Bewahrer von Wissen. Ob Sie nun eine unglückliche Freundin aufheitern oder ein zahlendes Publikum unterhalten, Sie können Ihre theatralische Persönlichkeit heute noch zum Einsatz bringen. Und als histrionische Persönlichkeit haben Sie das Glück, eines der in der heutigen Gesellschaft am meisten geschätzten Persönlichkeitsmerkmale zu besitzen. Wie unsere Vernarrtheit ins Fernsehen andeutet, lieben wir in den westlichen Gesellschaften histrionische Persönlichkeiten. Also ermutige ich Sie, Ihre innere theatralische Seite genauso anzunehmen.

KAPITEL 7

ICHBEZOGEN – NARZISSTISCH

Menschen, die wir als »Narzissten« einschätzen, stufen wir schnell als übermäßig selbstbezogen und mit einem gigantischen Ego ausgestattet ein. Und klar, es ist lustig, sich über das Zeitalter der permanenten Selbstdarstellung in sozialen Netzwerken lustig zu machen. Doch werde ich später noch mal auf ein paar ernsthafte Konsequenzen dieses Trends zu sprechen kommen. Tatsache ist aber auch, dass diese ins Narzisstische tendierenden Persönlichkeiten – die wir »ichbezogene Persönlichkeiten« nennen – eine Fülle an positiven Charaktereigenschaften mitbringen. Diese Menschen sind zielorientiert und ehrgeizig. Sie sind charismatische Führer und spornen andere zu Großem an. Sie sind Politiker, Schauspieler, Schriftsteller oder Firmenchefs.

Jason ist ein siebzehnjähriger Vertreter der digitalen Generation. Er verfügt über einen Facebook-Account und einen Twitter-Feed. Fans und Bekannte können seine Fotos durchstöbern (1.333 auf Facebook), seine Freunde auschecken (4.270 Freunde) und durch seine stündlichen Updates in seinen Tweets tagtäglich auf dem Laufenden bleiben. Er wurde gerade an einer prestigeträchtigen Universität an der Ostküste angenommen, wo er wie schon sein Vater und Großvater Jura studieren wird. Obwohl er noch Teenager ist, zeigt Jason bereits die Charakterzüge seines Vaters, William, den wir im vorangegangenen Kapitel kennengelernt haben.

»Ich erkenne bereits jetzt Qualitäten in ihm, die ihn zu einem ausgezeichneten Anwalt machen würden«, sagte William. »Er ist schlau, umsichtig, arrogant, von sich eingenommen, provokant. Er liebt es, etwas zu beweisen, und erzeugt Reibung, wo gar keine existieren müsste. Ich teile viele dieser Qualitäten.« Die meisten dieser Charakterzüge sind typisch für ichbezogene Individuen.

Die Herausforderung für ichbezogene Persönlichkeiten besteht darin, dieses grandiose Selbstwertgefühl im Zaum zu halten und mit der Fähigkeit in Einklang zu bringen, mit den Menschen aus dem eigenen Umfeld positiv umzugehen. Sie müssen ihren Selbstbezug und ihre Tendenz zum Innenblick mit Empathie und der Sorge um andere austarieren. Wenn sie dieses Gleichgewicht nicht erreichen, dann akzeptieren die Menschen aus ihrem Umfeld ihr Verhalten oft nicht lange. Das musste auch Dietrich, ein Kollege von mir und ichbezogener Unternehmer, am eigenen Leib erfahren. Selbst nahe Familienmitglieder fanden es schwierig, mit ihm klarzukommen, und beschuldigten ihn des Öfteren eines narzisstischen Verhaltens.

Doch Dietrichs Persönlichkeit blieb noch in den Parametern des »gesunden Narzissmus«. Vielleicht hat er ja seine Familie ein bisschen in die Verzweiflung getrieben, aber er hat nie die Extreme des narzisstischen Kontinuums erreicht, wo der pathologische Narzissmus angesiedelt ist. Wird das Verhalten pathologisch, dann diagnostiziert man diese Eigenschaft als narzisstische Persönlichkeitsstörung (NPS), eine Störung, die sich durch überdimensionierte Ichwahrnehmung und Geringschätzung gegenüber anderen auszeichnet.

Aber für die meisten von uns ist eine Prise Narzissmus eher hilfreich.

Das Kontinuum-Modell: ichbezogen

NARZISSISTISCHES KONTINUUM				
UNSICHER		VISIONÄR		NARZISSTISCH
0	3	5	7	10+
nicht vorhanden		dominant		superdominant

Meiner Meinung nach ist gesunder Narzissmus der gesunde Glaube an sich selbst, daran, was man ist und was man erreichen kann.

Befindet man sich auf dem Kontinuum am unteren Ende, dann ist man vermutlich ziemlich unsicher. Menschen, die eine Null, eine Eins oder Zwei sind, machen ihr Selbstwertgefühl von anderen abhängig. Erleben sie einen Konflikt oder ein Scheitern, fällt es ihnen schwer, sich davon zu erholen. Wenn sie in ihrem Beruf die Initiative ergreifen und dabei scheitern, dann preschen sie nicht so schnell wieder freiwillig vor. Unsichere Menschen können sich nach einem Scheitern sogar den Rest ihrer beruflichen Laufbahn in der sicheren Ecke ihres Arbeitsplatzes verschanzen, ohne noch einmal einen Versuch zu wagen. Diese Menschen verstehen nicht, was jeder Narzisst weiß: Scheitern ist nicht tödlich und Erfolg nicht dauerhaft.

Die meisten von uns erleben von Zeit zu Zeit Rückschläge und fühlen Selbstzweifel, und obwohl uns das manchmal zurückwirft und wir den Ball dann eine Weile flach halten, erholen wir uns doch in einem angemessenen Zeitrahmen. Wir sagen uns: »Na ja, das Projekt ist nicht so gut gelaufen. Ich schätze, das nächste Mal muss ich eine andere Strategie wählen!« Aber diejenigen am unteren Spektrum des Kontinuums neigen dazu, über jede Form des Scheiterns, selbst die relativ geringfügigen, als Riesenkatastrophe nachzugrübeln. Sie machen sich selbst klein. »Das Projekt ist meinetwegen baden gegangen. Weil ich schlecht bin«, denken sie. »Ich bin ein furchtbarer Mensch. Ich war noch nie auch nur in irgendwas gut. Ich sollte einfach aufgeben, weil ich wertlos bin. Ich verdiene keinen Erfolg.« Für diese Menschen nährt jedes Scheitern den Kreislauf des Selbsthasses.

Kenny ist ein gutes Beispiel für diese Art Persönlichkeit. Als er mich über meine Webseite kontaktierte, beschrieb er sich selbst so: »Ich neige dazu, mich in nahezu allem selbst zu unterschätzen. Wenn ich zum Beispiel Sport treibe, denke ich, wie kann ich das überhaupt tun? Sitze ich in einer Vorlesung, spekuliere ich darüber, wie ich überhaupt auf die Idee kommen konnte, dass ich irgendetwas davon verstehe. Ich brauche dringend Hilfe!«

Kenny kämpft eindeutig mit extremer Unsicherheit und ist wahrscheinlich eine Null oder Eins auf dem Kontinuum des Ichbezugs. Ich riet ihm herauszufinden, in welchen Dingen er gut ist, und dann auf diesen kleinen positiven Elementen aufzubauen. Kleine Erfolge addieren sich schnell und helfen beim

Aufbau von Selbstvertrauen. Erfolg nährt das Selbstvertrauen, während Scheitern den Zweifel nährt.

Ich muss wahrscheinlich nicht ausdrücklich erwähnen, dass diese Art von Selbstzweifel für narzisstische Menschen überhaupt kein Thema ist. Diese Menschen – diejenigen, die eine Sechs oder Sieben auf der Skala erreichen – besitzen die unglaubliche Gabe, ihr Selbstvertrauen auch im Angesicht eines Scheiterns aufrechtzuerhalten. Scheitert eine ichbezogene Person bei einem Projekt, dann wischt sie das einfach beiseite und geht, ohne groß darüber nachzudenken, zum nächsten Projekt über. Manchmal erscheint ihre Resilienz naiv und fast schon ein bisschen verrückt. »Hat er denn nicht begriffen, dass der Plan niemals funktionieren wird?« Aber ichbezogene Menschen glauben uneingeschränkt an ihren Erfolg. Und natürlich ist Beharrlichkeit oft ein wesentlicher Schlüssel für Erfolg.

Durch ihren ausgeprägten Sinn für das eigene Ich durchleben ichbezogene Menschen selten Identitätskrisen oder existenzielle Zweifel. Ichbezogene Menschen nehmen sich als gut, wertvoll und stark wahr, auch wenn andere Menschen ausreichend Indizien für eine gegenteilige Einschätzung finden könnten. Sie glauben fest daran, dass sie Erfolg verdienen.

Tatsächlich übertreiben Menschen, die im Kontinuum höher angesiedelt sind, bei ihrer Selbsteinschätzung. Die mit einer Acht oder darüber glauben nicht nur, dass sie anständige Menschen mit einem Anspruch auf ein gutes Leben sind. Sie schätzen sich selbst wirklich als großartig und enorm talentiert ein und gehen davon aus, dass sie Ruhm und Glück verdienen. Um sich diesen Selbstbezug vor Augen zu führen, muss man nicht weiter als bis zu Charlie Sheen schauen, der sich selbst als jemand mit dickem Tigerblut und Adonis-DNA beschreibt. »Ich bin es leid, so zu tun, als sei ich nicht außergewöhnlich. Ich bin es leid, so zu tun, als ob ich verdammt noch mal, kein total abgefahrener Rockstar vom Mars wäre.«[41] Wo eine hohe Rate an Scheitern und geringe soziale Unterstützung das Umfeld bestimmen, kann diese Art von Selbstvertrauen für den Erfolg entscheidend sein. Daher liegen so viele berühmte Schauspieler, Politiker oder Firmenchefs so weit oben im Ichbezogenheits-Kontinuum. Ohne die hohe Selbsteinschätzung würden sie nicht den notwendigen Mut aufbringen, sich in dem intensiven Wettbewerb durchzusetzen und diese extrem herausfordernden Rollen und Positionen anzustreben. Doch diese Selbsteinschätzung hat auch ihre Nachteile. Sie macht einen Unternehmer oder Politiker für andere unnahbar. Denn das Gefühl des Anspruchs auf Dinge führt dazu, dass sie sich Freiheiten herausnehmen, die viele als nicht angemessen ansehen. Und da sie so ein überhöhtes Selbstbild haben, so einen enormen Respekt vor sich selbst, zeigen sie sich im Gegenzug denjenigen gegenüber, die sie als schwach oder unsicher einschätzen, häufig komplett respektlos. Hilfskräfte, Berater, Angestellte, Lebenspartner und Kinder: aufgepasst!

Am Zehner-Ende des Kontinuums liegt das, was als pathologischer Narzissmus oder narzisstische Persönlichkeitsstörung bezeichnet wird. Während wir davon ausgehen können, dass die meisten Politiker und Firmenchefs sich als Diener des Staates/der Allgemeinheit oder ihres Unternehmens ansehen, wenigstens in einem gewissen Maße, denken echte Narzissten nur an sich selbst und sorgen sich, wenn überhaupt, nur wenig um andere. Ihnen ist egal, ob sie anderen Schmerz oder Leid zufügen, und selbst wenn sie es erkennen, erachten sie es als nicht relevant. Diese Menschen lügen, betrügen, stehlen, fallen anderen in den Rücken – und sie tun dies ohne den geringsten Sinn für Verantwortung. Denn das fällt in die Kategorie, alles zu bekommen, was man will, und dabei gleichzeitig fest überzeugt davon zu sein, dass man dies gnadenlos verdient hat. Für diese Menschen geht es allein darum, ihren persönlichen Besitz, Ruhm, Erfolg zu mehren und ihre Wünsche auf Kosten aller anderen zu erreichen.

Dennoch gehören diese Leute noch zu den funktionierenden Mitgliedern unserer Gesellschaft, selbst wenn sie ihr Umfeld emotional in Schutt und Asche legen können. Am am weitesten entfernt liegenden Ende des Kontinuums – stellen Sie sich eine Zehn-Plus-Plus-Plus vor – findet man die narzisstische Persönlichkeit, die mit einem kriminellen Gehirn kombiniert ist. Das sind die Soziopathen unserer Gesellschaft, und sie bringen für diejenigen, die sie kennen, und die Gemeinschaften, in denen sie leben, Verheerung mit sich.

Das ist ein ganz schön hartgesottener Haufen am Ende des Narzissmus-Kontinuums.

Die Neudefinition der narzissistischen Persönlichkeitsstörung

Wenn wir heute jemanden einen Narzissten nennen, dann tun wir dies wertend und sprechen gewöhnlich mit einem negativen Einschlag darüber. Als Dietrichs Familie ihn beschuldigte, narzisstisch zu sein, meinten sie damit nicht, dass er wunderbar selbstbewusst, ehrgeizig und charismatisch sei. Nein, sie meinten, er sei selbstverliebt und ihm fehle jeglicher Bezug zur Gefühlswelt seiner Freunde und Familie.

Die herabwürdigende, abschätzende Definition von Narzissmus reicht ein paar Jahrtausende zurück. Nach der griechischen Mythologie war Narziss ein außergewöhnlich schöner junger Mann. Jungfrauen und Nymphen verliebten sich ständig in ihn, doch er wies alle Avancen zurück. Eine der heftig in ihn verliebten Nymphen stürzte der Korb, den er ihr gab, schließlich in unendliche Verzweiflung. Daraufhin flehte sie die Götter an, ihn doch für seine Selbstsucht zu bestrafen. Eine Göttin erhörte das Gebet der Nymphe, hatte Mitleid mit ihr und belegte den jungen Mann mit einem Fluch. Da Narziss die Liebe ablehnte, die ihn umgab, wurde er dazu verdammt, sich in sich selbst zu verlieben. Eines Tages erhaschte Narziss im Wasser einer Quelle einen Blick auf sein Spiegelbild. Und es geschah genau das, was die Göttin bestimmt hatte. Er verfiel vollständig seinem eigenen guten Aussehen und blickte sich selbst so lange an, bis er dahinsiechte und starb. Und selbst als sein Geist nach seinem Ableben den Fluss zum Hades querte, konnte er seinen Blick nicht von seinem Abbild wenden.

Unser aktuelles Verständnis von pathologischem Narzissmus (narzisstischer Persönlichkeitsstörung) hat sich aus diesem antiken Beispiel entwickelt. Im DSM-4 ist die narzisstische Persönlichkeitsstörung als »ein tief greifendes Muster von Großartigkeit (in der Fantasie oder im Verhalten), dem Bedürfnis nach Bewunderung und einem Fehlen von Empathie« definiert. Um mit einer narzisstischen Persönlichkeitsstörung diagnostiziert zu werden, muss ein Individuum bestimmte symptomatische Züge aufweisen, dazu gehören »ein überzogener Sinn von der eigenen Bedeutung«, eine Beschäftigung mit »Fantasien von unbegrenztem Erfolg« (beide Begriffe stammen aus dem DSM), der Glaube, dass sie besonders oder einzigartig sind, die Tendenz, andere auszubeuten, sowie das Bedürfnis nach exzessiver Bewunderung.

Drei wichtige Dinge gilt es über eine narzisstische Persönlichkeitsstörung zu wissen. Zuallererst: Pathologischen Narzissten fehlt jeglicher Bezug zur Realität. Wir erwarten, dass Menschen Respekt und Anerkennung für ihre Errungenschaften entgegengebracht werden – nachdem sie etwas geleistet haben. Wir erkennen an, wenn ein Politiker eine schwierige Wahl gewonnen hat, zeichnen einen brillanten Wissenschaftler mit einer Nobelpreisnominierung aus und drücken unsere Wertschätzung eines begabten Schriftstellers durch ausgezeichnete Besprechungen und gute Absatzzahlen aus. Pathologische Narzissten wollen und erwarten hingegen, allein für ihre Großartigkeit anerkannt zu werden – und zwar bevor sie auch nur irgendetwas geleistet haben.

Ein zweiter wichtiger Punkt in Bezug auf Narzissmus ist, dass er in der pathologischen Form ein tiefes Gefühl der Unzulänglichkeit überdeckt. Wir nennen das »Überkompensieren«. Menschen, die sich eigentlich schlecht fühlen, bauen häufig eine riesige Trutzburg an Größenwahn in ihrem Kopf auf und versuchen, auch andere davon zu überzeugen. Mobbing gehört im Kleinen zu diesen Verhaltensmustern. Kinder mobben andere oft, da sie selbst nicht sonderlich selbstbewusst sind. Ähnlich setzen Erwachsene auf oberflächliche Zeichen von Stärke und Erfolg. Sie erwerben vielleicht Anwesen oder Flugzeuge, machen sich wichtig, ergreifen jegliche Möglichkeit zur Selbstvermarktung, um für sich zu werben, und tun insgesamt alles, um sich nach vorne zu pushen und andere kleinzumachen.

Der letzte wichtige Punkt, den ich einbringen möchte, dreht sich um die missbrauchende Tendenz von Menschen mit einer narzisstischen Persönlichkeitsstörung. Da ihre Zielstrebigkeit und ihr Selbstvertrauen einschüchternd oder gar abschreckend wirken, können ichbezogene Personen entlang des gesamten Kontinuums schwierig im Umgang sein. Ein gutes Beispiel dafür ist William. Als Anwalt und Firmenchef eines erfolgreichen Unternehmens in einer wettbewerbsstarken Branche hat William extrem hohe Erwartungen an seine Angestellten. Er treibt Menschen hart an, und für die etwas Sensibleren unter ihnen kann seine vorwärtspeitschende Art manchmal frustrierend sein – besonders da William von anderen erwartet, dass sie Verhalten und Fähigkeiten an den Tag legen (Organisationstalent zum Beispiel), die er selbst nicht aufbringt.

Doch William ist kein pathologischer Narzisst. Seine hohen Erwartungen, wenn auch oftmals frustrierend, inspirieren seine Angestellten eher, statt sie einzuschüchtern oder ihre Begeisterung zu mindern.

Menschen mit einer narzisstischen Persönlichkeitsstörung neigen andererseits dazu, andere zu misshandeln oder zu manipulieren und dabei ganz mit sich beschäftigt zu sein. Zwei erstaunliche Beispiele dieses Verhaltensmusters sind kürzlich mit Rod Blagojevich, dem wegen Korruption verurteilten ehemaligen Gouverneur von Illinois, und dem Anlagebetrüger Bernard Madoff ans Licht der Öffentlichkeit gelangt. Beide Männer haben sich nicht an die Regeln gehalten, die unsere Gesellschaft bestimmen – so als ob sie außerhalb der sozialen

Normen stünden und die Regeln für sie nicht gelten würden. Blagojevich hat erwiesenermaßen telefonisch versucht, illegalen Aktivitäten nachzugehen, obwohl er wusste, dass er abgehört wurde – er hat sein Verhalten einfach schamlos öffentlich herausgehängt.

Madoffs Verhalten war dagegen noch viel, viel schlimmer. Sein Schneeball- beziehungsweise Ponzisystem führte zum Verlust von Milliarden Dollar, betraf Tausende Menschen weltweit und war besonders für gemeinnützige Stiftungen verheerend, die ihm ihre finanziellen Mittel anvertraut hatten. Sie wurden in ihrem Lebensnerv getroffen. Das Verhalten von Madoff schadete damit nicht nur reichen Menschen, die vermutlich eine Ahnung von den Risiken beim Investieren auf solch hohem Niveau hatten. Die Auswirkungen für viele seiner Kunden, die nicht unbedingt gewandte Investoren waren und die auf die Erträge von Madoffs Firma für ihre humanitäre Arbeit rund um den Globus angewiesen waren, waren beträchtlich.

Wirklich erstaunlich an Madoffs Verhalten war, dass er unausweichlich gefasst werden würde. Wie ein Journalist so schön schrieb: Systeme dieser Art gibt es schon ziemlich lange (sogar lange bevor Charles Ponzi auf den Plan trat, der ein solches berühmt-berüchtigtes System in den 1920er-Jahren durchzog), und fast alle enden mit ihrem Scheitern und dem Ruin. Irgendwann ist der Betrüger nicht länger in der Lage, genug Geld zu akquirieren, um die Erträge an frühere Investoren auszahlen zu können. Eines Tages kollabiert das ganze System, und der Betrug fliegt auf. Nur ein Mensch, der fest davon überzeugt ist, dass Regeln für ihn nicht gelten – dass er gegen alle interne Logik nicht gefasst wird –, würde überhaupt ein Schneeballsystem starten.[42]

Diese Art des Verhaltens ist typisch für pathologische Narzissten. Madoff trug seinen »Erfolg« stolz zur Schau und schuf sich mit dem gestohlenen Geld einen pompösen Lebensstil. Er besaß Flugzeuge, eine Jacht, ein Penthouse mitten in Manhattan und vieles mehr. Sein offenkundiger Reichtum befeuerte die Bewunderung anderer für ihn und ermutigte sie dazu, in sein Unternehmen immer noch etwas mehr zu investieren. Als schließlich alles zusammenbrach, zeigte Madoff keinerlei Mitgefühl für die Opfer seines Systems. Lange vor Einbruch der Katastrophe berichtete man, dass er sowohl im beruflichen als auch im privaten Bereich kalt und distanziert mit Menschen umgehe.[43]

Madoff ist sicher eines der ungeheuerlichsten Beispiele für diese Art von narzisstischem Verhalten, doch er steht damit ganz und gar nicht allein auf weiter Flur. Wir können regelrecht beobachten, wie unsere Gesellschaft eine ähnliche Art von Narzissmus häufig belohnt. Viele, deren Handeln 2008 die Finanzkrise und die anschließende Rezession auslösten, weisen ebenfalls narzisstische Charakterzüge auf. Während ich dies schreibe, erfreuen etliche davon sich noch ihres Reichtums, sind weiterhin angestellt oder konzentrieren sich weiterhin auf ihren persönlichen Gewinn – nachdem wir als Steuerzahler sie rausgehauen haben.

Pathologischer Narzissmus stellt eindeutig eine beunruhigende Störung dar, die, wie im Fall von Bernard Madoff, Konsequenzen mit sich zieht, die nicht nur die direkt Betroffenen angeht, sondern auch den Rest von uns. Daher ist es so wichtig, Narzissmus als ein Kontinuum- Persönlichkeitsmerkmal zu begreifen. Als Gesellschaft müssen wir den Zusammenhang zwischen gesundem Narzissmus (Selbstbewusstsein und Ehrgeiz) und pathologischem Narzissmus (überdimensionierte Egos und missbräuchliches Verhalten) erkennen. So können wir die positiven Verhaltensweisen feiern und belohnen, während wir gleichzeitig die destruktiven verdammen.

Ein evolutionärer Imperativ

Die moderne Psychiatrie definiert Narzissmus auf eine rigide Art und Weise als geistige Störung, die bestimmte Kriterien erfüllt. Aber Tatsache ist, dass der Narzissmus einer der grundlegenden Persönlichkeitstypen ist, der nicht nur bis in die Steinzeitdörfer zurückverfolgt werden kann, sondern zu unseren frühesten tierischen Instinkten zählt.

Wie sich herausstellt, können nicht nur Menschen Narzissten sein. Wissenschaftler haben herausgefunden, dass Alphamännchen in Primatengruppen alle diagnostischen Kriterien der narzisstischen Persönlichkeitsstörung erfüllen. Dies gilt vor allem für Schimpansen. Wenn sie den Alphamännchen-Status erreichen wollen, dann zeigen Schimpansen Neid auf ihre Anführer, gehen strategische Allianzen ein, um Macht zu gewinnen, und streben nach Erfolg, Macht und Kontrolle. Nachdem sie die Macht erlangt haben, fordern diese Tiere umfassende Bewunderung von ihren Untergebenen und den Weibchen ein, zeigen einen Sinn für eigene Ansprüche in Bezug auf das beste Futter und die besten Ruheplätze, verhalten sich arrogant gegenüber niederrangigen Gruppenmitgliedern, nutzen Untergebene aus und schikanieren sie.[44]

Wir würden diese Charaktereigenschaften bei Männern in unserer heutigen Gesellschaft höchstwahrscheinlich als negativ einstufen. Doch wie es einer der Forscher betont: »Im evolutionären Sinn sind Alphamännchen erfolgreiche Individuen.«[45] Er argumentiert, dass Alphamännchen in Primatengemeinschaften in diesem Zusammenhang nichts anderes als einen »gesunden Narzissmus« an den Tag legen.

Diesen gesunden Narzissmus sehen wir auch im Steinzeitdorf in voller Blüte. In prähistorischen Zeiten war der gesunde Narzisst oder das ichbezogene Individuum das Alphamännchen des Stammes. (Wissenschaftler weisen darauf hin, dass bei einer bestimmten Schimpansenart, den Bonobos, die Weibchen dominant sind, aber die Rolle ist essenziell identisch.) Er oder, weniger üblich, sie wäre der Anführer des Stammes in Zeiten der Krisen oder Kriege. Er wäre selbstbewusst in seinen Entscheidungen, überzeugend und sogar inspirierend in seinem Führungsstil, würde sorgfältig die Beziehungen unter den mächtigen Mitgliedern der Gruppe managen und wäre mutig in Kriegszeiten. Darüber hinaus würde der Anführer eines Steinzeitdorfes vielleicht andere nicht missbrauchen, sondern wie in Schimpansengruppen einem »guten und weisen« Alphamännchen entsprechen. Er wäre ein bisschen niedriger auf dem Ichbezogenheits-Kontinuum angesiedelt und vielleicht emphatisch und umsichtig in seiner Führerrolle – der »wohlwollende Dikator« eines Steinzeitdorfes.

In prähistorischen Zeiten waren ichbezogene Individuen für das Überleben des Stammes notwendig. Sigmund Freud, der Vater der modernen Psychiatrie, muss den evolutionären Imperativ des Narzissmus erkannt haben. Er hat drei Hauptpersönlichkeitstypen identifiziert. Den ersten Typ hat er als erotischen Typ festgelegt. Leute mit erotischen Persönlichkeiten neigen dazu, emotional und liebevoll zu sein. (Hier wird der Begriff »erotisch« anders verwendet, als wir ihn heute aus »erotischer Literatur« kennen, und er hat nur wenig mit Sex zu tun.) Dramatische und abenteuerlustige Persönlichkeiten fallen wahrscheinlich in diese Kategorie.

Freuds zweiter Persönlichkeitstyp war der Zwangstypus. Zwanghafte Persönlichkeiten sind selbstbestimmt, strukturiert und effizient. Perfektionisten und ängstliche Persönlichkeiten fallen in diese Kategorie.

Freuds dritte Kategorie umfasst die narzisstische Persönlichkeit. Es ist wichtig, sich vor Augen zu führen, dass Freud diese Einstufung vorgenommen hat, ohne damit Narzissmus zu pathologisieren; er hat nicht vorgeschlagen, dass diese Menschen krank sind oder einer Behandlung bedürfen (obwohl er mit Menschen mit so schweren narzisstischen Tendenzen gearbeitet hat, dass sie als ungesund einzustufen sind). Stattdessen sah Freud es als eine normale Tendenz der menschlichen Persönlichkeit an.[46] Ich vermute stark, dass er, wenn man ihn darauf gestoßen hätte, der Idee des Kontinuums der narzisstischen Persönlichkeit offen gegenübergestanden hätte.

Vorherrschende Stärken

Von den Primaten über prähistorische Dörfer bis hin zu modernen psychiatrischen Überlegungen spielten ichbezogene Persönlichkeiten in der Gesellschaft eine wichtige Rolle, wenn sie auf ihre positiven Charaktereigenschaften zurückgreifen. Sie sind sowohl im Tierreich als auch in der menschlichen Gesellschaft die Anführer in Gruppen. Und sie helfen, Krisenzeiten und Konflikte zu überleben.

Falls Sie ichbezogen sind, verfügen Sie vielleicht über folgende vorherrschenden Stärken:

FÄHIGKEIT, ANDERE ZU ÜBERZEUGEN

Sie sind ein starker Anführer. Sie sind motiviert und können andere motivieren.

INNERE STÄRKE

Sie haben ein Gefühl der Bestimmung, die Überzeugung, dass Sie eine Mission im Leben haben. Sie sind äußerst motiviert, Ihren Abdruck in der Welt zu hinterlassen.

RESILIENZ

Sie verfügen über ein bestimmtes Maß an Selbstvertrauen im Angesicht von Widrigkeiten und Scheitern. Sie sind bestens für alle Schwierigkeiten gerüstet, die der Rest Ihres Lebens mit sich bringt. Nach einem Scheitern fühlen Sie sich vielleicht unglücklich, aber nicht wertlos. Sie stecken Rückschläge im Leben weg, auch wenn Sie vielleicht kurz aus dem Gleichgewicht geraten. Ihre Resilienz hilft Ihnen, ein weites Spektrum an Kritik und konkurrenzbetontem Neid zu überleben.

SELBSTWERT

Sie fühlen sich gut, ohne dass Sie auf eine ständige Rückversicherung Ihres Werts angewiesen sind. Sie fühlen sich oft »besonders« oder außergewöhnlich begabt. Ihr Selbstwert bleibt auch im Angesicht von Ablehnung, Missbilligung und Angriffen stabil. So können Sie große Hürden auf Ihrem Weg meistern.

GESUNDES KÖRPERGEFÜHL

Sie schätzen im Allgemeinen Ihren Körper und Ihr Aussehen, und daher achten Sie auch gut auf Ihre Gesundheit. Eine Studie, die von der National Weight Control Registry durchgeführt wurde – einer Gruppe, die Menschen aufspürt, die Gewicht verloren haben und dieses reduzierte Gewicht langfristig halten konnten –, hat herausgefunden, dass ein Schlüsselfaktor beim langfristigen Abnehmen ein gesunder Narzissmus war. Am wahrscheinlichsten verfügen Sie auch über eine realistische Einschätzung Ihres Körpers, ein Bild, das eher von innen als von außen geschaffen wurde. Sie akzeptieren Ihren Körper als nicht perfekt, aber dennoch der Liebe und Aufmerksamkeit wert.

VISIONÄRE, STRATEGISCHE FÜHRUNG

Sie sind häufig die treibende Kraft eines Unternehmens oder am Arbeitsplatz. Sie sind ein Innovator. Sie legen sich mehr ins Zeug als andere. Sie verfügen über die Fähigkeit, andere gut zu managen und neue Initiativen zu leiten.

RUHIG UNTER DRUCK

Unter Druck agieren Sie brillant. Während andere längst zusammengebrochen wären, schöpfen Sie Kraft aus Ihrem unverrückbaren Selbstwertgefühl. In Krisen können Sie unersetzlich sein.

Aktuelle Forschungen gehen davon aus, dass Menschen mit narzisstischer Tendenz weniger ängstlich, depressiv oder einsamer als andere sind und psychisch oft gesünder. Ich werde darauf noch ein wenig eingehen.

Ein ichbezogenes Leben führen

Ichbezogenheit kann etwas Positives sein. Wenn Sie eine Sechs oder Sieben auf dem Kontinuum sind, dann weisen Sie vorherrschende Stärken auf, die Sie zum Erfolg in unserem selbstvermarktenden Umfeld prädestinieren. Auf der anderen Seite kann es Ihnen schwerer fallen, gesunde Beziehungen zu führen, also eine Partnerschaft unter Gleichberechtigten – denn das läuft einem selbstbezogenen Lebensstil entgegen. Aber wenn Sie auf Ihre vorherrschenden Stärken zurückgreifen und ein besseres Verständnis für die Konturen Ihres Persönlichkeitsprofils entwickeln, dann gibt es keinen Grund, warum ein ichbezogener Lebensstil nicht auch glücklich und gesund sein sollte.

Selbstbezug im Internetzeitalter

Folgst du dir selbst hautnah auf Twitter? Hast du regelmäßig über deine bald erscheinenden Memoiren gebloggt? Hast du dir angewöhnt, über deine Wertvorstellungen öffentlich zu heulen – vor Filmern, die dein Werk dokumentieren?

NEW YORK TIMES

4. DEZEMBER 2010 [47]

Wir leben in einem narzisstischen Zeitalter. Die gängigen Medien verbringen eine ganze Menge Zeit damit, über die neue Generation zu jammern, die sich selbst vermarktet, ichbezogen agiert und Ansprüche anmeldet. Der oben zitierte Auszug aus einem Artikel der *New York Times* ist nur ein Beispiel für diesen Trend. Soziale Netzwerke scheinen diesen Trend ganz offenkundig aufzuweisen.

Steckt ein Fünkchen Wahrheit in der Sorge, oder sind dies tatsächlich nur die vorhersehbaren Ängste, die man über die Jugend von heute hegt? Ich stehe der Idee, dass jede Generation sich von der nächsten enorm unterscheidet, skeptisch gegenüber. Vielmehr denke ich, dass wir mehr gemeinsam haben, als wir uns oftmals eingestehen. Ich neige dazu, sozialen Wandel als evolutionär anzusehen, und glaube, dass unsere gesamten Gesellschaften sich langsam verändern.

Auf der anderen Seite glaube ich aber auch, dass das Internet wirklich einen enormen Einfluss auf die heutige Jugend hat. Aktuelle Forschungsergebnisse geben mir darin recht. Eine Studie von Sara Konrath an der University of Michigan kam zu dem Ergebnis, dass Collegestudenten etwa 40 Prozent weniger emphatisch als noch vor dreißig Jahren sind. Das Empathieniveau ist nach der Jahrtausendwende 2000 rapide abgesunken. Empathie ist die Fähigkeit, den Schmerz, die Probleme und missliche Lagen anderer wahrzunehmen und sich mit ihnen zu identifizieren, sodass wir helfen möchten. Wen wundert es in unserer heutigen Gesellschaft des »Alle Augen auf mich«, »Ich will, was ich will und wann ich will« und »Leck mich, wenn du mir im Weg stehst«, wenn Empathie auf dem Rückzug ist?

Dr. Konrath räumt ein, dass »wir zu diesem Zeitpunkt nicht wirklich sagen können, was die Gründe dafür sind«.

Aber man geht davon aus, dass Videospiele, soziale Netzwerke, Instant-Messenger, Reality-TV und Hyperkompensation – alles Bestandteile des Erwachsenwerdens im 21. Jahrhundert – etwas damit zu tun haben. Meine Meinung dazu: Es ist schwierig, jemandem gegenüber Empathie zu verspüren, mit dem man vorrangig über Textnachrichten, E-Mail, Facebook oder Twitter miteinander zu tun hat. Menschen wirken dann einfach weniger real.

Das sind schlechte Nachrichten für die Zukunft der USA und anderer Länder. Wenn wir weniger emphatisch sind, dann sind unsere Beziehungen zueinander weniger liebevoll und fürsorglich. Ein relatives Fehlen an Empathie könnte dazu beitragen, dass ein ganzes Bündel an beunruhigenden Verhaltensweisen wie Gewalt, Aggression oder sexuelle Übergriffe heranwächst.[48]

In einer anderen Studie, allerdings in kleinem Rahmen (die Daten wurden nur von ein paar Hundert Studenten erhoben), fanden die Forscher heraus, dass Menschen mit narzisstischen Tendenzen soziale Netzwerke oft in einer ganz bestimmten Art nutzen. Diese Menschen vermarkten sich selbst mehr als ihre Gleichaltrigen. Während andere die Seiten nutzen, um mit Freunden zu chatten, Kontakt mit entfernten Verwandten zu halten oder Fotos zu teilen, sehen diese Collegestudenten Facebook, MySpace oder Twitter als Kanäle, um über sich selbst zu reden. Sie haben proportional mehr Fotos von sich selbst als ihre Altersgenossen. Sie schreiben mit größerer Wahrscheinlichkeit über sich selbst, ihre Errungenschaften und Ziele.[49]

Damit kommen aktuelle soziale Netzwerkseiten jenen Menschen zugute, die sowieso bereits narzisstisch veranlagt sind, genau wie Reality-TV oft nur jene Menschen vor die Kamera holt, die sich selbst feiern und damit ihren Wert beweisen.

Mit anderen Worten sind diese Seiten bereits Teil einer gesellschaftlichen Tendenz, diesen Narzissmus zu ermutigen und sogar zu feiern. Jemand, der eine Sieben auf dem Kontinuum ist, mag eher dazu neigen, diese Seite seiner Persönlichkeit auszupacken, wenn er Facebook öffnet, als das noch vor zwanzig Jahren geschehen wäre.

Wenn ein YouTube-Video deines Auftritts mit dem Kirchenchor das Potenzial hat, dich zum Star zu machen (wie es bei Justin Bieber der Fall war), dann ist die Veröffentlichung eines Videos nicht nur narzisstisch; es kann sogar klug und ein rationaler Karriereschachzug sein.

Daher ist es für ichbezogene Individuen so wichtig, ernsthaft über ihr Persönlichkeitsprofil nachzudenken. Wie ich bereits erwähnt habe, gab es nie einen besseren Zeitpunkt dafür, ichbezogen zu sein. Die Welt liebt und belohnt diejenigen, die vorherrschende Züge der ichbezogenen Persönlichkeit aufweisen.

Doch das ist keine Entschuldigung für missbräuchliches Verhalten. Mobbing, Gewalt oder andere negative Aspekte des Narzissmus sind Konsequenzen einer selbstverherrlichenden Gesellschaft, die wir nicht hinnehmen dürfen. Ichbezogene Menschen obliegt die Verantwortung zu lernen, empathisch zu leben, auch wenn es ihrem Persönlichkeitstyp zuwiderläuft. Dann kann man dazu übergehen, die großartigen Vorteile zu nutzen, die das neue Jahrtausend Menschen wie ihnen bietet.

Ein Narzisst bei der Arbeit

In seinem Buch *The Productive Narcissist* beschreibt der Psychoanalytiker Michael Maccoby eine neue Art von CEO, die sich in den 1990er-Jahren herauskristallisiert hat. Diese Führungspersönlichkeiten stehen in der Öffentlichkeit. Ihre Gesichter finden sich auf den Covern von Zeitschriften, und sie sprechen öffentlich über alles, von der Unternehmensführung über Lebensstil, Familie, Philosophie oder Politik. Sie sind berühmt, arbeiten nicht nur für den finanziellen Erfolg, sondern auch für Ruhm und Einfluss. Larry Ellison (CEO von Oracle), Jack Welch (General Electrics) und George Soros sind Beispiele von Führungspersönlichkeiten, die in diese Kategorie fallen.

Maccoby argumentiert, dass diese Führungspersönlichkeiten, obwohl sie nicht pathologisch agieren, narzisstische Persönlichkeiten aufweisen. Er nennt sie allerdings »produktive Narzissten« – denn sie holen die besten Qualitäten der narzisstischen Persönlichkeit ganz nach vorne, um ihr Unternehmen zum Erfolg zu führen.

Der erfolgreiche, ichbezogene Unternehmensführer ist ganz eindeutig eine Kategorie, die ich über die Jahre als klinischer Psychiater immer wieder beobachten konnte. Und dieser Kategorie sind sich Unternehmensführer selbst auch bewusst. Wie Dietrich es formulierte: »Jeder, der es zum CEO bringen will, ist wahrscheinlich ein Narzisst, denn er muss unbeirrt wollen, dass alle sich nach ihm umschauen, ganz oben auf der Pyramide stehen und all die Dinge tun, von denen andere sagen, dass sie großartig sind.«

Vielleicht erinnern Sie sich noch an Dietrich aus dem »Abenteuer«-Kapitel (Kapitel 2). Dort sprach er über die Notwendigkeit, am Arbeitsplatz in Aktion zu treten, und wie dieser Drang, etwas zu tun und zu handeln, ihn dazu bewegt hat, seine Buchhaltertätigkeit aufzugeben und sich einem abenteuerlustigeren Lebensstil zu verschreiben. Doch es war nicht nur Dietrichs abenteuerliche Persönlichkeit, die ihn in eine neue Berufsausrichtung führte. Dietrich war ehrgeizig – er wollte, wie er es nannte, im Zentrum der Aufmerksamkeit stehen, erfolgreich sein. Er war fest davon überzeugt, für Großes vorgesehen zu sein.

Zuerst glaubte Dietrich, er hätte das Zeug zum Autor, also organisierte er sich ein Praktikum im Bereich IT-Support einer nationalen Publikation und schrieb nebenher eine, wie er es selbst nannte, »erschreckende Form von Fiktion«. Aber, so berichtete er, »ich war nie wirklich gut darin. Es fiel mir schwer und lief nicht einfach von selbst.« Die Schriftstellerei war ganz offensichtlich nicht der richtige Weg für Dietrich, also konzentrierte er sich eine Zeit lang darauf, betriebswirtschaftliche Texte zu verfassen, bevor er sich dem Unternehmertum zuwandte.

Unternehmer zu werden, war ein intelligenter Schachzug von Dietrich. Er liebte das Abenteuer, ein neues Unternehmen an den Start zu bringen, und seine ichbezogene Persönlichkeit gab ihm das notwendige Selbstvertrauen weiterzumachen, als sonst keiner an ihn glaubte. Obwohl sein Schachzug riskant war, spricht es für Dietrich, dass er dem Weg gefolgt ist, der zu seinen Charaktereigenschaften und vorherrschenden Stärken am besten passt – und dass er daran geglaubt hat, dass der Rest sich einfach fügen würde.

Das Beste an Dietrichs Karriereumschwung ist, dass er trotz der drastischen Veränderungen seit seinen unternehmerischen Anfängen nach wie vor seine größten Stärken einsetzen kann. Als CEO eines erfolgreichen Unternehmens ist er in der Lage, seinen Ich-Bezug in seine unternehmerische Führung einzubringen. Dietrich hat seinen Platz als produktiver Narzisst gefunden.

Mein Kollege Leonard befindet sich näher an der Mitte auf dem Ichbezogenheits-Kontinuum. Vielleicht bei einer Sechs angesiedelt, braucht Leonard nicht unbedingt eine Führungsrolle und die Aufmerksamkeit, die etwa Dietrich jeden Tag erhält. (Tatsächlich ist seine Angst in seinem Persönlichkeitsprofil dominanter; er taucht auch in Kapitel 5 auf.)

Aber in seinem beruflichen Umfeld arbeitet Leonard hart daran, Menschen zu vertreten. Viele davon würde er als Narzissten einstufen. Er hilft ihnen, ihre Angelegenheiten zu handhaben, und ist Teil eines komplexen Systems, das es ihnen erlaubt, erfolgreich zu sein.

»Ich brauche nicht selbst im Rampenlicht zu stehen«, sagte Leonard, »denn meine Kunden tun es ja schon.« Leonard hat ein gutes Gleichgewicht zwischen seiner Angst und seinem Selbstbezug gefunden. Er vertritt gerne bedeutende Persönlichkeiten, arbeitet aber im Hintergrund, wo er seine Angst kontrollieren kann. Leonards Leben ist ein gelungenes Beispiel dafür, wie man Vorteil aus seinem ichbezogenen Persönlichkeitsmerkmal ziehen kann, ohne ihn an erste Stelle zu rücken. Ihm gelingt es auf bemerkenswerte Weise, seine verschiedenen dominanten Charaktereigenschaften auszubalancieren.

Es gibt andere Laufbahnen, die für ichbezogene Menschen wie geschaffen sind, da sie sich dort in den Vordergrund spielen können, etwa in der Politik oder als Schauspieler – Berufe, in denen man sich alleine hervortun kann, Aufmerksamkeit

und Respekt von seinem Umfeld erwirbt und die Meute anführen kann. Selbst wenn Sie keine dieser Laufbahnen eingeschlagen haben, können Sie Ihre latente Fokussierung auf sich
selbst in die Arbeit einfließen lassen, indem Sie das Projekt
einer Abteilung leiten, einem Komitee vorstehen oder eine Organisation, einen Verein oder ein Team außerhalb Ihres Be-
rufsfeldes gründen. Wenn Ihr Lebensweg Sie nicht bereits ins
Rampenlicht gerückt hat, dann bedeutet das längst nicht, dass
Sie nicht Vorteile aus Ihrer Veranlagung, insbesondere Ihren
vorherrschenden Stärken, ziehen können.

Ichbezogene Beziehungen

Narzissten fällt es oft besonders schwer, Beziehungen auszuloten und zu führen. Sie blicken oft auf eine Reihe von Verbindungen zurück, die nicht lange halten und denen es an
Intimität mangelt. Die narzisstische Persönlichkeit kann zu
Problemen in der Ehe oder in langen Partnerschaften führen.

Schon als ich meinen Freund Andrew das erste Mal traf,
beeindruckten mich unter anderem sein außergewöhnliches
Charisma und seine einnehmende Präsenz. Daher hat es mich
nicht wirklich überrascht, dass er auf eine höchst erfolgreiche Karriere in der Politik zurückblicken konnte. Allerdings
fühlte sich Andrew zu diesem Zeitpunkt alles andere als über-
glücklich. Er hatte gerade seine Aufstellung für die Wahl in
den Kongress verpasst und sich von seiner Frau, mit der schon
lange verheiratet war, entfremdet. Andrew vertraute mir an,
dass seine politische Laufbahn sowie seine Ehe vorüber seien
und dass er »sich selbst wiederentdecken« müsse.

Man muss Andrew zugutehalten, dass er bereit war, sich selbst genau zu inspizieren. Als er das tat, erkannte er, dass er seine eigenen Bedürfnisse stets vor die seiner Familie und Parteifreunde gestellt hatte. Er begriff nach und nach, dass sein exzessiver Fokus auf sich selbst ihn für die emotionalen und psychologischen Bedürfnisse der Menschen um ihn herum blind gemacht hatte. Er empfand seine Selbstreflexion als »Augen öffnend« und verschrieb sich wirklich der Veränderung. Heute ist mein Freund Andrew glücklicher als je zuvor. Er hat wieder geheiratet und eine zweite Karriere als höchst erfolgreicher Unternehmensberater eingeschlagen. Er hat seine Stärken – Charisma und Führungsqualitäten – in sein neues Leben integriert, während er gleichzeitig das erhöhte Maß an Selbsterkenntnis aus der Zeit seines Scheiterns und seiner Selbstreflexion behielt. Anderen gegenüber ist er jetzt emphatischer, er verbringt Zeit mit seinen drei kleinen Kindern und kann ernsthaft von sich behaupten, ein guter Ehemann und Vater zu sein. Und seine neue Frau stimmt dieser Einschätzung sogar zu.

Als wir über seine Stärken sprachen, führte Andrew neben seinen Führungsqualitäten und seiner sozialen Kompetenz seine Resilienz an – ganz sicher eine vorherrschende Stärke des Narzissten. Resiliente Individuen führen erfülltere Beziehungen, da sie den unausweichlichen Krisen besser standhalten können, durch die eine Familie auseinanderbrechen kann – wie eine schwere Erkrankung, Tod, das Scheitern im Beruf, Depression oder lang anhaltende Perioden von Stress oder Angst. Andrew begriff, dass er die Stärke besitzt, ausgeglichen und stark zu bleiben sowie seine Familie zu schützen – eine Erkenntnis, die ganz besonders die positiven Aspekte der narzisstischen Tendenzen ausspielt. Indem er empathischer war, seine Gefühle ausdrückte und seine Resilienz einsetzte, bewegte sich Andrew bis zu einem Punkt auf dem Kontinuum, an dem seine narzisstischen Tendenzen einen positiven Effekt auf seine Beziehung hatten.

Andrews Erfahrung beweist, dass es eine Herausforderung darstellen kann, in einer Beziehung mit einem ichbezogenen Individuum zu sein. Man kann sich in sie verlieben, weil sie charismatisch, führungsstark und beruflich erfolgreich sind. Aber wenn es darum geht, die Beziehung im Alltag am Laufen zu halten, kann eine ichbezogene Persönlichkeit schnell zu Frustrationen führen. Sie neigen nämlich dazu, ihre eigenen Ambitionen über die ihrer/s Lebenspartners/in oder der eigenen Kinder zu stellen. Dann fühlt man sich schnell romantisch vernachlässigt oder als ob die eigenen Leistungen und Ziele nicht zählten.

Zuallererst sollte man sich selbst fragen, ob der eigene Partner einem den verdienten Respekt entgegenbringt. Obwohl viele »Yin und Yang«-Beziehungen gut funktionieren, kann dies in einer Beziehung zwischen einer ichbezogenen Persönlichkeit und einer stilleren Persönlichkeit für Letztere bedeuten, dass sie sich nur schwer behaupten kann. In einigen Fällen (wenn ein Partner zu hoch auf der Skala der Narzissten angesiedelt ist und wenn die stillere Person kein ausgeprägtes Selbstbewusstsein hat) kann dies zu emotionalem Missbrauch führen. Das ist meiner Freundin Linda passiert. Sie hat einen erfolgreichen Neurochirurgen geheiratet, und eine Zeit lang waren sie auch bis über beide Ohren verliebt. Aber dann fing ihr Ehemann an, seine eigene Unsicherheit an ihr auszulassen. (Merke: Ichbezogenheit dient oft dazu, tief sitzende Selbstzweifel zu kaschieren.) Lindas Ehemann zog sie regelmäßig herunter, nannte sie dumm und beschuldigte ihre Kinder (aus einer vorangegangenen Ehe), faul, hässlich und nutzlos zu sein.

Wenn man in solch einer Beziehung steckt, dann ist es das Allerbeste, sie zu beenden. Man kann von einem Zehn-plus-Narzissten nicht erwarten, dass er sich für einen ändert. Linda und ihr Ehemann besuchten einige Male eine Paartherapie, doch ihr Mann hat sich nie ernsthaft mit dem Prozess auseinandergesetzt, und sobald eine Sitzung vorüber war, kehrte er zu seinen alten Angewohnheiten zurück. Man hofft insgeheim, dass er und andere wie er einen Weg finden mögen, damit eine Veränderung einsetzt. Aber wenn man in einer emotionalen (oder physischen) Missbrauchsbeziehung steckt, dann schuldet man es sich selbst, diese zu verlassen. Denn man kann einfach nicht ändern, was ein Mensch ist: Er ist, was er ist.

Andererseits, wenn Ihr Partner ein gesunder, selbstfokussierter Mensch ist, dann gibt es Dinge, die man für eine funktionierende Beziehung tun kann.

Zuallererst sollte man sich bemühen, den ichbezogenen Typus und seine vorherrschenden Stärken zu verstehen. Ich hoffe, dass dieses Kapitel dabei hilft.

Hat Ihr Partner einen Lebensstil, der die vorherrschenden Stärken maximiert und die begleitenden Schwächen minimiert? Wenn nicht, dann überlegen Sie sich, wie Sie Ihrem Partner dabei helfen können, seine oder ihre Persönlichkeit zu fokussieren. Wenn Ihr ichbezogener Partner beruflich zufrieden ist, dann fühlt er sich zu Hause seltener unsicher oder frustriert. Und wenn die Ichbezogenheit zum kompletten Versinken im Ich führt, dann sagen Sie etwas! Manchmal braucht es nur einen kleinen Stupser von außen, damit die ichbezogene Person wieder zurückfindet.

Ichbezogene Menschen können gesunde und befriedigende Beziehungen führen, wenn beide Partner ehrlich zueinander sind. Menschen, deren dominanter Charakterzug Narzissmus ist, kommen gut mit Menschen aus, die ihre Persönlichkeit komplementieren oder ausgleichen oder sie in Schach halten. Schüchterne Menschen können ichbezogene Partner erden. Magische Denker bringen für jemanden, der oft eingleisig und gradlinig denkt, eine andere Perspektive ins Spiel. Und Menschen, die in das Zwangsstörungen-Spektrum fallen, kommen gut mit Narzissten klar, da sie das Augenmerk auf Details richten, die dem Narzissten oft entgehen. Im Gegenzug liefern Narzissten Fokus, Energie und ein Gesamtbild auf die Welt, was zu einer ausgeglichenen und befriedigenden Beziehung führt.

Zusammenfassung: Sind Sie ichbezogen?

Wo stehen Sie im Narzissmus-Spektrum? Menschen, die hoch auf dem Kontinuum angesiedelt sind, neigen dazu, sich selbst viel weiter unten zu sehen. Daher rate ich dazu, sich die Zeit zum Ausfüllen des Fragebogens im Anhang zu nehmen. Vielleicht überrascht das Ergebnis Sie ja.

Wenn Sie den Fragebogen ausgefüllt haben und dieses Persönlichkeitsmerkmal recht ausgeprägt ist, dann fühlen Sie sich jetzt wahrscheinlich in der Defensive. »Ich bin kein Narzisst!«, mögen Sie vielleicht denken. »Mir sind andere Menschen wichtig. Mir geht es nicht allein um mich.«

Wenn Sie dieses Kapitel gelesen haben, dann haben Sie bereits erfahren, dass pathologischer Narzissmus in einigen Schlüsselszenarien einfach anders aussieht als jemand, der auf dem Kontinuum bei einer Sieben landet. Ichbezogene Leute sind in der Regel ehrgeizig, antriebsstark, selbstbewusst und charismatisch, während Menschen mit dem superdominanten Charakterzug zu Missbrauch neigen können, ihre eigenen Stärken falsch einschätzen und in ihren Entscheidungen irrational sind.

Aber es lohnt sich, genau hinzuschauen, ob Sie die negativen Tendenzen aufweisen, die mit Narzissmus verbunden werden. Beschweren sich Ihre Familienmitglieder darüber, dass Sie Geburtstage vergessen oder sie nicht ausreichend Aufmerksamkeit bekommen? Erwarten Sie ernsthaft, dass andere für Sie ihre Pläne ändern oder ihr Leben nach Ihren Bedürfnissen ausrichten? Werden Sie manchmal unkontrollierbar wütend, wenn Sie der Meinung sind, dass Ihnen Unrecht geschieht?

Falls dies der Fall sein sollte, so denken Sie eine Runde darüber nach, ob Ihr Handeln Ihnen bei Beziehungen oder auf dem Weg zum Glück im Weg steht. Vielleicht dachten Sie ja bisher, dass Sie sich so verhalten müssen, um erfolgreich zu sein. Aber ist das wirklich der Fall? Ist es die Sache wert?

Und wie sieht es mit den vorherrschenden Stärken des Narzissmus aus? Welche Rolle spielen diese Stärken in Ihrem Leben? Sollte Narzissmus Ihr dominanter Charakterzug sein, dann kennen Sie Ihre vorherrschenden Stärken bereits: unter anderem Selbstbewusstsein, Charisma und Resilienz. Unterdrücken Sie diese Stärken auf keinen Fall. Nehmen Sie Ihren Narzissmus stattdessen an, und schöpfen Sie aus den unerforschten Stärken Ihrer Persönlichkeit. Lassen Sie sich nur nicht von Ihrer Art davontreiben.

KAPITEL 8

HOHE ENERGIE – BIPOLAR

2009 begann ich, zwischen New York City und Lake Charles, Louisiana, zu pendeln. Der Umzug nach New York war Bestandteil einer größeren Veränderung – ich reduzierte die Arbeit in der Praxis, um mehr Zeit damit zu verbringen, mein Ziel zu verfolgen und Menschen in ganz Amerika zu helfen, meine Kernaussage zu verstehen: *Du bist, wer du bist – nicht niormal, aber ziemlich genial.* Zuerst glaubte ich, dass ich einfach anfangen sollte. Ich baute schon einmal meine Webseite auf, um meine Botschaft frühzeitig zu verbreiten, während ich das Konzept des Buches entwarf. Aber ich hatte nicht damit gerechnet, dass der Fernsehsender HLN anrufen würde – sie hatten Videoclips auf meiner Seite gesehen und luden mich ein, in der Show *Issues with Jane Velez-Mitchell* im Februar 2009 aufzutreten.

Wenn ich heute auf diese Zeit zurückblicke, fällt es mir schwer, mich zu erinnern, wie ich alles geschafft habe. Ich verbrachte drei bis vier Tage die Woche in Lake Charles, wo ich meine psychiatrische Praxis weiterführte. Dann widmete ich drei Tage New York, rannte dort von Studio zu Studio, beantwortete Interviewanfragen und verbreitete meine Botschaft, so gut ich konnte. Darüber hinaus hatte ich berufliche Verpflichtungen in Colorado, wo ich bei einer Talkshow arbeitete, und in Texas, wo ich der medizinische Direktor einer Organisation mit zwanzig Standorten für medizinische Behandlungen war. Und dann war da noch meine Familie. Ich war zwar geschieden, aber meine Tochter lebte in New York, und mein Sohn reiste, nun ja, irgendwo in China herum. Meine Schwester und meine Eltern lebten (und tun dies noch) in Louisiana.

Einen solchen Zeitplan erachten viele als anstrengend, aber ich nicht. Ich fühlte mich, als würde ich auf einer Extrawelle an Energie reiten, die mich von Woche zu Woche trug. Im Rückblick könnte man diesen Geisteszustand als »hypomanisch« bezeichnen. Im Prinzip ist eine hypomanische Episode eine Periode erhöhter Energie, die jedoch nicht so heftig wie eine ausgewachsene Manie ist. Wer hypomanisch ist, stehst komplett unter Strom und vibriert vor kreativer Energie. Man ist dann impulsiver. Schläft weniger. Das Hirn arbeitet schneller als normal und stellt Verknüpfungen her, auf die man sonst nicht gekommen wäre.

Hypomanie kann auch eine erhöhte Risikobereitschaft mit sich bringen; man hält vermehrt nach Vergnügen Ausschau. Doch in meiner Erinnerung waren diese Tage voll Arbeit und nahezu ohne – also null – Vergnügungen.

Ich hätte das, was ich in meinem ersten Jahr in New York geleistet habe, nicht ohne meine hypomanische Energie erreichen können. Ab und zu erwischte ich dann tatsächlich mal ein Wochenende, das nicht komplett ausgebucht war. Mein rationaler Verstand, der Teil von mir, der immer noch mit hundert vorwärtsraste, sagte: Großartig! Ein freies Wochenende!

Doch mein Körper fühlte etwas anderes. Mein letzter Auftritt wurde oft freitags ausgestrahlt, und wir waren bis vier Uhr durch. Ich lief von den CNN-Räumlichkeiten zu meinem Appartement. Auf dem Weg bog ich bei Whole Foods ab und kaufte Vorräte für ein paar Tage ein. Gegen fünf war ich in meiner Wohnung. Ich überquerte die Türschwelle erst wieder am Montagmorgen.

Zuerst fand ich diese Wochenenden ein wenig deprimierend. Ich dachte an die Dinge, die ich tun könnte – Freunde, die ich anrufen wollte, eine Show, die ich mir immer schon anschauen wollte. Ich war immer ein recht aktiver Mensch gewesen und folgte dem Mantra: Du kannst immer noch schlafen, wenn du tot bist. Einfach nur herumzusitzen, war ich nicht gewohnt.

Aber die geistige Erschöpfung und die damit einhergehende Lethargie hatte ich nicht unter Kontrolle. Ich brauchte diese Zeit am Wochenende, um wieder aufzutanken. Also sagte ich mir schließlich: »Weißt du was? Du siehst jeden Tag Menschen. Du arbeitest jeden Tag mit Menschen. Und du hast ein Ziel, auf das du dich konzentrierst, etwas, was größer als du selbst ist.« Ich überlegte, dass ich, wenn ich erst meine neue Karriere an den Start und zum Laufen gebracht hätte, frei wäre, bis dahin aber nichts wichtiger war als das, was ich tat.

Außerdem war mir klar, dass Schlaf vielleicht mit das Wichtigste überhaupt ist, was wir für unsere Gesundheit tun können. Als ich das akzeptierte, fiel es mir leicht, die Wochenenden als Möglichkeit zu sehen, meine Batterien wieder aufzutanken, sodass ich montagmorgens um sechs Uhr wieder in mein verrücktes Leben durchstarten konnte.

Heute gelingt es mir, eine halbwegs vernünftige Zeitplanung durchzuhalten. Interessanterweise habe ich, seit ich nicht länger so viel Energie aufbringen muss, auch nicht mehr so viel wie früher. Ich werde schneller müde als während dieser verrückten Zeit, aber dafür kann ich das Haus auch am Wochenende verlassen und gut essen gehen oder mich mit Freunden treffen. Das Jahr der extremen Höhen und extremen Tiefen ist vorüber, jedenfalls im Moment. Ich muss aber zugeben, dass es mir schon manchmal fehlt.

Selbst mit weniger Energie denke ich, dass ich ein Profil der erhöhten Energie habe. Ich fluktuiere zwischen langen Perioden von leicht hypomanischem Verhalten und kurzen Perioden, wo mein Energieniveau niedrig ist. Ich würde mich selbst als Acht auf dem Bipolar-Kontinuum einstufen.

Verstehen Sie mich richtig: Meine Art, das Ganze anzugehen, ist nicht der alleinige Weg. Manche, die niedrige bipolare Züge aufweisen, können sich gut einteilen und kommen damit gut durch extrem zeitintensive Situationen. Sie machen vielleicht ein bisschen weniger am Tag, haben dafür aber nicht die Wochenendeinbrüche wie ich. Und das ist gut. Es geht immer darum, sich selbst zu kennen und seine Eigenschaften und diese dann zum maximalen Nutzen einzusetzen. Für mich war diese hochintensive Energie genau das Richtige.

Am anderen Ende des Hohe-Energie-Kontinuums liegt die bipolare Störung. Ich möchte hier klarstellen, dass eine bipolare Störung – die durch ausgewachsene manische Episoden charakterisiert wird und häufig mit entsprechenden massiven depressiven Episoden korreliert – selbstverständlich eine verheerende geistige Störung ist. Mit einer bipolaren Störung zu leben, ist ein Kampf, auf den ich später in diesem Kapitel noch einmal eingehen werde.

Aber wenn Ihre Energielevel wie meine fluktuieren – zwischen langen Perioden hoher Energie, die extrem produktiv sind, und kurzen Perioden der Erschöpfung und des Auftankens –, dann sind Sie privilegiert. Mit einem bewussten und sorgfältig strukturierten Leben können Sie mit diesem Charakterzug aufregende und positive Wege einschlagen, so wie ich dies getan habe.

Das Kontinuum-Modell: hohe Energie

BIPOLARES KONTINUUM		
FLACHER GEMÜTSZUSTAND	INSPIRIERTER ZUSTAND	BIPOLAR
0 3	5 7	10+
nicht vorhanden	dominant	superdominant

Eine beliebte Übung von Psychiatern (und ihren Patienten) ist das Erstellen eines Stimmungsdiagramms. Um dies zu tun, brauchen Sie nur einen Zettel, auf dem Sie horizontal eine Linie durch die Mitte zeichnen, die die neutrale Stimmung darstellt. (Ich bin ehrlich, ich habe Schwierigkeiten damit, mir vorzustellen, wie genau eine »neutrale Stimmung« sich anfühlt.) Dann zeichnen Sie auf der linksseitigen vertikalen Ecke oder der Y-Achse die Ziffern 1 bis 10 über der Linie und die Ziffern –1 bis –10 unter der Linie. An der unteren horizontalen Ecke oder der X-Achse tragen Sie den Tag ein (siehe Seite 223). Tragen Sie jetzt jeden Tag Ihre ungefähre Stimmung ein.

Wenn Sie sich gut fühlen, dann markieren Sie Ihre Stimmung im positiven Bereich. Wenn Sie sich niedergeschlagen fühlen, dann tragen Sie Ihre Stimmung in den negativen Ziffernbereich ein.

Das Spektrum der Stimmungen ist natürlich unbegrenzt. Aber mit der Zeit erkennen Sie vielleicht bestimmte Strukturen. Sie entdecken vielleicht, dass Sie oft Stimmungsschwankungen ausgesetzt sind, diese aber in einem sehr engen Rahmen bleiben. Wenn das der Fall ist, dann sind Sie wahrscheinlich eine Null auf dem Bipolar-Kontinuum. Menschen, die hier angesiedelt sind, sind häufig zuverlässig, stabil und vorsichtig. Sie lassen sich von dramatischen Ereignissen selten aus der Ruhe bringen. Sie sind höchstwahrscheinlich beständig und rational in ihrem Verhalten. »Den Kurs halten« würde das Motto dieser Persönlichkeit wiedergeben.

Vielleicht stellen Sie aber auch fest, dass Ihre Stimmung viel größeren Schwankungen ausgesetzt ist. Manche Menschen sind die meiste Zeit gut drauf, mit gelegentlichen Einbrüchen (so bin ich). Manche hüpfen auf einer täglichen Basis auf und ab (das kann man gerade bei Menschen mit dramatischen Persönlichkeiten häufig beobachten).

Menschen mit bipolaren Persönlichkeiten können in der Frequenz und Ausprägung der Energieumschwünge variieren. Diese Grafik vergleicht eine Person mit einer Drei auf der Skala mit der mit einer Sieben:

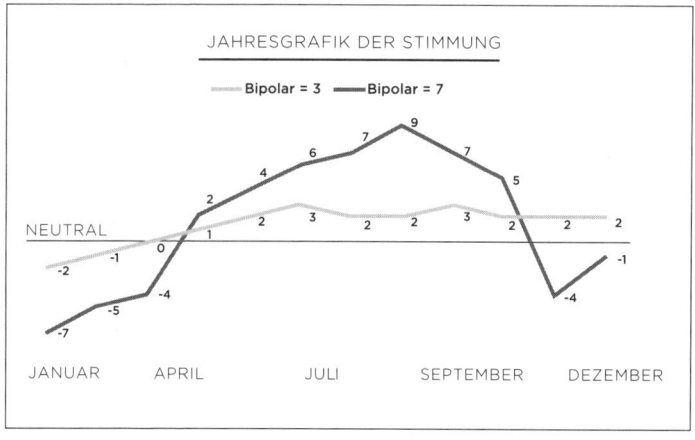

JAHRESGRAFIK DER STIMMUNG

Bipolar = 3   Bipolar = 7

Bei einer Persönlichkeit mit hoher Energie ist es sinnvoll, einen Stimmungschart über einen größeren Zeitraum hinweg anzulegen. Wenn Sie dies tun, können Sie sich die Muster anschauen, die sich mit der Zeit herauskristallisieren, wenn Sie sich »oben« oder »unten« fühlen. Werden diese Ausschläge durch bestimmte Dinge hervorgerufen, wie etwa einen neuen Job oder eine größere Enttäuschung? Oder scheinen sie eher einem monatlichen oder jährlichen Zyklus zu folgen? Wie Sie später in diesem Kapitel sehen werden, ist das Vorhersagen und Handhaben der Umschwünge Ihrer Stimmungen ein Schlüssel dazu, ein Leben mit hoher Energie stabil zu halten.

Die Neudefinition von bipolaren Störungen

Am anderen Ende des bipolaren Kontinuums können Sie jene Symptome durchleben, die in die Kategorie der bipolaren Störung fallen. Um meine bevorzugte Art und Weise, die Störung zu sehen, besser erklären zu können, möchte ich Ihnen einen jungen Mann namens Marc Peters vorstellen. Marc ist ganz besonders für dieses Buch. Alle Geschichten in diesem Buch sind wahr, aber ich habe Namen und manchmal auch Charakterisierungen, die identitätsfindend sein könnten, verändert, um die Privatsphäre zu wahren.

Marc legt Wert darauf, dass ich seinen echten Namen verwende. Als aktiver Fürsprecher für all jene mit einer mentalen Störung hat Marc sich und seine Geschichte in die Öffentlichkeit gestellt, um tagtäglich seine Botschaft zu leben und mentale Krankheiten von der Stigmatisierung zu befreien. Marc ist ein Vorbild dafür, was es bedeutet, mit der Diagnose bipolare Störung zu leben und noch dazu erfolgreich zu sein. Daher hatte ich ihn eingeladen, Teil dieses Buches zu werden.

Als Marc ans College kam, sah es so aus, als würde ihm einfach alles zufallen. Trotz der Diagnose einer massiven depressiven Störung als Teenager war Marc auf der Highschool »phänomenal erfolgreich«, und er sagt das auf seine ganz bescheidene Art. Er hatte für große Zeitschriften geschrieben, nationale Stipendien gewonnen. »Ich machte mich wie eine echte Erfolgsstory Richtung College auf«, sagte er mir. »Ich befand mich auf einer unglaublichen Bahn. – Und natürlich krachte es massiv, und ich brach zusammen.«

Im ersten Semester lief es scheinbar großartig. Marc war begeistert vom Leben am College. Er trat jedem Club bei, den er finden konnte – und ich meine tatsächlich: jedem! Er lud sich zu viele Kursarbeiten auf. Er fing mit Onlinepoker an.

Im Nachhinein sagt er, dass er gut erkennbar in eine hypomanische Phase eintrat, wie ich sie vorher schon beschrieben habe. In seinem Fall war das aber nur die Vorstufe zu einer ausgewachsenen manischen Episode. »Ich begann, Freunde zu bitten, meine für den Unterricht geschriebenen Sachen gegenzulesen. Ich konnte selbst nicht länger still sitzen, hatte mich null unter Kontrolle.«

Im DSM-4 wird Hypomanie als »eine klar abgegrenzte Periode einer anhaltend erhöhten, allumfassenden oder irritierten Stimmung, die mindestens vier Tage anhält«, definiert. Um hypomanisch zu sein, müssen sich Stimmung und Verhalten einer Person eindeutig von ihrem normalen Zustand unterscheiden. Hypomanische Individuen neigen dazu, gesprächiger als sonst zu sein. Sie zeigen eine erhöhte Neigung zu zielorientierten Aktivitäten. Sie neigen zur Ideenflucht. (»Es fällt anderen oft schwer, meinen Gedankensprüngen zu folgen, da sie so schnell fliegen«, sagt Marc.) Sie haben einen verminderten Schlafbedarf. Sie sind leicht ablenkbar.

Besonders bemerkenswert in Bezug auf die Symptome von Hypomanie ist, wie ansprechend sie klingen. Wollen wir nicht alle weniger Schlaf brauchen, richtig aktiv, involviert und gesprächig sein, rasch denken und zielorientiert handeln können?

Ich glaube, manche leben den Großteil ihres Lebens in einem hypomanischen Zustand. Ich bin fast so jemand! Aber diese Menschen suchen wegen ihres Zustands dennoch nie einen Arzt auf, da er ihnen nicht unnormal vorkommt und er nicht grundlegend verheerend ist.

Andere erleben Hypomanie auf eine Art und Weise, die ihr Leben äußerst negativ beeinflusst. Diese Leute werden häufig mit Zyklothymia oder einer Bipolar-II-Störung diagnostiziert. Zyklothymia zeichnet sich durch Stimmungsumschwünge zwischen hypomanischen und milden depressiven Episoden aus. Damit eine Bipolar-II-Diagnose gestellt werden kann, muss man massive depressive Episoden erleben. Wenn die Person eine ausgewachsene Manie erlebt, dann erhält sie die Diagnose Bipolar I.

Wie Sie sich sicher vorstellen können, gibt es eine ganze Reihe ganz unterschiedlicher Störungen mit Stimmungsschwankungen, und alle fallen entlang einem Härtegrad im Spektrum. Auf der depressiven Seite gibt es die dysthymische Verstimmung (milde Depression) und schwere Depression. Auf der manischen Seite liegen Hypomanie und Manie. Diese Episoden können das Leben von Menschen in unterschiedlicher Art und Weise und zu unterschiedlichen Graden bestimmen. Sie können auch in einer Mischung auftauchen. Es kommt auf die Person und ihre Symptome an.

Daher geht man in der psychiatrischen Gemeinde bei bipolaren Störungen bereits von einer Spektrumsstörung aus. Der nächste Schritt für die Psychiatrie wäre die Erkenntnis, dass es neben dem Spektrum der Störungen ebenfalls ins gesunde Territorium weitergeht – dass die Unterscheidung zwischen »abnormal« und »normal« oft eine Frage der Wahrnehmung ist. Es geht nicht darum, ob man bipolar ist oder nicht. Es geht vielmehr darum, wo man im bipolaren Kontinuum angesiedelt ist. Falls Sie weit genug oben sind, dann brauchen Sie vielleicht eine Behandlung.

Und nun zurück zu Marc. Er erlebte ein hyperaktives, hypomanisches erstes Jahr am College. Dann, mittlerweile im zweiten Semester, näherten sich die Semesterferien im Frühjahr unausweichlich. Während etliche Studenten die Ferien als Chance sehen, sich auszuruhen, Spaß zu haben und zu chillen (ganz besonders Studenten, die ein so heftiges Arbeitspensum wie Marc haben), entschied er sich zu etwas anderem. Aber ich lasse Marc besser selbst erzählen.

»Statt heimzufahren und zu Hause zu entspannen, entschloss ich mich, bei *Habitat for Humanity* anzuheuern und in Florida ehrenamtlich bei einem ihrer Projekte zu arbeiten. Wir wollten im Schnellverfahren ein Haus hochziehen. Irgendwann auf der Fahrt von Syracuse nach Florida kippte meine Manie ins Psychotische. Ich hörte die Stimme Gottes, die mir sagte, wie ich mich zu verhalten habe. Ich hörte auf, irgendwelche rationalen Entscheidungen zu treffen, und brach komplett mit der Realität.«

Marc erlebte den Übergang von Hypomanie zu einer ausgewachsenen manischen Episode mit zusätzlichen psychotischen Symptomen. Wann trat dieser Übergang ein? Das ist eine schwierige Frage. Wann wird aus einer produktiven Hypomanie eine ausgewachsene Manie? Um es einfach auszudrücken: Wenn man sein Leben noch leben kann, wie man selbst es möchte, dann ist alles noch im grünen Bereich. Aber wenn das nicht mehr der Fall ist – und nach Marcs eigenen Aussagen funktionierte er überhaupt nicht mehr rational –, dann ist die Linie überschritten.

Dabei ist es wichtig zu wissen, dass die Person, der das passiert, oft die letzte ist, die mitbekommt, dass Grenzen überschritten werden, denn sie denkt ja nicht länger rational. Oftmals stellen Menschen, die eine manische Episode durchleiden, erst nach der Behandlung den Zusammenhang her. Dann schauen sie zurück und sagen: »Unglaublich! Ich war wirklich krank!«

Marcs Fall ist darüber hinaus außergewöhnlich, weil er die heftigsten Symptome einer Manie erlebte: die Psychose. Im

Fall der Psychose kann man getrost sagen, dass auf jeden Fall eine Behandlung notwendig ist. Aber auch ohne eine psychotische Episode kann ein manisches Individuum die Fähigkeit, mit dem Leben klarzukommen, verlieren. Es profitiert dann auf jeden Fall von psychiatrischer Hilfe, womit ich sowohl medizinische als auch therapeutische Unterstützung meine.

Ich würde meine hypomanischen Perioden nicht als »Manie« bezeichnen, obwohl sie Wochen anhielten. Auf der anderen Seite war die Psychose ein klares Zeichen dafür, dass Marc Hilfe brauchte. Kay Redfield Jamison, eine der weltweit führenden Expertinnen in Bezug auf bipolare Störungen, beschreibt den Übergang gut. In ihrer Autobiografie *Meine ruhelose Seele* schreibt sie über eine manische Episode, die sie während ihres ersten Jahres am Institut der University of California (UCLA), Los Angeles, erlebte.

»Ich wachte nicht eines Tages einfach auf und war verrückt. Wäre schön, wenn das Leben so einfach wäre. Stattdessen wurde mir nach und nach klar, dass mein Leben und mein Hirn immer schneller und schneller voranrasten, bis schließlich, im Zuge meines ersten Sommers an der Fakultät, beides komplett aus dem Ruder und aus der Kontrolle geriet. Aber die Beschleunigung vom raschen Gedanken zum Chaos war langsam und wunderbar betörend.«[50] Ich äußere mich später noch mehr zu der verführerischen Kraft der Hypomanie und wie wichtig es dabei ist, einschätzen zu können, wann und wie man eine hypomanische Episode handhabt. Wie ich schon sagte, Hypomanie kann extrem produktiv und ein oft durchaus angenehmes Erlebnis sein. Manische Episoden dagegen sind heftig. Wie Marc erklärt: »Bis zu einem gewissen Punkt ist alles noch harmlos, und dann wird es gefährlich.«

Wenn Marc in eine manische Episode eintritt (er hatte mehr als nur eine), dann werden seine hypomanischen Tendenzen ausgeprägter. Zum Beispiel spricht Marc über Großzügigkeit. »Ich bin ohnehin ein großzügiger Mensch«, sagt er. »Ich gehe freigiebig mit meiner Zeit um und mit meinen Ressourcen. Viele Menschen haben mir dabei geholfen, dahin zu kommen, wo ich jetzt bin. Deshalb tue ich alles für Freunde, ich bin da sehr willig. Ich sehe Großzügigkeit nicht als Schwäche, sie wird es erst dann, wenn ich in die Manie kippe und Geld für irrationale Einkäufe verschwende. Ich tue Dinge, die verheerend und gefährlich sind.«

Sexuelle Risiken, Drogenkonsum und Gewalt steigen während manischer Episoden, obwohl Marc von sich sagt, dass er Glück hatte und nie Drogen genommen hat oder gewalttätig wurde.

Irgendwann funktioniert ein Mensch während einer manischen Episode überhaupt nicht mehr. Als Virginia Woolf manisch war, beschreibt ihr Ehemann Leonard sie folgendermaßen: »Sie redete zwei bis drei Tage fast pausenlos, schenkte keinem im Raum Beachtung und reagierte auf nichts, was zu ihr gesagt wurde. Am ersten Tag war das, was sie sagte, noch nachvollziehbar; die Sätze bedeuteten etwas, auch wenn es fast alles unglaublich verrückt war. Dann wurde sie nach und nach unverständlich, ein bloßes Durcheinander von unzusammenhängenden Wörtern.«[51]

Robert Lowell, ein Dichter, der für seine bipolaren Verstimmungen bekannt war, schrieb: »Vor sieben Jahren übermannte mich die pathologische Begeisterung. In der Nacht, bevor man mich wegsperrte, rannte ich durch die Straßen von Bloomington, Indiana, und randalierte gegen die Teufel und Homosexuellen da draußen. Ich glaubte fest, dass ich Autos aufhalten und ihre Kraft paralysieren konnte, indem ich mich einfach mitten auf den Highway stellte und die Arme ausbreitete.«[52]

Tatsache ist, dass Klinikeinweisungen und Festnahmen unter manischen Kranken häufig vorkommen, sodass sie sogar ein bestimmendes Kriterium einer bipolaren Störung sind. Ich reite so auf der Stärke einer echten manischen Episode herum, weil ich wirklich verdeutlichen möchte, wie eine bipolare Störung im schlimmsten Fall aussieht. Wir müssen gar nicht weiter als bis zu Charlie Sheen schauen, bei dem ich vermute, dass er diese Störung hat (natürlich kann ich ihn nicht wirklich diagnostizieren, ohne mit ihm zu reden), oder Mel Gibson, der zugegeben hat, in der Vergangenheit als bipolar eingestuft worden zu sein. Das ist nichts, was ich irgendjemandem wünsche, sosehr ich auch die positiven Aspekte der Züge hoher Energie schätze. Keine Statistik liefert klarere Beweise für die heftigen Kämpfe bei einer bipolaren Störung als die Tatsache, dass das lebenslange Selbstmordrisiko von Menschen, die unter einer bipolaren Störung leiden, bei 20 Prozent liegt.[53] Darüber hinaus ist eine starke bipolare Störung als psychiatrischer Zustand mit am schwierigsten unter Kontrolle zu halten.

Eine gute Nachricht wiederum ist, dass die Psychiatrie in den letzten sechzig Jahren große Durchbrüche in der Behandlung von bipolaren Störungen erlebt hat. 1949 entdeckte der australische Psychiater John Cade während einer Untersuchung der toxischen Wirkung von Harnsäurekristallen bei Meerschweinchen, dass diese, wenn man ihnen Lithiumcarbonat injizierte, lethargisch wurden und nicht länger auf Stimuli reagierten, ohne das Bewusstsein zu verlieren.

Cade begriff, dass Lithium psychotischen Patienten helfen könnte, die oft überstimuliert wirkten. Frühe Testreihen belegten, dass er mit der Hypothese richtiglag, und so gehört Lithium bis heute zu den medizinischen Behandlungsmethoden für bipolare Störungen.[54]

Als Lithium erstmals in der Behandlung von bipolaren Störungen eingeführt wurde, war es einfach ein Sedativum. Bipolare Patienten erhielten über Jahre eine hohe Dosis verabreicht, sodass viele Patienten die Einnahme absetzten. Kay Redfield Jamison, die vor Jahren mit der Behandlung ihrer bipolaren Störung begann, schreibt, dass ihre Medikation sie so sedierte, dass sie nur einen Absatz eines Textes am Stück lesen konnte, da sie sonst die Konzentration verlor. Umso bemerkenswerter ist es, dass sie einen Doktor der Psychologie erlangte und eine Professur innehat! Wenn Sie sich für eine außergewöhnliche Geschichte über eine Genesung und das Durchhaltevermögen bei einer bipolaren Störung interessieren, dann kann ich Ihnen nur ihre Autobiografie *Meine ruhelose Seele* ans Herz legen.

Die Medikation hat sich längst weiterentwickelt. Heutzutage sind die Lithiumdosen viel niedriger und werden sorgfältig abgestimmt verschrieben. Marc wurde zum Beispiel nach seiner ersten manischen Episode auf so starke Antipsychotika gesetzt, dass er Schwierigkeiten hatte, seine Augen auch nur auf irgendetwas zu fokussieren – geschweige denn auf seine Studienbücher. Es dauerte über einen Monat, bis die Ärzte eine Kombination und Dosierung der Medikamente herausgefunden hatten, die für ihn richtig war.

Heute lebt Marc meistens ohne Antipsychotika. Stabilisatoren für seine Stimmungen sowie Antidepressiva halten seinen mentalen Zustand in einem eher neutralen Feld. Er prüft

Tag für Tag sehr sorgfältig seine Stimmungen. Und er identifiziert Warnsignale einer nahenden manischen Episode, ruft seinen Psychiater an und nimmt dann Antipsychotika, die er als »Zurücksetzknopf« bezeichnet.

Marc arbeitet außerdem eng mit einem Therapeuten zusammen, der kognitive Therapien sowie Verhaltenstherapie anbietet, um die Medikation zu vervollständigen und zu stärken.

Ein evolutionärer Imperativ

»Als ich aus der Klinik entlassen wurde«, sagte Marc in einem Interview über seine erste manische Episode, »war ich komplett am Boden zerstört. Ich hätte nicht gedacht, dass ich noch einmal irgendetwas von Bedeutung leisten könnte.«

Marc hatte gute Gründe, das zu glauben. Die Stigmatisierung, die mit einer bipolaren Störung verbunden ist, ist heftig – Ziel ist meist nur, dass es einem gut genug geht, um ein »normales« Leben zu führen. Aber natürlich sind Menschen mit einer bipolaren Störung – oder alle mit einer Persönlichkeit mit hoher Energie – eben nicht wirklich normal. Leute mit hoher Energie leben in den Randbereichen der menschlichen Erfahrungen, und daher verfügen sie über das Potenzial, nicht nur zu überleben, sondern auch Großartiges zu leisten.

Das ist wahrscheinlich auch der Grund, warum die natürliche Auswahl das Überleben von solchen Persönlichkeiten begünstigt hat – sie verfügen seit Jahrtausenden über eine starke genetische Disposition.

Was genau ist der genetische Vorteil dieser manchmal verheerenden mentalen Störung? Um zu verstehen, warum dieser Zug so lange überlebt hat, kehren wir einmal mehr in unser imaginäres Dorf aus der Steinzeit zurück. Menschen leben dort in kleinen Verbänden von 100 bis 150 Jägern und Sammlern zusammen. Manche davon (die Narzissten) sind die Anführer der Horde. Manche (die Theatralischen) sind die Unterhalter und Geschichtenerzähler. Die ADHS-Leute sind die Entdecker.

Doch in Zeiten von Kämpfen und Zwistigkeiten treten die bipolaren Leute vor. Während ihrer hypomanischen Episoden fühlen sie einen unglaublichen Mut. Über einen ausgedehnten Zeitraum halten sie ihre Energie auf einem hohen Level, ohne zusammenzubrechen oder zu erschöpfen. Wenn also das Dorf der Steinzeit von einer rivalisierenden Gruppe angegriffen wird oder ein Kampf mit einem gefährlichen Tier, das vielleicht das Mittagessen werden könnte, ansteht, dann übernehmen genau diese Leute die Führung.

Allein die Fähigkeit, zu kämpfen und zu jagen, hat ausgereicht, um das hypomanische Gen für Jahrtausende aktiv zu halten. Aber heutzutage sind wochenlange Mammutjagden weniger verbreitet als zur Steinzeit. Umso interessanter eigentlich, wie der hypomanische Zug adaptiert wurde, um für eine ganz, ganz andere Gesellschaft von Nutzen zu sein – die moderne Zivilisation.

Der erste genetische Vorteil der bipolaren Störung im modernen Zeitalter ist die Kreativität. Ich habe hypomanische Episoden als extrem kreativ fokussiert und produktiv beschrieben. Diese Beschreibung kommt allerdings nicht von mir alleine; sie ist bereits in der Definition des DSM-4 für Hypomanie festgelegt.

Erhöhte Kreativität und großer Antrieb können auf viele Arten von Vorteil sein. Aber eines der positivsten Ergebnisse des hypomanischen Zustands in der Geschichte ist die Kunst. Einige der größten Künstler waren bipolar, und viele von denen, die es nicht waren, verfügten zumindest über ein Hohe-Energie-Profil, vermute ich. Und viele Menschen sehen in der bipolaren Störung eine Künstlerkrankheit. Der englische Schriftsteller Robert Burton hat es vor vierhundert Jahren so auf den Punkt gebracht: »Alle Künstler sind verrückt.«[55]

Ich spreche von Schriftstellern wie Edgar Allan Poe, Virginia Woolf und Robert Lowell; Malern wie Vincent van Gogh, Jackson Pollock und Georgia O'Keeffe; Musikern wie Pjotr Tschaikowski, Irving Berlin und Cole Porter.

Natürlich ist die bipolare Störung eine moderne Zuweisung – noch vor fünfzig Jahren hieß die Diagnose »manisch-depressiv«, und vor hundert Jahren gab es die Diagnose überhaupt noch nicht. Bereits verstorbene Künstler als bipolar zu klassifizieren, ist rein spekulativ, jedoch eine Spekulation, die auf wissenschaftlichen Fakten basiert. Für all diese Künstler wurde von Jamison sorgfältig ein Profil erstellt, das stringenten diagnostischen Kriterien entspricht. Auch wenn diese Künstler also vielleicht nicht unbedingt bipolar im modernen Sinn waren, passen ihre Persönlichkeiten und Verhaltensweisen ganz sicher zu der Diagnose.

Darüber hinaus haben zumindest in den letzten vierhundert Jahren Künstler genau diese bipolaren Tendenzen als wichtigen Bestandteil ihres künstlerischen Prozesses angesehen. Im 18. Jahrhundert beschrieben die romantischen Dichter in Großbritannien Manie sogar als einen göttlich inspirierten Zustand, ähnlich wie die Transzendenz, die die klassischen griechischen Dichter und Seher Tausende von Jahren zuvor erreicht haben sollten.[56] Tatsächlich gibt es einen guten Grund, die Verbindung zu ziehen, dass antike Seher und Propheten nicht anders als heutige bipolare und Schizophrene waren – ein weiterer Beweis dafür, dass diese Diagnosen sich weiterentwickeln, je mehr wir über sie lernen.

Besonders interessant am sogenannten Mythos des verrückten Künstlers ist seine Grundlage in der Wissenschaft. Jamison hat eine ganze Reihe von sorgfältigen und umfassenden Studien zu historischen und zeitgenössischen Künstlern durchgeführt, um herauszufinden, ob sie eher dazu neigen, bipolar zu sein, als der Rest von uns. Und das kann sie mit einem sehr bestimmten »Ja!« beantworten.

Die vorherrschende Rate der bipolaren Störung unter Künstlern liegt tatsächlich höher als in der Durchschnittsbevölkerung. Darüber hinaus haben zeitgenössische Schriftsteller, die Jamison erforscht hat, zugegeben, dass sie ähnliche Zustände wie jene, die wir hypomanisch nennen, erleben – und diese Zustände sind für ihren Schreibprozess essenziell.

Auf der anderen Seite ist die »Manie« – das entfernteste Ende des Spektrums hoher Energie – kein positiver oder produktiver künstlerischer Zustand. Manche, wie etwa William James, schrieben den Höhen und Tiefen ihrer Stimmungen ihre einzigartige Fähigkeit zum Verständnis der Bandbreite des menschlichen Daseins zu. Doch obwohl sie diese Erfahrungen als erhellend und verändernd erleben, ziehen es die meisten Künstler vor, etwas näher in Mitte des Kontinuums zu leben. Jamison fand heraus, dass Künstler, die unter einer bipolaren Störung leiden, eher dazu neigen, sich Hilfe zu suchen, als nichtkünstlerische Betroffene, wenn sie mitbekommen, dass sie die Kontrolle verlieren.

Es ist der Hohe-Energie-Zustand – nicht die ausgewachsene Manie –, der für Künstler und Schriftsteller unserer Zeit so produktiv ist.

Obwohl die bipolare Störung also häufig mit Künstlern assoziiert wird, wurde in den letzten Jahren eine weitere faszinierende Rolle vorgeschlagen, die die Hypomanie in unserer Gesellschaft spielt. In seinem Buch *The Hypomanic Edge* schlägt der klinische Psychologe und Autor John Gartner vor, dass Hypomanie, wie ADHS, ein verbreiteter Charakterzug bei Forschern und Abenteurern ist – die Art von Mensch, die alles nimmt, was sie besitzt (oder alles zurücklässt), und ins Unbekannte oder zu fremden Orten aufbricht, um ein neues Leben zu finden. Das ist der zweite Vorteil, den die Hypomanie der modernen Gesellschaft beschert.

Die Folgen sind faszinierend. Gartner formuliert die Hypothese, dass Immigranten, obwohl wir sie nicht als Entdecker sehen, genetisch prädisponiert sind, hypomanisch zu sein. Und dass diese hypomanische Tendenz das amerikanische Vermächtnis der Erfindungen befeuert.

Hier nur paar der Menschen, die Gartner in seine Liste von hypomanischen oder bipolaren Persönlichkeiten der amerikanischen Geschichte aufgenommen hat:

Christoph Kolumbus, der Entdecker, der über das Meer segelte und in Amerika landete.
Alexander Hamilton, der sprunghafteste und ehrgeizigste der Gründungsväter Amerikas.
Andrew Carnegie, Amerikas risikofreudiger Industrieller und Philanthrop.

*Die Familien Selznick und Mayer, die beiden großen Grün-
derfamilien Hollywoods.*
*Craig Venter, Biologe und Unternehmer, der als Erster das
menschliche Erbgut entschlüsselte.*

Natürlich fällt es schwer, beweiskräftig zu behaupten, dass
Christoph Kolumbus, der schließlich bereits 1506 starb, hypomanisch, zyklothymisch oder bipolar war. Aber Gartners
Methoden zur Feststellung des mentalen Zustands dieser historischen Persönlichkeiten sind interessant genug, um sie hier
zu beschreiben.

Gartner wusste, dass wir oft nicht das ganze Bild in Bezug
auf unseren eigenen mentalen Zustand haben. Sind wir mit
hoher oder erhöhter Energie ausgestattet, hypomanisch, oder
brauchen wir psychologische Hilfe? Sind wir müde, traurig,
deprimiert, oder stehen wir kurz vor einer depressiven Episode? Und weil es so schwerfällt, dies zu erkennen, greifen Ärzte
oft auf Freunde und Familienmitglieder zurück, um eine Au-
ßenperspektive zu bekommen. Es gibt festgelegte Methoden
für die Gesprächsführung mit Menschen, die dem Patienten
nahestehen, um den geistigen Zustand des Patienten besser
einschätzen zu können.

Gartner wandte diese Technik schlauerweise bei historischen Persönlichkeiten an, indem er diejenigen befragte, die
ihnen am nächsten waren – ihre Biografen. Er bat Experten
auf ihrem Gebiet, Personen wie Kolumbus oder Hamilton auf
Grundlage diagnostischer Modelle zu beschreiben. Die Ergebnisse fielen positiv aus. Sie selbst mochten sich dessen nicht
bewusst gewesen sein, aber Gartner glaubt, dass diese historischen Persönlichkeiten mit Sicherheit hypomanisch waren.

Ich denke, wir können von Gartners Technik lernen. Sie erinnert uns daran, dass uns selbst oft die Perspektive fehlt, uns selbst beurteilen zu können. Ich hoffe, dass dieses Buch und die darin enthaltenen Persönlichkeitsprofile dazu beitragen, dass Sie sich und Ihr Profil besser verstehen.

Außerdem hilft die Erkenntnis, dass unsere Lieben uns oft besser kennen als wir uns selbst – dass wir, indem wir um Hilfe und Rat fragen, manchmal eine bessere Sicht auf uns selbst erlangen können.

Im Gegenzug nützt das Verstehen, dass wir unsere Freunde und Familie oft klarer sehen, sie selbst das aber nicht im selben Umfang tun. Vielleicht haben Sie schon einmal ein Familienmitglied dabei ertappt, sein wahres Profil zu verleugnen – wie jemand versucht, Angst zu unterdrücken oder einen abenteuerlichen Geist im Keim zu ersticken. Anderen dabei zu helfen, sich selbst in einem mitfühlenden Kontext besser zu verstehen, ist ein wertvolles Mittel, das wir unseren Lieben zur Verfügung stellen können.

Nach dem Studium der Geschichten der amerikanischen Helden kam Gartner zu dem Schluss, dass die Hypomanie direkte Ursache für den unternehmerischen, kreativen und erfindungsreichen Vorteil Amerikas ist.

Schauen wir uns zum Beispiel Christoph Kolumbus an: Welcher »normale« Mensch würde bei den königlichen Hoheiten von mehr als einem Land vorsprechen, um diese zu bitten, die Finanzierung seiner schlecht durchdachten und wissenschaftlich haltlosen Reise nach »Indien« zu übernehmen?

Oder werfen wir einen Blick auf Alexander Hamilton: In all seinen hirnrissigen Militärkampagnen (in einem Fall ließ er seine Männer gegen den Gegner vorpreschen, noch bevor das offizielle Signal zum Angriff erfolgt war, ein riskantes Manöver, das viele Leben in Gefahr brachte, aber letztlich von Erfolg gekrönt war) wie in seinen genauso verrückten politischen Machenschaften legte Hamilton eine Brillanz an den Tag, die nahe am Nichtpraktikablen lag – an der hypomanischen Scheide.

Ich möchte hier betonen, dass es Gartner wie mir nicht darum geht, die am besten zutreffenden diagnostischen Etiketten für seine Helden festzulegen. Ihm geht es nicht darum, dass diese Individuen von antipsychotischer Medikation oder Stimmungsaufhellern profitiert hätten. Er stellt vielmehr fest, dass diese Menschen genetisch prädisponiert für das Verhalten bei hoher Energie waren. Amerikaner neigen besonders zu dieser prädisponierten Verhaltensweise, und man kann sogar so weit gehen zu sagen, dass es ein grundlegender Aspekt des außergewöhnlichen amerikanischen Charakters darstellt.

Vorherrschende Stärken

Eine Persönlichkeit mit hoher Energie kann durch eine Vielzahl an positiven Charakterzügen beschrieben werden, Eigenschaften, die man sehr zum Vorteil nutzen kann. Hier sind einige der am häufigsten vorherrschenden Stärken:

LEISTUNG

Wenn jemand »oben« ist, scheint das Leben eine gute Wendung genommen zu haben, und es läuft einfach gut. Dr. Sheri Johnson, Professorin für Psychologie an der University of

Miami, hat Studien durchgeführt, die uns verraten, wie die Symptome der bipolaren Störung Menschen beeinflussen. Die Ergebnisse deuten darauf hin, dass ein Zusammenhang zwischen dem manischen Aspekt des Bipolaren und der Tatkraft, etwas erreichen zu wollen, besteht. Sollten also Menschen mit einer diagnostizierbaren bipolaren Störung eine Menge erreichen können, wenn ihre Stimmung aufgeheitert ist, dann können vielleicht auch wir – diejenigen unter uns, die nicht manisch sind – unsere emotionalen Höhenflüge zum Erreichen unserer Ziele einsetzen.

SELBSTBEWUSSTSEIN

Manie und Hypomanie scheinen einen Zuwachs an Selbstbewusstsein zu bescheren. Für eine Studie arbeiteten Dr. Johnson und ihr Team mit einer Gruppe von Collegestudenten, die sie zunächst auf einer hypomanischen Skala einstuften. Dann wurden die Studenten einem Hand-Augen-Koordinationstest unterzogen. Den Studenten wurde gesagt, dass sie gut abgeschnitten hätten, selbst wenn dies nicht der Fall war. Und nun kommt der interessante Teil. Nach dem ersten Test durften die Studenten sich aussuchen, welchen Test sie als Nächstes machen wollten. Die hypomanischen Studenten, beflügelt von ihren vermeintlichen Erfolgen im ersten Test, wählten typischerweise den schwierigeren Test als ihre nichtmanischen Kommilitonen.[57]

RESILIENZ

Wenn Sie zu Hypomanie neigen, dann verfügen Sie über eine grundlegende Resilienz, was bedeutet, Sie reagieren auf Widrigkeiten mit einem Zuwachs an Energie. Diese Stärke hilft Ihnen weiterzumachen, während andere vielleicht schon zusammenbrechen.

LEBENDIGKEIT

Sie sind quicklebendig. Menschen haben gern mit Ihnen zu tun. Sie verfügen über jede Menge Energie. Sie schlafen nicht viel. Sie sind optimistisch und glücklich.

ENTHUSIASMUS

Hypomanie ist eine erhöhende Erfahrung, etwas, von dem man mehr möchte. Man ist fasziniert von der Welt, und manchmal fühlt es sich so an, als würde die Welt sich ein klein wenig in einen verlieben.

KREATIVITÄT

Sowohl Manie als auch Hypomanie tragen in vielerlei Weise zur Kreativität bei. Sie können die Imagination stärken. Sie liefern Energie für kreative Aktivitäten. Und ist man leer und ohne Energie, dann kann eine kreative Person den Blick nach innen richten und neue Quellen der Inspiration erschließen. Das ist wie ein Time-out, während der die Kreativität wieder durchsickern kann.[58]

TATKRAFT

Eines der diagnostischen Symptome der Hypomanie ist ein Zuwachs an zielorientiertem Verhalten. Menschen, die hoch

241

oben auf dem bipolaren Kontinuum angesiedelt sind, neigen zu einer extremen Fokussierung und Tatkraft. Sie nehmen eine Herausforderung an und halten daran fest, kanalisieren ihre hohe Energie bis zum Erreichen des Erfolgs.

Im Gleichgewicht mit hoher Energie leben

Ein Gleichgewicht zu finden, ohne dabei die Energie und Tatkraft, die Sie einzigartig machen, zu verlieren, stellt wohl die größte Herausforderung für ein Leben mit hoher Energie dar. Menschen mit einem Hohe-Energie-Profil neigen dazu, ihr Leben in Extremen zu leben – und das ist gut so. Indem sie sicherstellen, dass sie nicht übertreiben und über die Klippe treten oder gar andere mit sich hinunterziehen, gelingt ihnen ein gesundes, energiegeladenes Leben.

Marc Peters verriet mir ein paar andere Mittel, die er zum Halten des Gleichgewichts einsetzt. Als ich mit Marc sprach, war er gerade in einen anderen Bundesstaat gezogen, wo er in einem Aufbaustudium den Abschluss seines Magisters in Öffentlicher Ordnung anstrebt. Er sprach über die Herausforderungen, in dieser neuen Umgebung wieder ein Gleichgewicht herzustellen.

Eines der Dinge, die Marc tat, um ausgeglichen zu bleiben, war, auf regelmäßiges Essen und einen regelmäßigen Schlafrhythmus zu achten. Sowohl der erhöhte als auch der verminderte Energielevel kann den Lebensstil beeinflussen. Während der Hochphasen ist man versucht, überhaupt nicht mehr zu schlafen, während man in den Niedrigphasen in ungesunde Essgewohnheiten verfällt. Daher müssen insbesondere Menschen mit diesem Charakterzug auf ihre täglichen Gewohnheiten achten.

. Dabei geht es nicht nur um einen gesunden Körper. Wir alle wissen, dass Ernährung und Ruhephasen die zwei wichtigsten – und in der Regel die am meisten vernachlässigten – Aspekte physischer Gesundheit sind. Aber wir verdrängen gerne, dass auch unsere mentale Gesundheit davon beeinflusst wird. Wenn wir nicht ordentlich essen oder nicht genug Schlaf bekommen, dann gerät der Körper aus dem Gleichgewicht – und der Geist ebenfalls.

Tatsächlich belegen aktuelle Studien, dass Schlafmangel ein wichtiger Faktor bei mentalen Störungen sein kann. Ärzte gingen früher davon aus, dass das Nichtschlafen ein Symptom sei. Und mit Sicherheit ist wenig Schlaf symptomatisch für Hypomanie, aber wie sich herausgestellt hat, scheint der Schlafmangel selbst sogenannte Stimmungsepisoden zu erzeugen, wie es Psychiater nennen. In einer Langzeitstudie mit tausend Erwachsenen in Michigan fand man heraus, dass Individuen, die an Schlafstörungen leiden, viermal wahrscheinlicher eine schwere Depression entwickeln. Weitere Studien wiesen nach, dass depressive Patienten, die unter Schlaflosigkeit litten, mit höherer Wahrscheinlichkeit an Selbstmord dachten als diejenigen, die normal schliefen.[59]

In Bezug auf bipolare Störungen gelangten Forscher zu ähnlichen Ergebnissen. Nicht nur, dass Schlafmangel manische Episoden auslösen kann, er kann auch dazu führen, dass man sich schwerer davon erholt.[60]

Parallel zum Balancieren seines Ess-, Schlaf- und Trainingsverhaltens arbeitet Marc daran, ein starkes soziales Netzwerk zu seiner Unterstützung aufrechtzuerhalten. Obwohl das manchmal schwerfällt, stellt er sicher, dass er wichtige Leute über seinen Zustand auf dem Laufenden hält – er sucht Ärzte auf, auf die er sich verlassen kann, und spricht mit seinen Dozenten, damit diese ihn dabei unterstützen können, sein mentales Gleichgewicht zu halten.

Selbst wenn man nicht selbst unter einer Störung leidet, kann es helfen, andere über die eigenen Tendenzen zu fluktuierenden Energieleveln in Kenntnis zu setzen. Kollegen und Freunde verstehen einen besser, wenn man ihnen einen Einblick in die eigene Persönlichkeit gewährt. Denn auch wenn Sie selbst sehr genau wissen, dass Sie abrupt von hyperaktiv zu schneckenlangsam wechseln können, mag Ihr geändertes Verhalten bei anderen in Ihrem Umfeld Verwunderung auslösen.

Was Marc darüber hinaus tut: Er bloggt über seinen Zustand. Das gehört zu seiner Interessenvertretung, mit der er ein Bewusstsein und Verständnis für die bipolare Störung schaffen möchte. Er möchte Vorbild und Mentor für Menschen sein, die sich so fühlen, wie er sich früher fühlte, die also der Meinung sind, dass das bipolare Leben kein erfolgreiches sein kann.

Bloggen war für Marc in vielerlei Hinsicht ein äußerst hilfreiches Mittel. Es hilft seinen Freunden und seiner Familie dabei nachzuvollziehen, was er durchmacht. Außerdem, das würde ich noch hinzufügen, bieten Bloggen beziehungsweise Schreiben gute Gelegenheiten, einen Schritt zurückzutreten und sich selbst anzuschauen, wo genau man auf dem Energiekontinuum landet – und darüber nachzudenken, wie man die positiven Aspekte des aktuellen Zustands maximieren kann.

Ein Leben mit hoher Energie

Wirklich gut in Bezug auf den Zustand hoher Energie ist, dass er andere Menschen anzieht. Wie schon gesagt, wenn man vor Energie nur so sprüht, dann hat man Spaß, ist begeistert und eine angenehme Gesellschaft. Andere zieht dieser sprudelnde Geist an.

Diese Anziehung ist am Arbeitsplatz ein großartiger Ansatz, um ein neues Projekt anzufangen. Ihr natürliches Charisma nimmt andere für neue Projekte ein. Und Ihre hohe Energie – Ihr kreatives Denken, Ihr Fokus und Ihre Leidenschaft – helfen dabei, jene Überstunden hinzulegen und jenes kreative Denken abzurufen, die über die höchsten Erwartungen hinausschießen.

Marc war zum Beispiel mitbeteiligt, eine neue Onlineinitiative zu gründen, die sich um Gendergleichberechtigung bemüht, als er sich in einem Hohe-Energie-Zustand befand. »Ich schätze, jemand ohne hypomanische Persönlichkeit denkt zuallererst einmal über all die Möglichkeiten nach, warum es nicht funktionieren könnte«, sagte Marc. »Aber für mich geht es in diesem Zustand darum, größer und kreativer zu denken, fokussiert Dinge zu erkennen, sie dann auf die richtige Art und Weise anzugehen und nach Lösungen zu suchen.«

Zustände hoher Energie gehen oft mit einer »Das kann ich«-Attitüde einher, die dabei hilft, Hindernisse zu überwinden, die andere aufhalten würden. Ich weiß, dass ich mit niedrigeren Energiewerten niemals für mehr als ein Jahr meinen verrückten Lebensstil des Reisens durchgehalten hätte. Ich hätte gesagt: »Das geht einfach nicht« und wäre zu Hause geblieben.

Stattdessen habe ich die Herausforderung angenommen. Und festgestellt, dass meine eigenen Fähigkeiten das übersteigt, was die Gesellschaft uns lehrt, das wir von uns zu erwarten sollen. Es ist eine Art gesunder Risikofreudigkeit, die mit einem Hohe-Energie-Level verbunden ist.

Auch für Beziehungen kommt einem ein hohes Energieniveau zugute; ein hoher Energiezustand ist ein guter Zeitpunkt, um jemand Neues kennenzulernen.

Marc gab (ein bisschen schüchtern) zu, dass er tendenziell mehr flirtet als sonst, wenn er sich voller Energie fühlt. Zustände hoher Energie gehen mit einem Zuwachs an Selbstbewusstsein einher. Und auch die sexuelle Energie ist erhöht.

Man sollte immer im Hinterkopf behalten, welche Risiken mit einem hohen Energie- oder hypomanischen Zustand verbunden sind. Vielen Menschen gelingt es, ihre Hypomanie in konstruktive Aktivitäten zu kanalisieren – erinnern Sie sich nur an Tatkraft als eine der vorherrschenden Stärken dieses Persönlichkeitsmerkmals. Aber auf der anderen Seite verstehen manche Menschen dieses Persönlichkeitsmerkmal nicht sonderlich gut. Sie stolpern in die Falle der Reizbarkeit, Impulsivität und des Verlangens nach unmittelbarer Belohnung – alles Dinge, für die Menschen mit hoher Energie besonders anfällig sind. Alkohol und Drogenmissbrauch, Spielsucht, ungeschützter Sex und andere risikofreudige Verhaltensweisen können das Ergebnis dieser hohen Energie sein. Versteht man allerdings, wie man diese Energie kontrolliert und kanalisiert, dann kann man sie zum Guten einsetzen.

Sind Sie selbst höher auf dem bipolaren Kontinuum angesiedelt, gilt es zu beachten, dass auf eine Phase mit hoher

Energie eine »Aufladephase« folgen kann (wie etwa bei mir). Falls das auf Sie zutrifft, sollten Sie den Umschwung im Auge behalten. Denn wenn Sie ein neues Projekt angehen oder eine neue Beziehung, nur um nach einer Woche das Interesse zu verlieren, dann frustrieren Sie Ihre Kollegen und Freunde zwangsläufig. Und sich selbst auch – denn es fühlt sich nie gut an, wenn man die Initiative schleifen lässt.

Aber wenn Sie diese Umschwünge im Auge behalten, können Sie auch damit planen. Fragen Sie sich vor einem neuen Projekt, ob Sie nächste Woche noch daran arbeiten können – oder nächsten Monat. Denken Sie an vergangene Phasen: Neigen Sie dazu, ein Projekt fallen zu lassen? Wenn das der Fall ist, sollten Sie Ihre hohe Energie besser auf ein Projekt fokussieren, an dem Sie gerade arbeiten, oder eines, das Sie innerhalb eines angemessenen Zeitrahmens fertigstellen werden. Nutzen Sie Ihre Selbsterkenntnis, um Ihre Begeisterung zu zügeln.

Bereiten Sie sich und andere aus Ihrem Umfeld auf die Tiefen vor, wenn sie im Anzug sind. Wenn bei Ihnen wie bei mir Zeiten dazugehören, in denen Sie allein sein wollen und aufladen, dann erklären Sie das anderen, insbesondere einem Partner oder Ehepartner. Sagen Sie Verabredungen im Voraus ab, um keine Missverständnisse entstehen zu lassen.

Sollten Sie merken, wie Sie in diesen Phasen aus dem Zustand ruhender Einkehr in einen Zustand der Frustration und des Unglücklichseins schlittern, dann stellen Sie (wie es Marc tut) sicher, dass Ihr Netzwerk Sie unterstützt und Sie jemanden haben, der Sie wieder in einen positiveren Gemütszustand, wenn nicht sogar einen energetischen höheren Zustand führen kann.

Verlieren Sie dabei auch nicht die Natur Ihres eigenen Energiezyklus aus den Augen: Bald sind Sie wieder auf der Höhe und leisten großartige Dinge.

Zusammenfassung: Haben Sie ein hohes Energieniveau?

Wo genau landen Sie auf dem bipolaren Kontinuum? Gehen Sie durch Phasen intensiver Energie und Fokussierung, was manche als hypomanische Perioden bezeichnen würden? Treiben Sie sich manchmal selbst über die Erschöpfungslinie und brauchen Zeit zum Aufladen?

Ich befinde mich am höheren Ende des bipolaren Kontinuums, daher sympathisiere ich sowohl mit den Stärken als auch mit den Herausforderungen dieses speziellen Persönlichkeitszugs. Einer der schwierigsten Aspekte für mich persönlich waren jene Zeiten, in denen ich mich nicht sonderlich gut fühlte. Ich habe lange gebraucht, um diesen Teil meiner Persönlichkeit anzunehmen. Früher habe ich mich selbst dafür verurteilt, faul und schwach zu sein. Das hat eine Melancholie heraufbeschworen, die nur schwer abzuschütteln war. Aber inzwischen habe ich gelernt, diese Phasen zum Aufladen meiner inneren Batterie als entspannende Wochenenden, die ich allein verbringe, zu genießen.

Und diese erholsamen Wochenenden sind wichtig, denn sie halten mich davon ab, während meiner hypomanischen Phasen über meine eigenen Grenzen hinauszuschießen. Wenn Sie hoch auf dem Kontinuum liegen, dann wissen Sie, wie wunderbar inspirierend diese Phasen der hohen Energie, des Fokus, der Kreativität und des Antriebs sein können. Viele Schriftsteller beschreiben dieses Gefühl der erhöhten Aufmerksamkeit als essenziellen Bestandteil ihres Schreibprozesses. Ich schätze, dass es vielen Menschen in anderen Berufsfeldern ähnlich ergeht. Für mich ist es der mentale Zustand, in dem ich meine beste Arbeit abliefere. Diese Energie zu verstehen und anzuzapfen, steigert Ihre Kreativität und Ihren Tatendrang. Das ist auch der Grund, warum bipolar solch eine wichtige Eigenschaft ist, die es anzunehmen gilt.

KAPITEL 9

MAGISCH – SCHIZOPHREN

Von den acht in diesem Buch vorgestellten Persönlichkeitsmerkmalen ist die magische Persönlichkeit am schwierigsten zu verstehen und zu erklären, aber für mich ist sie gleichzeitig auch die interessanteste und wichtigste.

Was genau bedeutet es, magisch zu sein? Ein Beispiel für eine magische Persönlichkeit stellt Benjamin Brafman dar, jener Anwalt, der den Rapper Sean Combs (aka P. Diddy) 2001 in seinem Prozess wegen unerlaubten Waffenbesitzes vertreten hat. Während des Prozesses trug Brafman ein sogenanntes *Bendel* (ein jüdisches Armband, das den bösen Blick bannen soll). Brafman gewann den Prozess (Diddy wurde freigesprochen), und seit diesem Tag hat er das Band, obwohl er nicht abergläubisch ist, nicht mehr abgelegt. »Ich trage es, da ich, seit ich es angelegt habe, einfach das Glück genieße, im Privaten wie auch im Beruflichen«, sagt er. »Denke ich manchmal daran, es durchzureißen und wegzuwerfen? Ja, der Gedanke ist mir schon gekommen. Aber ich habe es nicht getan.«[61]

Ein weiteres Beispiel für magisches Denken stammt aus meiner eigenen Erfahrung als Pokerspieler. Wie viele Kartenspieler glaube ich fest an mein Bauchgefühl, und oft kann ich sagen, ob ein anderer Spieler ein gutes Blatt hat (und die Wahrheit sagt) oder blufft (und lügt). Aber manchmal geht das noch ein Stück weiter. Manchmal hatte ich das Gefühl, dass ich das Blatt meines Gegners genau benennen konnte, und ich lag richtig. Diese magische Qualität meiner Persönlichkeit anzuzapfen, war Teil des Reizes beim Spiel. Natürlich war ich nicht die ganze Zeit so »dabei«. Wäre das nämlich der Fall gewesen, würde ich heute noch Poker spielen.

Als ein weiteres Bespiel für magische Eigenschaft steht eine Freundin und Kollegin aus meiner Heimat: Nola Mae Ross. Nola Mae ist eine fantastische Frau. Ihre gesamten fünfundachtzig Jahre hat sie in Südlouisiana verbracht. Viele Jahre lang hat sie mit ihrem Ehemann, einem Piloten, den privaten Flughafen dort betrieben. Als er leider an Alzheimer erkrankte und nicht länger fliegen konnte, musste Nola Mae den Flughafen aufgeben und sich rund um die Uhr um ihren Ehemann kümmern. Fast rund um die Uhr. Sie beschloss nämlich, in der ihr verbleibenden Freizeit zu schreiben.

Nola Mae entdeckte dabei, dass ihre Intuition – von der sie immer schon eine Menge hatte – ihr als Schriftstellerin zugutekam. »Ich durchschaue Menschen frühzeitig.« Als sie noch den Flughafen leitete, wusste sie instinktiv, ob Piloten in Gefahr geraten würden oder Konflikte bevorstanden. Nola Mae hat inzwischen über fünfundzwanzig Bücher über die Menschen und das Land, das sie kennt und liebt, verfasst. Sie sagt: »Ich bin zum Schreiben berufen.« Und sie glaubt das auch. Zuzuhören und dann diesem Ruf zu folgen, war ein Akt des Glaubens – ein Akt magischen Denkens. Nola Mae ist eine Sechs auf dem magischen Kontinuum.

Magische Denker sind in ihrem Denken flexibel, offen, selbstbewusst und intuitiv. Fast alle erfolgreichen Menschen, von denen ich in diesem Buch ein Profil erstelle, zeigen ein gewisses Maß an magischem Denken: Jeder, der ein neues Unternehmen aufzieht, seinen Job an den Nagel hängt, ein Abenteuer eingeht oder Kunst schafft, geht zumindest in einem gewissen Maß einen Akt des Glaubens ein. Das ist genau das, was magisches Denken ausmacht.

Magisches Denken wird nur kompliziert, weil es oft mit anderen Charaktereigenschaften und Verhaltensweisen assoziiert wird, von denen einige extrem stigmatisiert sind, Aberglaube etwa. Jene seltsamen Rituale, die Athleten manchmal an den Tag legen, sind Akte magischen Denkens. Ein solcher Akt ist auch die legendäre Abfolge, mit der der Baseballspieler Nomar Garciaparra seinen Handschuh richtete, wenn er sich auf den nächsten Schlag vorbereitete. Der Basketballsuperstar LeBron James wirft vor jedem Spiel Kreidestaub in die Luft. Dennoch sind nicht alle magischen Denker abergläubisch.

Wenn ich sage, dass Menschen mit einem magischen Persönlichkeitsmerkmal oft im Glauben handeln, dann meine ich damit nicht, dass sie nicht in der Realität geerdet sind. Ich selbst bin zum Beispiel ein religiöser Mensch und glaube an Gott, obwohl ich keinen quantifizierbaren Beweis für seine Existenz habe. Meine Fähigkeit, ohne etwas Greifbares an etwas zu glauben, ist zum Teil meinem magischen Denken geschuldet. Und das gilt auch für viele andere.

Selbstverständlich kann man auch zu viel Glauben in das Unbekannte haben, bis zu einem Punkt, der wahnhaft ist – und tatsächlich liegt am oberen Extrem des magischen Kontinu-

NICHT NORMAL, ABER ZIEMLICH GENIAL

ums die Schizophrenie. Ich weiß, wie unglaublich verheerend diese Störung sein kann, denn ich habe mit Menschen von diesem Ende des Spektrums gearbeitet. Sie müssen unbedingt mit Mitgefühl betrachtet und mit einer Kombination aus therapeutischer und medikamentöser Betreuung behandelt werden. Warum Mitgefühl? Weil jeder, der nachempfinden kann, wie man zu einem Sprung ins Ungewisse bereit sein kann, zumindest zu einem gewissen Maß versteht, welcher Kampf mit dieser Störung einhergeht.

Und deshalb halte ich dieses Kapitel für so wichtig, und deshalb war es schwierig zu schreiben. Mir geht es zunächst einmal darum, den Wert des magischen Denkens in allen Lebensbereichen zu zeigen – er gilt für viele Menschen, von Sportlern über Pokerspieler zu religiösen Führern und innovativen Unternehmern. Und ich tue das bewusst auf professioneller Ebene, als jemand, dessen Arbeit auf einem wissenschaftlichen Modell basiert. Gleichzeitig möchte ich betonen, dass wir denjenigen, die unter Schizophrenie leiden, mit dem größtmöglichen Mitgefühl begegnen sollten, da sie ohne Zweifel die verheerendste aller psychiatrischen Störungen ist.

Das Kontinuum-Modell: magisch

KONTINUUM DER SCHIZOPHRENIE				
RATIONAL		MAGISCH		SCHIZOPHREN
0	3	5	7	10+
nicht vorhanden		dominant		superdominant

Hier meine Überlegungen zum magischen Kontinuum: Stellen Sie eine Null auf dem Kontinuum dar und weisen keinerlei Züge auf, dann leben Sie ein höchst rationales Leben. Sie sind äußerst logisch und strukturiert in Ihrem Denken. Ihr Glaubenssystem und Ihre Entscheidungsprozesse basieren auf Fakten, die überzeugend zu belegen sind (für Sie zumindest). Wie ich schon sagte, liegt Schizophrenie am anderen Ende des Spektrums, bei der Zehn, und es gibt wirklich nichts, was für diesen Zustand spricht. Aber viele Menschen sind in der Mitte angesiedelt, wo magisches Denken eine dominante Eigenschaft ist. Diese Menschen glauben und verfügen über eine ausgeprägte Intuition.

Lassen Sie mich des Weiteren erläutern, dass der Glaube, der mit dem magischen Denken verknüpft ist, nicht immer als religiöser Glaube zu verstehen ist. Tatsächlich haben einige ausgewiesene Atheisten, die ich kenne – selbst jene mit wissenschaftlichem Hintergrund –, den Sprung ins Ungewisse gewagt oder komplett instinktiv gehandelt. Die Liebe ist ein wunderbares Beispiel dafür. Sich zu verlieben, ist per Definition ein irrationaler Akt und oft ein unpraktisches und unbequemes Unterfangen. Dennoch verlieben sich Tausende jeden Tag, ja vermutlich Millionen von Menschen Hals über Kopf – Atheisten, Agnostiker und tief Gläubige gleichermaßen.

Obwohl das magische Denken nicht immer eine Art religiöser Glaube ist, ist religiöser Glaube eine typische Form des magischen Denkens. Natürlich haben sich Menschen der Aufgabe verschrieben, die Existenz Gottes durch einen wissenschaftlichen oder logischen Ansatz zu beweisen oder zu widerlegen. Aber die meisten von uns glauben an ein höheres Wesen (gleich welcher Art), und wir glauben »blind«. Wir sind uns bewusst, dass unter Intellektuellen eine Debatte über die Existenz Gottes tobt, doch das beeinträchtigt unseren Glauben nicht. Darin liegt ganz sicher ein Quäntchen Magie.

Bewegen wir uns weiter entlang dem Kontinuum vom konventionellen religiösen Glauben, treffen wir auf seltenere Formen des magischen Denkens, auch wenn diese noch keinen Anlass zur Sorge darstellen. Sportler sind, wie wir gesehen haben, dafür bekannt, an bestimmte Rituale und Handlungen zu glauben, die ihre Chancen auf ein gutes Abschneiden oder den Gewinn eines Spiels verbessern sollen. Aber das gilt nicht nur für Sportler. Viele Menschen glauben, sie können die Zukunft durch bestimmte persönliche Rituale beeinflussen. Andere vertrauen auf ihre starken intuitiven Instinkte – ihre Fähigkeit zu spüren, was andere fühlen oder denken. Meine Freundin Lorraine, die uns bereits im Kapitel über Schüchternheit begegnet ist, erzählte mir, warum sie es nicht mochte, in Gruppen zu sein – sie kann dann spüren, wie alle um sie herum fühlen. Sie hat ein erhöhtes Empathieempfinden, das soziale Anlässe in Stress ausarten lässt.

Manche Menschen verfügen über einen besonders ausgeprägten siebten Sinn, die Intuition. Ich zum Beispiel glaube fest, die Karten anderer Pokerspieler vorhersagen zu können, während andere glauben, dass sie die Gedanken ihrer Gegenüber lesen können. Einige wenige glauben, die Stimme Gottes zu hören. In meiner Rolle als Psychiater steht es mir nicht zu festzustellen, ob eine direkte Kommunikation mit Gott möglich ist, daher werde ich das nicht weiter kommentieren – obwohl mein Ansatz, auf den wir später weiter eingehen werden, in der Akzeptanz besteht, dass so ziemlich alles möglich ist, selbst wenn wir es momentan nicht erklären oder verstehen können.

Ich weiß, dass das magische Denken für eine kleine Anzahl von Menschen (etwa 1 Prozent der Bevölkerung) nicht
länger gesund, spirituell und produktiv ist. Diese Menschen
brechen aus der Realität aus und finden sich komplett im magischen Denken wieder. Ihr Denken wird unstrukturiert – und
damit landen sie am Endpunkt des Kontinuums und müssen
als schizophren eingestuft werden.

Schizophrenie ist nie ein produktiver Charakterzug. Aber
es gibt einen Punkt auf dem Kontinuum, wo die richtige Menge an magischem Denken dabei hilft, glücklicher, produktiver
und bedeutungsvoller zu leben. Diesen Punkt zu finden und
auszunutzen, ist der Ansatz dieses Kapitels.

Die Neudefinition
des Schizophrenie-Spektrums

Folgend ein E-Mail-Austausch, den ich mit einer Frau namens
Stephanie über meine Webseite, DrDaleArcher.com, geführt
habe.

Lieber Dr. Archer,
mein Vater und meine Großmutter sind beide schi-
zophren. Mein Vater hat alles verloren und wurde ob-
dachlos, als ich 14 Jahre alt war, und ich musste für
ihn sorgen. Ich verarbeite das in meinen Gedichten.
Ich habe nie irgendwo hingepasst, und wenn ich ehr-
lich bin, tue ich das heute noch nicht. Ich hatte noch
nie eine Beziehung und habe noch nie länger einen Job
behalten.

Mit 39 versuche ich jetzt, aufs College zu gehen. Das bringt Höhen und Tiefen, denn ich kann ganz offensichtlich nicht behalten, was ich lerne. Ich gebe vor, schlau zu sein, und irgendwie komme ich damit durch.

Ich will ehrlich sein, nicht viele wissen, dass ich Stimmen höre und dass bei mir schon vor Jahren eine schizoaffektive Störung diagnostiziert wurde. Ich habe das Gefühl, dass Schizophrenie spirituelle Aspekte mit sich bringt, und bin der Überzeugung, dass kein Heilmittel gefunden wird, bis nicht dieser Bereich erforscht wird. Es ist wie ein psychischer Krieg.

Ich war mit der Geschichte meines Vaters 1999 auch in der letzten Sendung von MTV News Unfiltered, *und manche behaupten, dass ich meinen eigenen Vater ausnutze ...*
Danke für Ihre Zeit, Dr. Archer, Stephanie

Liebe Stephanie,
danke für Ihr Schreiben. Ihre Geschichte ist sehr interessant und nicht nur reich an Leid, sondern auch voller Hoffnung. Ihr Vater kann sich glücklich schätzen, dass Sie sich nach besten Möglichkeiten um ihn kümmern. Viele reden davon, mental Kranken zu helfen, aber nur wenige tun auch etwas. Sie gehören zu diesen wenigen. Und wie Sie so präzise festgestellt haben, muss eigentlich die Gesellschaft auf ihre Kinder achten und begreifen, dass eines Tages auch ihr Liebling zu den obdachlosen psychisch Kranken gehören könnte.

Solange wir dies nämlich immer wieder zum Problem anderer machen, werden Situationen wie die Ihres Vaters so bleiben, wie sie sind. Sie sind auf dem richtigen Weg, sich zu verändern, wie wir auf psychisch Kranke schauen und wie wir ihnen helfen können.

Eine Anmerkung zu Ihrem Stimmenhören und der Schizophrenie. Ich stimme zu, dass es bestimmte Fälle von, wie ich es nenne, »magischem Denken« gibt, die nicht behandelt werden müssen, wenn das Individuum im Alltag funktioniert. Genau diese Gedanken mögen zu Ihrer Kreativität beigetragen haben.

Sie sagen aber, dass Sie keinen Job haben, und daher möchten Sie ja vielleicht doch eine psychiatrische Einschätzung in Erwägung ziehen und sehen, ob Ihnen dies hilft – ich wünsche Ihnen Erfolg in Ihren Bestrebungen.

Dr. Archer

Hi Dr. Archer,
ich musste einen Moment lang nachdenken, bevor ich antworten konnte. Hier Stephanie, die Ihnen schon einen Brief geschrieben hat. Danke für Ihre Antwort. Das war nett, und obwohl ich denke, dass psychisch Kranke beizeiten ihre Medikation brauchen, wünschte ich, Sie wären der Tatsache gegenüber offener, dass viele von Geistern gequält werden.

Stephanie, ich versuche, vielen Dingen gegenüber offen zu sein, da ich der Meinung bin, dass alles möglich ist. Danke für Ihre Rückmeldung und diese einzigartige Sicht auf die Dinge.

Ich hoffe, dieser Dialog zwischen Stephanie und mir offenbart die Komplexität, die im Subtext in jedem Gespräch über das magische Kontinuum mitläuft. Was ich mit dieser Geschichte sagen will, ist, dass ich kein Urteil über diese Zustände abgebe. Vielmehr will ich einen abweichenden Denkansatz aufzeigen und wie man über Schizophrenie und magisches Denken reden kann.

Werfen wir also einen genaueren Blick darauf, was Schizophrenie ist und wie sie sich vom magischen Denken unterscheidet. In ihrer extremsten Ausprägung ist Schizophrenie die verheerendste Störung im DSM. Diagnostische Symptome der Schizophrenie umfassen Wahnvorstellungen, Halluzinationen, desorganisierte Sprache, äußerst unstrukturiertes und katatonisches Verhalten, Alogie (Ausdrucksstörungen) und Willensschwäche (das Fehlen von Initiative und Zielen).

Warum Schizophrenie in Amerika so extrem stigmatisiert wird, wird daran deutlich: Wir fühlen uns mit Menschen mit hoher Energie, mit abenteuerlustigen oder sogar mit obsessiven Menschen wohl, aber Wahnvorstellungen und Halluzinationen passen nicht so recht in das wissenschafts- und faktenbasierte Denkmuster, das wir bevorzugen und bewundern. Darüber hinaus sind die verräterischen Anzeichen von Schizophrenie im Gegensatz zu den Symptomen von ADHS, die in unserer Gesellschaft weit verbreitet sind und die, so wie wir sie wahrnehmen, oft nichts Pathologisches an sich haben (z. B. zappelt häufig; kann sich oft nicht konzentrieren), oft fremd, bizarr und beängstigend für Menschen, die mit der Störung nicht vertraut sind. Ich hoffe, dass diese Ängste in den Hintergrund treten, wenn Sie den Zusammenhang zwischen Schizophrenie und magischem Denken verstehen.

Verstärkt wird die Stigmatisierung von Menschen mit Schizophrenie durch die Wahrnehmung der Krankheit als gewalttätig. Diese Wahrnehmung geht unter anderem zurück auf die Darstellung in Filmen, im Fernsehen oder in Romanen über Personen, deren paranoide Wahnvorstellungen zu gewalttätigen Handlungen führen. Diese fiktionalen Porträts fallen einem automatisch ein, wenn ähnlich gewalttätige Taten real passieren. Menschen spekulieren dann zum Beispiel, ob Jared Loughner – der Amokläufer, der im Januar 2011 in Tuscon eine Schießorgie veranstaltete – möglicherweise unter schizophrenen Wahnvorstellungen litt. Als sich herausstellte, dass dies den Tatsachen entsprach, verstärkte sich die Stigmatisierung weiter.

Tatsache ist, dass Schizophrenie manchmal von Gewalt begleitet wird, die meisten Menschen, die unter dieser Störung leiden, jedoch nicht gewalttätig sind. Um es in Relation zu setzen: Personen, bei denen Schizophrenie diagnostiziert wurde, neigen deutlich weniger zu Gewalt als jene mit einer Affektstörung, Drogenmissbrauchsstörung oder Persönlichkeitsstörung. Eine Gruppe von Wissenschaftlern, die darüber forschten, formulierte es folgendermaßen: »Die in der Öffentlichkeit vorherrschende Angst vor Menschen mit Schizophrenie, die in einer Gemeinschaft leben, ist weitestgehend unbegründet, wenn auch nicht ganz grundlos.«[62]

Vor allem gilt es zu verstehen, dass Schizophrenie behandelbar ist und Psychopharmaka dabei helfen, die Schwierigkeiten – wie Wahnvorstellungen, Halluzinationen und verdrehtes Denken –, die mit der Störung einhergehen, im Zaum zu halten. Und es gibt Hoffnung, da Menschen mit Schizophrenie auch durch eine Form von Gesprächstherapie, normalerweise in Kombination mit einer Medikation, geholfen werden kann. Forscher der University of Pennsylvania entwickelten ein spezielles Programm, um Menschen mit Schiz-

ophrenie bestimmte Ziele zu setzen – wie etwa »zum Kaffee-
trinken gehen, eine Buchhandlung vor Ort aufsuchen oder in
einem Gemeindezentrum ehrenamtlich arbeiten« – und diese
nach und nach zu erreichen. Erfolg bei einem kleinen Ziel
stärkt den Patienten, und das Gefühl des Meisterns befähigt
sie, weitere Ziele anzugehen. Die einunddreißig Menschen,
die an der Studie teilnahmen, zeigten eine signifikant größere
Verbesserung ihres Zustands als diejenigen, die nur medika-
mentiert wurden.[63] Bleiben Sie also dran. Was auch immer
die beste Behandlungsmethode sein mag, es ist absolut wichtig, dass diese Menschen die Unterstützung und Versorgung
erhalten, die sie brauchen.

Doch selbst wenn Menschen mit der Diagnose Schizophrenie Therapie und angemessene Medikamente erhalten, bleibt
die soziale Stigmatisierung so massiv, dass manche Psychiater
sie sogar als »zweite Störung« bezeichnen. Die Art und Weise, wie wir als Gesellschaft Geisteskrankheiten wahrnehmen,
hat einen gigantischen Einfluss auf die psychische Gesundheit
der Patienten mit Störungen. Indem wir magisches Denken
verstehen und erkennen, warum es auftritt und was passiert,
wenn es lähmend wird, können wir unser eigenes magisches
Denken annehmen und das Leben derjenigen verbessern, die
mit Schizophrenie kämpfen.

Ein evolutionärer Imperativ

Die Frage, *warum* es Schizophrenie gibt, ist so verwirrend,
dass sie sogar einen eigenen Namen unter Psychiatern bekommen hat: das Schizophrenie-Paradoxon.

Diesem Problem sind wir auch schon in anderen Kapiteln begegnet. Schizophrenie findet sich bei etwa 1 Prozent der Weltbevölkerung. Sie hat eine polygene Basis, was bedeutet, es existiert kein einzelnes »Schizophreniegen«. Stattdessen steht sie in Zusammenhang mit einer Vielzahl von Genen und Umweltfaktoren. Ihre Symptome – zu denen Wahnvorstellungen, auditive Halluzinationen und der Verlust der Gedanken- und Sprachstringenz gehören – tauchen oft in der Pubertät auf. Sie hat einen nachweislichen Einfluss auf die Fruchtbarkeit (Anzahl der Kinder).[64]

Darüber hinaus scheint Schizophrenie seit Langem zu existieren. Menschen mit Schizophrenie sind in allen Kulturen der Welt identifiziert worden, und die Quote ist weltweit konstant. Selbst australische Aborigines, deren genetisches Material seit sechzigtausend Jahren isoliert ist, leiden unter Schizophrenie. Schizophrenie ist daher wahrscheinlich älter als sechzigtausend Jahre – und viele Wissenschaftler gehen davon aus, dass sie sogar noch älter ist.[65]

Wie also konnte Schizophrenie so viele Jahrtausende überleben? Wissenschaftler haben eine ganze Reihe von Möglichkeiten in Erwägung gezogen. Die Genetik ist jedoch ein neuer Wissenschaftszweig, und das Studium der Evolution gibt kaum Aufschlüsse.

Um sich die möglichen Vorteile von Schizophreniegenen vorzustellen, reisen wir wieder in unser imaginäres Dorf der Steinzeit, wo die ersten anthropologischen Anzeichen für das Auftauchen von Religionen entdeckt wurden. Mit der Religion geht der Glaube an nichtphysische Wesen einher, also an eine Art Gottheit oder Gott. Und mit diesem Glauben an jene Wesen kam der Glaube an außergewöhnliche Individuen auf, die mit dem Übernatürlichen kommunizieren können. Diese Individuen, die Schamanen, sind heilige Personen, die spirituellen Anführer des Steinzeitdorfes.

Interessanterweise existieren etliche Parallelen zwischen schamanischem Verhalten und Schizophrenie. Schamanische Kräfte entstehen in der Pubertät, zur gleichen Zeit, zu der auch Symptome von Schizophrenie erstmals auftauchen. Schamanische Visionen ähneln den Halluzinationen von Menschen mit Schizophrenie. Und die Verbreitungsrate von Schizophrenie (etwa einer in hundert) liegt etwa bei der Verbreitung von Schamanen in heutigen Stammesgesellschaften. Es ist also durchaus möglich, dass es einen genetischen Link zwischen Schamanismus und Schizophrenie gibt – dass die heutigen Schizophrenen genetisches Material mit Schamanen, Propheten und heiligen Männern und Frauen der Vergangenheit teilen.

Diese Theorie war in den 1960er- und 1970er-Jahren unter Anthropologen beliebt. Obwohl sie seit ein paar Jahrzehnten aus der Mode gekommen ist, denke ich, dass es gute Gründe gibt, diesen Zusammenhang zwischen Schamanismus und Schizophrenie nicht aus den Augen zu verlieren. Er hilft zu erklären, warum magisches Denken ein wertvolles Kapital in unserer heutigen Gesellschaft ist, so wie es vor Tausenden von Jahren schon der Fall war.

Wissenschaftler haben noch eine weitere faszinierende Möglichkeit erforscht. Vielleicht stehen die Gene, die mit Schizophrenie assoziiert werden, mit bestimmten positiven Persönlichkeitszügen wie Kreativität, Fantasie, Intelligenz und Offenheit für Erfahrungen in Zusammenhang. In Studien wurde im letzten Jahrzehnt herausgefunden, dass Gene, die mit einem erhöhten Risiko für Schizophrenie in Verbindung stehen (Gene mit Namen wie COMT, HTR2A, SLC6A4 etc.), tatsächlich mit diesen positiven Eigenschaften unter der psychisch gesunden Bevölkerung in Verbindung stehen.[66]

Wenn Sie also einige dieser Gene haben, zeigen Sie wahrscheinlich bestimmte positive Persönlichkeitseigenschaften. Verfügen Sie hingegen über all jene Gene und sind die Umwelteinflüsse entsprechend, dann könnten Sie damit Schizophrenie entwickeln. Es handelt sich also ganz sicher um eine Kontinuum-Eigenschaft.

Tatsächlich verweist die Studie auf die genetische Basis, die meinem Kontinuum-Modell zu Verhaltenseigenschaften zugrunde liegt. Menschen mit ein paar »Schizophreniegenen« sind außergewöhnlich kreativ, fantasievoll, intelligent und offen für Neues. Das hat sich vor allem in Familien mit Schizophrenie bewahrheitet. Diese Menschen teilen die Gene mit den stärker betroffenen Familienmitgliedern. Doch statt ebenfalls eine Zehn auf dem Kontinuum zu sein (z. B. schizophren), sind sie eine Sechs oder Sieben. Sie sind magische Denker.

Ich will damit nicht sagen, dass alle Menschen mit magischen Persönlichkeiten oder ihre Kinder dem Risiko der Schizophrenie ausgesetzt sind. Die genetischen und umweltbedingten Faktoren, die zur Schizophrenie führen, sind so komplex, dass man nicht mit Sicherheit sagen kann, wo und wann sich die Störung manifestieren wird. Man kann nur hoffen, dass weitere neurowissenschaftliche und genetische Forschungen uns dabei helfen werden, diese Störung zu verstehen und neue Wege zu entwickeln, damit man sich vom ungesunden Ende des Kontinuums wegbewegen und einen gesünderen und produktiveren Zustand des magischen Denkens erreichen kann – jeden wunderbaren Punkt auf dem magischen Kontinuum.

Ganz egal, ob Sie sich für diesen Charakterzug interessieren, weil Sie selbst ein magischer Denker sind oder weil Sie daran interessiert sind, neue Wege zu finden, wie man über Schizophrenie denken kann: Ich hoffe, dass das Kontinuum-Modell Ihnen dabei hilft, das magische Persönlichkeitsmerkmal anzunehmen und andere damit besser zu verstehen.

Vorherrschende Persönlichkeitsmerkmale

Die positiven Aspekte der magischen Eigenschaft umfassen:

FANTASIE

Vielleicht nannten Ihre Eltern Sie Tagträumer, oder Ihre Lehrer hielten Sie für verpeilt, aber genau diese Art von Tagträumen und fantasievollem Denken ist in der Regel am Erschaffen neuer Dinge beteiligt, seien das technische Innovationen oder ein Kunstwerk.

INTELLIGENZ

Studien deuten darauf hin, dass schizophrene Individuen aus Familien mit überdurchschnittlichem IQ stammen. In Zeiten, in denen alle Berufe mehr Wissen und technische Fähigkeiten erfordern, kann Ihre außergewöhnliche Intelligenz Sie daher ganz an die Spitze bringen.

INTUITION

Manche Menschen spüren, was andere denken oder fühlen; andere können einen guten Zug beim Pokern oder am Aktienmarkt identifizieren. Zu wissen, wie und wann man sich auf sein Bauchgefühl verlassen kann, eröffnet wunderbare Möglichkeiten.

GLAUBE

Die physischen und psychischen Gesundheitsvorteile des Glaubens sind enorm. Das Vertrauen einer gläubigen Person in andere hilft bei privaten und beruflichen Beziehungen. Das Vertrauen, das man Mitarbeitern und Kollegen entgegenbringt, macht einen zu einem effektiven Teamplayer (vielleicht sind deshalb so viele Sportler magische Denker!). Und im Privatbereich spüren Freunde und die Lieben, dass man ihnen bedingungslos vertraut, und sie erwidern dieses Vertrauen.

Jene, die glauben, fühlen sich erfahrungsgemäß optimistischer und hoffnungsvoller, was die Zukunft betrifft, als jene, die nicht glauben. Ihnen fällt es leichter, einen Sinn im Leben zu finden.[67] Und diese positive Beziehung zu Gott trägt zu einer verbesserten psychischen Gesundheit bei.[68] Man hat herausgefunden, dass schizophrene Individuen, die unter religiösen Wahnvorstellungen leiden, die Religion bei ihrer Genesung nutzen können.[69]

Wenn Sie also glauben, dann nicht, weil die Wissenschaft sagt, dass Sie damit das Risiko, an einer Geistesstörung zu erkranken, um ein paar Prozent drücken. Ihr Glaube ist ein echter Glaube an Gott, und das erkenne ich an. Ich überlasse es jedem selbst zu entscheiden, welche Rolle Gott bei den positiven Vorteilen spielt, die der Glaube im Leben haben kann.

Ein magisches Leben

Reisen Sie mit mir zurück ins Jahr 2004, als ich bei der Hauptveranstaltung der World Series of Poker in Las Vegas teilnahm. Es war das letzte Jahr, in dem der Wettbewerb im Binion's Horseshoe stattfand, dem historischen Hotel, wo der Wettbewerb vor vierzig Jahren begründet worden war. Schimmelgeruch hing dick in meinem Zimmer, sodass ich das Fenster die gesamte Woche über offen ließ. Der Lärm vom Kasino und das Licht von der Straße hielten mich nachts wach. Aber was soll ich sagen? Ich bin ein magischer Denker. Ich quartierte mich immer dort ein, wo ich auch spielte. Und ich erinnere mich an das Gefühl der Gewissheit, zum Gewinnen angetreten zu sein. Selbstbewusstsein gegen alle Widrigkeiten ist ein Charakteristikum von magischen Denkern.

Es gibt einen besonderen Moment, den ich Ihnen gerne beschreiben möchte. Es war 2:30 Uhr am Morgen, am dritten Tag des Wettbewerbs, und ich spielte seit Mittag. Man kann durchaus sagen, dass ich nicht gerade in Höchstform war. Wir spielten das letzte Blatt der Nacht. Den gesamten Wettbewerb über hatte ich konservativ gespielt. Ich weiß nicht genau, was in dieser Nacht geschah – vielleicht war ich zu müde, um noch geradlinig zu denken, oder vielleicht hatte ich mich selbst davon überzeugt, dass ich umso früher in mein schimmeliges Zimmer gehen und ins Bett fallen könnte, je früher ich diese letzte Hand gewann. Aber die Dinge liefen gut mit dieser letzten Hand der Nacht. Mein rationaler, wissenschaftlicher Verstand flüsterte mir zu, dass ich den Pot freigeben und erst morgen weiterspielen sollte. Meine Chancen zu gewinnen waren winzig, und es ging schon um eine ganze Menge Chips. Doch bevor ich ausscheiden konnte, überkam mich ein starkes Gefühl, und ich wusste, wusste einfach, dass ich mit dieser Hand gewinnen würde. Ich weiß, dass alle Skeptiker jetzt laut aufschreien, aber was soll ich sagen? Es war einer dieser magischen Momente, und ich konnte einfach nicht widerstehen. Statt eine rationale Entscheidung zu treffen und aufzugeben, setzte ich alles auf eine Karte und setzte alle Chips, die ich besaß.

Betrachtete ich die Wahrscheinlichkeit nüchtern, so hatte ich kaum Chancen, und mein Geschick, im Wettbewerb zu bleiben, hing von jenen zwei Karten ab, die noch kamen. Was ich hatte, war also eigentlich nur eine 85-prozentige Wahrscheinlichkeit, all meine Chips zu verlieren und auszuscheiden.

Und dann, bäm! Ich zog die Karte, die ich brauchte. Ich gewann die Hand und besiegte meinen Gegner. Mein guter Freund und versierter Profipokerspieler David Williams hatte das Spiel beobachtet und mir direkt auf den Kopf zugesagt, dass mein Verhalten komplett durchgeknallt sei. Er hatte natürlich vollkommen recht. Aber es ist nun mal so: Es ist vollkommen egal, ob man an Magie glaubt, und es ist vollkommen egal, dass ich nicht rational erklären kann, was genau in dieser Nacht passierte. Hätte ich mit meiner Hand rational gespielt, wäre ich ausgeschieden. Vielleicht war es Magie, vielleicht war es Glück – es ist egal, wie man es nennt. Was zählt, ist Folgendes: Wenn man es weiß, weiß man es einfach. Und wenn Sie selbst dieses Gefühl schon einmal hatten, dann wissen Sie genau, wovon ich spreche.

Ich will damit nicht sagen, dass jeder magische Denker Poker spielen sollte. Aber magische Denker sind unübertroffen im gut getimten Risiko, sie springen einfach ins Wasser, und das Ergebnis ist, dass sie gewinnen. Das können Sie zu Ihrem Vorteil nutzen, ganz gleich um welche Entscheidungen es geht – ob Sie über eine Unternehmensgründung nachdenken, einen Umzug in eine neue Stadt erwägen oder jemanden nach einem ersten Date fragen.

Wie diese Geschichte zeigt, kann magisches Denken ziemlich komplex sein. Auf der einen Seite gibt es gewisse Situationen, in denen magisches Denken – der Glaube, dass Dinge schon so funktionieren werden, wie man es will – einem Entscheidungen ermöglichen, bei denen andere zurückzucken würden. Falls Sie also in einem Bereich arbeiten, der auf Kreativität und Innovation angewiesen ist, kann das manchmal nach hinten losgehen, aber wenn es funktioniert, fallen die Gewinne oft enorm aus.

Lassen Sie mich allerdings noch ein Wort der Warnung anfügen. In diesem Pokerspiel alles auf eine Karte zu setzen, war mir die Sache wert. Es kam dem Risiko nah, das ich ein paar Jahre später in Kauf nahm, als ich mich von meiner Vollzeitkarriere in der klinischen Psychiatrie verabschiedete. Beides waren Risiken, die ich mir leisten konnte. Ich riskierte zwar, das Spiel mit meiner Hand zu verlieren, aber ich hätte nicht mein Haus oder mein Auto damit verspielt. Und wenn meine Medienbestrebungen nicht funktioniert hätten, dann hätte ich mich eben wieder komplett auf meine psychiatrische Praxis konzentriert. Beide Entscheidungen waren allein meine und hatten keine Konsequenzen für andere in meinem Leben. Aber hätte ich die Entscheidung, nach New York zu gehen, fünfzehn Jahre früher getroffen, als meine damalige Frau und minderjährigen Kinder noch von mir abhängig waren, wäre das eine ganz andere Entscheidung gewesen, denn es hätte potenziell ganz andere Konsequenzen nach sich gezogen.

Magische Denker tendieren manchmal zu hohen Risiken, ohne sich in einer guten Ausgangsposition dafür zu befinden. Wenn Sie also ein magischer Denker sind, prüfen Sie Ihren Instinkt immer zuerst gegen Ihre Prioritäten. Riskieren Sie etwas, was Ihnen wichtig ist, wie Ihre Familie, dann denken Sie lieber noch einmal nach.

Lassen Sie Ihr magisches Leben ruhig eine Richtschnur in Ihrem Leben sein. Stellen Sie aber immer wieder sicher, dass Sie ihr nicht blind folgen.

Für andere arbeiten

Magische Denker sind bestens für Jobs und Aktivitäten ausgerüstet, bei denen sie mit anderen zusammenarbeiten. Empathie, Intuition und Glaube führen magische Denker in Laufbahnen, wo sie anderen helfen können – als Erzieher oder religiöse Führer, als Sozialarbeiter oder als Schriftsteller.

Kommen wir noch einmal zurück zu meiner Freundin Nola Mae Ross. Neben ihrer unterhaltsamen Sammlung an Geistergeschichten und Krimis hat Nola Mae zwei Bücher über die Wirbelstürme verfasst, die die Region um den Lake Charles, Louisiana, getroffen haben, von wo ich stamme. Zur Recherche zu diesen Büchern gehörten auch Hunderte von Interviews mit Überlebenden und ihren Familien. »Als ich zu schreiben begann«, so Nola Mae, »dachte ich: Das kann ich nicht.« Ihr erstes Interview führte sie mit einer Frau, deren Zuhause während des Wirbelsturms Audrey überflutet worden war, als dieser 1957 die Region traf. Sie hatte ihre beiden kleinen Kinder gerade auf einen Schrank gehievt und damit aus dem stetig steigenden Wasser heraus, als das Haus zusammenstürzte. Sie hat ihre Kinder nie wiedergesehen. »Ich dachte, Hilfe, das ist einfach zu traurig«, sagte mir Nola Mae. »Aber ich habe trotzdem weitergemacht und mit der Frau gesprochen.«

Dieser Mut im Angesicht emotionaler Widrigkeiten – ein Mut, der auf persönlichem Glauben und dem Sinn für eine soziale Verantwortung basiert – ist ein Zeichen für magisches Denken. Nola Mae erkannte dieselbe Art von Mut und Resilienz unter den Wirbelsturmüberlebenden wieder, die sie interviewte. Ihre Bücher sind daher teilweise ein diesem Überlebensinstinkt gezollter Tribut.

Um die Stimmen dieser tragischen und inspirierenden Geschichten einzufangen, zapfte Nola Mae ihre eigene Empathie an. »Durch meine Intuition und Spiritualität konnte ich nachempfinden, was mein Gegenüber jeweils fühlte«, sagte sie. Sobald sie diese Gefühle nachempfand, fiel es ihr leichter, diese in ihrem Schreiben in Geschichten zu fassen. Ich möchte noch hinzufügen, dass sie genau das zu einer einzigartigen Stimme für diese zutiefst anrührenden und menschlichen Geschichten machte.

Ebenfalls anfügen möchte ich, dass magische Denker dazu neigen, sehr ausdrucksstark und folglich als Schriftsteller oder Künstler äußerst erfolgreich zu sein. Vielleicht ist es die einzigartige Perspektive auf das Leben, die der magische Geist bieten kann, oder die Offenheit, die magischen Denkern oft eigen ist. Aber Nola Mae Ross ist nur eine von vielen Autorinnen, die zum Magischen neigen.

Auch Neale Donald Walsch, Autor der bekannten Reihe *Gespräche mit Gott*, setzt sein magisches Denken ein, um Menschen mit seinem Schreiben zu helfen. Walsch befand sich nach seiner eigenen Aussage in einem tiefen Tal der Verzweiflung und Frustration, als er sich Gott zuwandte. Zu seiner eigenen Überraschung antwortete Gott – was zu der Reihe von tiefgründigen, oft inspirierenden Gesprächen mit ihm führte. Diese Gespräche – die sehr offen mit Themen wie den Herausforderungen des Lebens, geopolitischem und metaphysischem Leben auf unserem Planeten und den universellen Wahrheiten über die Möglichkeiten der Seele umgehen – haben unzählige Menschen inspiriert.

Natürlich erzeugten diese Gespräche auch Kontroversen. Walsch behauptete, direkt mit Gott gesprochen zu haben. Ist seine Aussage ehrlich oder ketzerisch? Ist eine Erfahrung heilig oder psychotisch? Das zu beurteilen oder zu entscheiden, liegt nicht bei mir. Als Psychiater kann ich sagen, dass Walsch eindeutig nicht an einer schwächenden Geisteskrankheit leidet – weder leidet er, noch schränkt es ihn ein. Wenn überhaupt, dann hat er durch diese außergewöhnliche Erfahrung Sinn und Bedeutung im Leben gefunden.

Und was die Richtigkeit seiner Behauptung betrifft, so lasse ich Walsch für sich selbst sprechen: »Woher weiß ich, dass ich mit Gott gesprochen habe? Wie kann ich mir sicher sein, dass es nicht einfach meine Einbildung ist?«

Er erhielt folgende Antwort: »Was wäre der Unterschied? Siehst du nicht, dass ich genauso gut mit deiner Einbildung arbeiten könnte wie mit allem anderen? Ich schicke einfach die richtigen Gedanken, Worte, Gefühle, zur richtigen Zeit und genau auf den Anlass abgestimmt, auf die eine oder andere Art oder sogar mehrere. Du wirst wissen, dass diese Worte von Mir sind, da du eigenständig noch nie so klar gesprochen hast. Wärst du selbst bereits so klar in deinen Fragen gewesen, hättest du ja nicht erst fragen müssen.«[70]

Der Umgang mit magischem Denken

In ihrem herzzerreißenden Buch *Das Jahr magischen Denkens* beschreibt Joan Didion, wie sie durch die ihr eigene Form des magischen Denkens – Glaubenssätze, die von der Realität getrennt sind – mit unerträglichen Umständen klarkam. Ihr Mann verstarb plötzlich und unerwartet, während die beiden in ihrem New Yorker Appartement gerade zu Abend aßen. Unglaublicherweise fiel Didions Tochter am selben Tag in ein Koma. Didion schreibt es ihrer Fähigkeit zum magischen Denken zu, dass sie nicht verrückt wurde und das Ganze überlebte. Ihr Buch und das darauf basierende Theaterstück sind wundervoll gewebte Geschichten über das magische Denken an den Rändern der Verzweiflung.

Oft scheint magisches Denken bei der Verarbeitung von tiefen und schmerzlichen Kämpfen zu helfen. Glaube und Religion stützen Menschen mental und emotional, wenn diese mit ihrer geistigen Gesundheit ringen.

Meine Freundin Lorraine, die schüchterne Frau, die ich detailliert bereits in einem früheren Kapitel vorgestellt habe, ist ein gutes Beispiel dafür. Lorraine kämpfte viele Jahre lang mit Alkoholismus. Wie beschrieben, half ihr ihre innere Stärke dabei, schließlich trocken zu werden. Gleichzeitig ist Lorraine auch eine magische Denkerin, und dieses Denken beeinflusst ihr Leben und ihre Abstinenz. Während unseres Gesprächs schilderte sie ihren erhöhten Sinn für Empathie. »Es kommt mir so vor, als würde der Umgang mit schlechten Menschen oder schlechten Gedanken auf mich abfärben.«

Vielleicht erinnern Sie sich noch daran, dass dies einer der Gründe war, warum Lorraine keine Treffen der Anonymen Alkoholiker besuchte. Sie fühlte, wie sehr alle zu kämpfen hatten, und fand es schlicht überwältigend. Problematisch waren nicht allein die großen Menschenansammlungen, sondern Lorraines erhöhte Empathie stieß sie geradezu mit der Nase auf all das Leid im Raum. Auf der anderen Seite sagte sie: »In der Kirche fange ich die positive, aufheiternde Stimmung geradezu ein.«

Lorraines magisches Denken hielt sie von den Anonymen Alkoholikern fern, war aber der Schlüssel zu ihrer Genesung – sie schreibt diese vor allem Gott zu. »Ich bete viel«, erzählte sie. »Ich weiß, dass ich Hilfe von oben hatte.«

Zusätzlich zu ihren Gebeten setzte Lorraine Selbsthypnose ein; diese Technik baut auf die Kraft der Suggestion, um Gedanken über alles, vom Rauchen übers Trinken bis zum Abnehmen, einzupflanzen. Hypnose ist eine Praxis, die vom Glaubensanteil abhängt – ihre Effektivität basiert auf der Fähigkeit, daran zu glauben. Lorraines magisches Denken ermöglichte ihr das.

Auch Nola Mae sprach über die Macht des magischen Denkens als Hilfe beim Bewältigen schwieriger Zeiten. Während ihrer Hurrikanrecherche deckte sie unglaubliche Geschichten über das Überleben und den Wiederaufbau im Angesicht dieser großen Tragödie auf. »Es war nicht allein eine Tragödie«, sagte Nola Mae. »Da gab es eine ganze Menge Mut und Heldentum, ganz viel Humor und Spiritualität.« Der Glaube an Gott und an andere Menschen, gepaart mit einem manchmal erstaunlichen Sinn für Optimismus, machte den Aufbau nach Hurrikan Audrey erst möglich.

»Sie glaubten fest, dass Gott noch die Kontrolle hatte, obwohl das Ganze passierte«, beschrieb es Nola Mae. »Die Menschen haben sich ins Zeug gelegt und alles wiederaufgebaut und alles getan, was sie konnten, um sich selbst zu helfen. Mein Vater schnappte sich seinen Bagger und seine Ausrüstung und hat dabei geholfen, den Müll wegzuräumen. Wer konnte, kam aus den Nachbarstädten und half.«

Tatsächlich identifiziert Nola Mae das magische Denken als eine typische Eigenschaft der Cajun-Kultur, die das südliche Louisiana prägt. Sie beschreibt die Menschen als stark, freiheitsliebend und resilient. Ich kann nicht sicher sagen, ob das magische Denken Teil des genetischen Codes der Cajun-Gemeinschaft ist. Aber man erkennt doch sehr gut, wie das magische Denken diesem oft geplagten Menschenschlag beim Überleben und sogar Gedeihen in der Region Louisiana geholfen hat.

Magisches Denken und Beziehungen

In der Liebe sind wir am anfälligsten für magisches Denken. Woher wissen wir, ob wir »die eine/den einen« getroffen haben? Warum glauben wir, dass es diese »eine« Person für uns gibt? Existiert Liebe als objektive und wissenschaftlich beweisbare Erfahrung überhaupt?

Manche schreiben die Liebe den Pheromonen zu, also jenen Chemikalien, die bei vielen Tierarten die jeweiligen Partner anzuziehen scheinen. Aber die meisten von uns denken bei Liebe an etwas Flüchtiges, kaum Greifbares – eine wirklich magische Erfahrung.

Glauben Sie an Liebe auf den ersten Blick? Wenn ja, dann sind Sie, wenn es um die Liebe geht, ein magischer Denker. Machen Sie sich keine Gedanken, Sie sind damit nicht allein. Magische Liebesgeschichten – ebenso magische Tränke und alle mit ihnen verbundene Rituale – gibt es schon seit Jahrhunderten, wenn nicht Jahrtausenden. Im antiken Griechenland verführten die Sirenen, gefährliche Vogel-Frau-Mischwesen, ganze Schiffsbesatzungen mit ihren betörenden Stimmen. Sie setzten die Magie der Verführung ein, um die Seeleute in den Tod zu locken.

Liebestränke – alle Formen von Ritualen und chemischen Tricks, um die Zuneigung eines anderen zu gewinnen – sind andere Formen des magischen Denkens. In Shakespeares Komödie *Ein Sommernachtstraum* gehen diese Rituale nach hinten los, als der Elf Puck einen Liebeszauber besorgt, den der eifersüchtige Elfenkönig Oberon in die Augen seiner Frau Titania träufelt. Der Zauber verdammt sie dazu, sich in die erstbeste Kreatur zu verlieben, der sie begegnet – in ihrem Fall ein Handwerker und Amateurschauspieler, der mit seinen Kollegen im Wald ein Theaterstück probt und dessen Kopf sich in einen Eselskopf verwandelt hat. Und alles wird noch verworrener, als Puck sich auch noch in menschliche Beziehungen einmischt. Eigentlich will er der liebeskranken, verzweifelten Jungfrau Helena helfen und benutzt dafür einen Zauber, damit das Objekt ihrer Zuneigung, Demetrius, sich in sie verliebt. Doch durch eine Verwechslung wendet er den Zauber bei der falschen Person an! Nun wurden zwei Paare ins Chaos gestürzt. Doch am Ende des Stücks ist wieder alles in bester Ordnung. Ein Gegenmittel bringt das von Puck verursachte Chaos wieder ins Lot, und ein umsichtig angewandtes Elixier bringt schließlich auch Helena und Demetrius zusammen. Magisches Denken hat den Tag gerettet. Und am Schluss siegt die Liebe.

Der Mythos vom Zauber, der unerwiderte Liebe kuriert, hat sich bis heute gehalten. In dem Buch (und dem darauf basierenden Film) *Bittersüße Schokolade* halten die starren Regeln ihrer traditionellen mexikanischen Familien ein junges Paar voneinander fern. Die Kraft ihrer Liebe ist aber so stark, dass sie all ihre Handlungen durchdringt. Sie sickert ins Essen für einen Hochzeitsschmaus, sodass alle Hochzeitsgäste »krank vor Liebe« sind. Die Krankheit der jungen Frau steigert sich schließlich so, dass sie ein gesamtes Haus niederbrennt. Und in dem Film *Chocolat – Ein kleiner Biss genügt* aus dem Jahr 2000 gewinnt die Heldin die Liebe der Bewohner eines konservativen französischen Dorfes (und die von Johnny Depp) durch die Macht ihrer Schokolade.

Vielleicht glauben Sie ja, dass magische Liebesgeschichten allein in den Bereich von Filmen und griechischen Mythen gehören. Doch ich kenne persönlich eine junge Frau, die ein Ritual eingesetzt hat, um ihren zukünftigen Mann zu sich zu rufen. »Ich habe alles getan, was mir eingefallen ist«, erklärte sie mir, »ich hielt ein Ritual mit Kerzen und Gebeten ab.« Das klingt durchaus ein wenig ungewöhnlich. Aber hier sind ein paar weitere Rituale, die die junge Frau ausprobierte: Speeddating und Onlinedating. Wie sich herausstellte, traf sie ihren

Ehemann auf ganz altmodischem Weg, bei einer Feier. Aber, so sagt sie: »Ich glaube nicht, dass wir uns getroffen hätten, wenn ich nicht vorher alle möglichen Ansätze ausprobiert hätte.«

Ist Onlinedating tatsächlich ein Akt des Glaubens? Ich denke schon. Aber das ist er natürlich nur, weil sich im Denken eine Möglichkeit eröffnet, nämlich dass zwei Fremde tatsächlich ein Leben lang füreinander »bestimmt« sein können. Daran zu glauben, ist nicht einfach, und doch tun es so viele. Das ist wahrhaft magisches Denken.

Wenn magische Denker tatsächlich eine Beziehung beginnen, passiert übrigens etwas Interessantes. Bis hierher habe ich im gesamten Buch die Meinung vertreten, dass sich Gegensätze anziehen. Aber magische Denker erweisen sich als Wildcard, wenn es ums Verkuppeln geht. Magische Denker passen ganz unabhängig von ihren dominanten Zügen zu anderen, das reicht von der Zwangsstörung bis zum Narzissmus.

Warum aber sind magische Denker so flexibel? Intuition und Empathie helfen ihnen beim besseren Verständnis ihrer Partner. Glaube erleichtert den magischen Denkern das Vertrauen, das für langfristig erfolgreiche Partnerschaften essenziell ist.

Aber ich denke, dass der Glaube an die Liebe der Schlüssel ist. Zynische Zeitgenossen beenden eine Beziehung oft, bevor sie überhaupt richtig angefangen hat, da sie sich äußerst bewusst sind, welche Faktoren gegen sie arbeiten. (Statistiken über Scheidungsraten sind Beweise, die jeder ordentliche Zyniker anführt, um die Liebe an sich aufzugeben.) Aber magische Denker glauben gegen alle Wahrscheinlichkeit an das Funktionieren ihrer Beziehung. Solange sie daran arbeiten, diesen Glauben am Leben zu erhalten, sind magische Denker uns allen ein, zwei Schritte voraus, wenn es um Beziehungen geht.

Zusammenfassung: Sind Sie magisch?

Wo landen Sie auf dem magischen Kontinuum? Füllen Sie den Fragebogen am Ende des Buches aus, und markieren Sie Ihren Platz auf dem Kontinuum. Denken Sie an Freunde, Familie oder Kollegen. Sind Sie der magischste Mensch in Ihrem Umfeld? Oder doch eher der Rationalste unter Ihren Kollegen?

Magisches Denken kann mit riskanten Verhaltensweisen verbunden sein, mit impulsiven Entscheidungen, und manchmal treffen Sie eine Wahl, die für nicht magisch Denkende manchmal nur schwer nachvollziehbar ist. Wenn Sie zu diesen Dingen neigen, dann nehmen Sie sich die Zeit, darüber nachzudenken, was Sie verändern können, damit das magische Denken Ihnen nicht in die Quere kommt. Neigen Sie zu riskanten oder impulsiven Entscheidungen, dann sollten Sie jederzeit eine Liste all jener Dinge, die Ihnen besonders wichtig sind, aufrufen können. Prüfen Sie Ihre Prioritäten, und opfern Sie nicht die großen Dinge im Leben für einen allzu kleinen Gewinn.

Und denken Sie dann an all die positiven Aspekte dieses Persönlichkeitsmerkmals. Magisches Denken kann Ihrem Leben Sinn verleihen. In komplexen Situationen können Sie intuitiv reagieren. Die vorherrschenden Stärken umfassen Imagination, Intelligenz, Intuition und Glaube. Wenn Sie ein magischer Denker sind, empfehle ich Ihnen, genau diese Stärken anzunehmen! Wir mögen in einer rationalen Welt leben, aber exzessive Rationalität führt im alltäglichen Leben nur zur Erstarrung. Vertrauen Sie Ihrer Intuition. Lassen Sie Ihrer Imagination freien Lauf. Verstehen Sie, dass magisches Denken den Weg zu einem glücklicheren und sinnvolleren Leben bedeuten kann.

ZUSAMMENFASSUNG

Am 9. März 2011 veröffentlichte die *New York Times* einen Artikel über den aktuellen Stand der Psychiatrie. Wie in dem Artikel beschrieben wird, besteht das typische psychiatrische Verfahren in kaum mehr als einer Medikamentenausgabe. Patienten kommen in die Praxis und verlassen sie fünfzehn Minuten später mit einem Rezept für ein stimmungsveränderndes Arzneimittel, wie etwa Antidepressiva oder Medikamente gegen Angststörungen.[71]

»Ich befürchte, dass ich mich in einer Position wiederfinden werde, die Patientenversorgung opfern zu müssen, damit ich genug zum Leben verdiene«, erklärt ein Medizinstudent, der eine Laufbahn als Facharzt für Psychiatrie anstrebt in dem Artikel. Der Student sieht, wie viele Psychiater auch, die Schuld im amerikanischen Krankenversicherungssystem, da das Ausstellen von Rezepten besser vergütet wird als eine Therapie. Andere beschuldigen das DSM, welches letztendlich für die Definition verantwortlich ist, wer krank ist (und damit Medikamente benötigt) und wer nicht. Und wieder andere geben der pharmazeutischen Industrie die Schuld, die Geld mit der Entwicklung von Medikamenten verdient, die Krankheiten behandeln und regulieren, statt sie zu verhindern oder zu heilen.

Meiner Meinung nach tragen Psychiater, Krankenversicherer und Pharmakonzerne an der aktuellen Lage alle einen Teil der Schuld. Das unglückliche Ergebnis unseres kollektiven Drangs nach Macht und finanziellem Gewinn mündet in einer Gesellschaft, in der jeder von einem emotionalen Problem Betroffene durch eine medizinische Fertigungsstraße laufen muss, wo er mit einer Diagnose versehen wird, ein, zwei Medikamente verschrieben bekommt und dann weggeschickt wird. Das Ganze dauert durchschnittlich fünfundvierzig Minuten bei Erstbesuchern und fünfzehn Minuten für wiederkehrende Kunden – entschuldigen Sie, natürlich meinte ich *Patienten*.

So landen wir in einer überdiagnostizierten, übermedikamentierten und unterversorgten Gesellschaft. Eine Medikation funktioniert gut, solange das oder die Arzneimittel sorgfältig all jenen Menschen mit starken, den Alltag beeinträchtigenden Symptomen verschrieben werden, deren Probleme durch eine Veränderung des Lebensstils nicht behoben werden. Das war etwa bei Marc Peters aus Kapitel 8 über das bipolare Kontinuum der Fall.

Glücklicherweise haben die wenigsten von uns so heftige Symptome wie Psychosen, Wahnvorstellungen oder Selbstmordgedanken. Die meisten kämpfen mit etwas viel Allgegenwärtigerem: Wir sind unverwechselbar geformte Stifte und versuchen doch alle, in genormte Löcher zu passen. Wir sind schwierigen Herausforderungen auf der Arbeit und zu Hause ausgesetzt. Wir finden neue Jobs, werden gefeuert, ziehen von einem Job zum nächsten. Wir ziehen in ein neues Zuhause, gründen eine Familie, verlieren geliebte Menschen. Mit anderen Worten, wir erleben die ganze Bandbreite menschlicher Erfahrungen.

Letztlich sind wir uns alle ähnlich, und das Leben ist einfach. Eben nur nicht sehr einfach. Aber wenn wir allen, die kämpfen, eine Diagnose aufdrücken und ihnen Tabletten in den Hals werfen, begehen wir einen großen Fehler. Marc beschreibt, wie er nach seiner Diagnose glaubte, für Menschen wie ihn gäbe es keinen Platz in der Gesellschaft. Er glaubte, er müsste all seine Träume aufgeben, da er unter so starken Symptomen litt.

Aber das stimmt einfach nicht. Und es zeigt, wie verheerend eine Diagnose sein kann, statt hilfreich und stützend zu sein. Eine Diagnose kann Ärzten manchmal dabei helfen, den angemessenen Behandlungsablauf festzulegen. Aber sie kann genauso dazu führen, dass der Patient die Hoffnung und seine Ziele im Leben – das, wonach jeder strebt und was jeder verdient – aufgibt.

Die Wahrheit sieht so aus: Marc wäre ohne die Hilfe seiner Medikamente eine Zehn plus auf dem bipolaren Kontinuum. Seine Medikamente helfen ihm vermutlich, auf eine Acht zu kommen, was gleichzeitig bedeutet, dass er immer noch eine hypomanische Persönlichkeit hat. Und wenn wir uns seine Erfolge anschauen, dann fällt mir kein guter Grund ein, warum unsere Gesellschaft ihn als gezeichnet stigmatisieren sollte. Ich sehe stattdessen einen jungen Mann, der ein hohes Maß an Bewusstsein für seine dominanten Persönlichkeitszüge und die damit einhergehenden vorherrschenden Stärken entwickelt hat. Und ich sehe jemanden, der dieses Bewusstsein einsetzt, um seine Träume klar verfolgen zu können.

Wenn Sie nur eines aus diesem Buch mitnehmen, dann hoffentlich dies: Mentale Gesundheit rührt für viele daher, dass wir uns selbst in allen Bereichen unseres Lebens annehmen.

Inzwischen sollten Sie Ihre dominanten Persönlichkeitszüge und die Ihrer Lieben kennen. Ich hoffe, Sie können darüber hinaus diese Züge – und die damit einhergehenden vorherrschenden Stärken – gut für ein glücklicheres und erfülltes Leben einsetzen.

Wir alle haben einzigartige Persönlichkeitsprofile. Nur wenn wir uns selbst richtig kennen, bringen wir diese Einzigartigkeit zum Strahlen. Und nur wenn wir uns selbst kennen, können wir unsere Stärken anzapfen und so Glück und Erfolg in allen Bereichen unseres Lebens erreichen, vom Arbeitsleben bis unseren Beziehungen mit der Familie und unseren Lieben.

Ich denke da insbesondere an meine eigene Laufbahn. Es hat mich Jahre gekostet, bis ich einen Beruf gefunden hatte, der es mir erlaubte, meine theatralische Persönlichkeit (meine Liebe für das Rampenlicht), meine hohe Energie und mein ADHS komplett anzunehmen. Jedes Mal, wenn ich allein segeln gehe oder querfeldein einen Ausflug mit dem Motorrad unternehme, finde ich damit ein Ventil für meinen abenteuerlichen Geist, der meistens unterdrückt wird.

Heute sind mein Zeitplan und meine Aufenthaltsorte oft unvorhersehbar. Letzte Woche war ich für den Dreh eines Pilotfilms für eine anstehende Fernsehshow in Los Angeles. Dann ging's zurück nach Lake Charles in meine psychiatrische Praxis. In Kürze wird New York City folgen, wo ich Bloginhalte schreibe und ein Fernsehauftritt auf mich wartet, bei dem ich mit Charlie Sheen rede. (Was glauben Sie, wo er auf dem bipolaren oder narzisstischen Kontinuum angesiedelt ist?) Jede Woche bringt ein anderes Thema, eine andere Herausforderung, einen anderen Ort mit sich. Es ist richtig aufregend, meiner ADHS-Persönlichkeit freien Lauf zu lassen.

Ich bin nicht der Einzige, der einen steinigen und verschlungenen Weg hinter sich hat, bis er einen Beruf fand, der seinem Profil entspricht. Erinnern Sie sich an Kurt, der seine akademischen Bestrebungen nach der Promotion aufgab, weil er erkannt hatte, dass er zu zwanghaft fürs Schreiben war. Er hat nun einen viel besseren Platz für sich gefunden: als Präzisionsuhrmacher.

Oder denken Sie an die schüchterne Lorraine, die trotz ihres furchtbaren Chefs jahrelang in ihrer Arbeitsnische ausgehalten hat, weil sie Anwältin werden wollte. Sie hat lange dafür gebraucht, aber diesen Job zu kündigen und selbstständig zu praktizieren und so von zu Hause arbeiten zu können, war das Beste, was sie je getan hat.

Wenn Sie wie Seth, der weltreisende junge Mann auf dem ADHS-Kontinuum, oder Alexis, die junge Frau mit zwanghaften Zügen aus dem Eventmanagement, gerade erst am Anfang Ihrer Karriere stehen, hoffe ich, dass Sie diese Geschichten für Sie auch Inspiration waren. Sie müssen nicht erst jahrelang Ihre wahre Identität verleugnen. Wenn Sie sich Zeit nehmen und sich besser kennenlernen, dann erkennen Sie leichter, ob Sie am falschen Platz gelandet sind. Das mag nicht von jetzt auf gleich passieren, aber im Laufe der Zeit können Sie Ihre Persönlichkeit mit Ihrem Lebensstil in Einklang bringen. Sie können im Berufsleben einen Platz zu finden, der zu Ihrer Persönlichkeit passt.

Natürlich verändern sich mit dem Alter und den Veränderungen im Leben Ihre Bedürfnisse, Ihre Träume und sogar Ihre Persönlichkeit. Aktuell ist Seth eine Acht auf dem ADHS-Kontinuum und zufrieden damit, um die Welt zu touren. Aber was passiert, wenn er eine Familie gründen möchte? Oder wenn er davon träumt, Wurzeln in einem der hundert Länder, die er bereist hat, zu schlagen?

Vielleicht stellt Seth dann fest, dass andere Persönlichkeitszüge dominanter werden, wenn sich seine Prioritäten verschieben. Daher ist ein regelmäßiges Überprüfen und Anpassen des eigenen Persönlichkeitsprofils wichtig. Es ist nicht wirklich überraschend, wenn ein Job, den man mit zwanzig angenommen hat, einen mit fünfundvierzig vielleicht nicht mehr so befriedigt. Verliert Seth allerdings mit dem Entschluss, sich niederzulassen und eine Familie zu gründen, seine ADHS-Persönlichkeit aus den Augen, dann wird er das später bereuen. Denn ich kann Ihnen versichern, dass sein Nomadentum nie ganz verschwinden wird. Daher würde ich ihm raten, wenn er sich geografisch niederlässt, seinen ADHS-Zug anderweitig lebendig zu halten.

Leonard ist ein Beispiel dafür, wie sich dominante Züge mit der Zeit verändern können. Als er jung war, arbeiteten seine Ängste für ihn (er war ein Einser-Student, besuchte eine renommierte juristische Fakultät, bekam nach dem Abschluss einen großartigen Job), aber das Ganze hatte seinen Preis. Sein soziales Leben litt, und er war unglücklich. Als er älter wurde, schob die Kombination aus Angst, Stress und sozialer Unausgeglichenheit seine Angst auf dem Kontinuum so weit nach oben, dass es einfach unerträglich wurde. Sollten Ihre Ängste Ihnen schwere Panikattacken bescheren, und Sie glauben, sterben zu müssen, dann ist es höchste Zeit, einen Blick auf Ihr Leben zu werfen und Veränderungen anzugehen.

Und genau das tat Leonard. Heute arbeitet er hart und feiert genauso ausgiebig, besonders mit seinen Kindern. Am College war er kein Partygänger, das Feiern hatte ganz sicher keine Priorität für ihn. Aber das trifft ganz und gar nicht auf seine Kinder zu.

Außerdem treibt Leonard mehr Sport, achtet auf gesündere Ernährung und macht Yoga. Genau diese Veränderungen fassen wir ins Auge, wenn einer unserer Charakterzüge uns zu überwältigen droht.

Vielleicht erinnern Sie sich daran, dass Seth aus dem ADHS-Kapitel es schwierig fand, jemanden zu finden, der zu seinem Persönlichkeitsprofil passte. Er mag überlegt haben, ob er eine/n ähnlich abenteuerlichen und unvorhersehbaren Partner/in braucht. Aber Tatsache ist, und diesen Rat gebe ich generell allen, die sich Gedanken über ihre Beziehungen machen: *Gegensätze ziehen sich an.* Menschen mit hohen Werten in einem Profil kommen häufig gut mit anderen klar, die hoch auf einem ganz anderen, sie ergänzenden Charakterzug angesiedelt sind. So war es auch mit Alexis, deren zwanghafte Züge perfekt zu denen ihres ADHS-Partners passten (obwohl sie zugeben musste, dass sie selbst diese Anziehung nicht ganz verstand). Oder die theatralische Leora, die etwa eine Zwei oder Drei auf dem Kontinuum einnimmt, mit einem Wissenschaftler als Freund. Ihre Fähigkeit, Gefühle auszudrücken, hält die Beziehung ehrlich und intim, während seine emotionale Stabilität sie erdet. Sie gleichen einander aus.

Leora und Alexis sind beide in ihren Zwanzigern, aber diese Muster gelten auch für langjährige Beziehungen. Das erinnert an die Geschichte von Kurts Einkaufsentscheidungen. Er recherchiert alles, schaut sich die Bewertungen von Produkten an und sammelt Informationen. Dann übernimmt seine Frau diese Grundinformationen, geht raus und kauft ein. Kurt kann echte, detaillierte Informationen liefern. Aber sein zwanghafter Zug lähmt ihn, weshalb seine Frau einspringt und die Entscheidungen trifft.

Und hier ist das Interessante an der Geschichte: Nachdem Kurt für dieses Buch interviewt worden war, sprach er mit seiner Frau über seinen zwanghaften Zug. Mit den weitreichenden Auswirkungen dieser Diskussion hätte er nicht gerechnet, aber laut seiner Frau hat sich dadurch die Dynamik in ihre Beziehung verschoben! »Ich dachte immer, wir würden Entscheidungen gemeinsam treffen«, crklärte sie. »Aber jetzt habe ich verstanden, dass ihn das lähmt und er vor allem nicht beleidigt ist, wenn ich ihm weiterhelfe.« Sie verrät auch, dass das ihre Urlaubsplanung um ein Vielfaches vereinfacht hat. Hoffentlich hat das Verständnis Ihres eigenen Profils einen ähnlichen Einfluss auf Ihr Leben.

Gegen Ende ihres Interviews sprach Nola Mae Ross die Herausforderungen des Lebens an. »Im Abstand von neun, zehn Jahren habe ich beide Söhne verloren«, erzählte sie. »Einer war siebzehn, der andere neunundzwanzig. Ich habe drei Ehemänner verloren und denke dennoch, dass ich ein glückliches und gutes Leben hatte.«

Wie unglaublich inspirierend. Darauf können wir alle nur hoffen. »Ich habe Dinge erlebt, die mich aus der Bahn hätte werfen können«, fährt sie fort. Damit müssen wir leider alle rechnen. Und daher ist es auch so wichtig, dass wir uns nicht beirren lassen, wenn es um uns selbst geht, was wir sind und wie wir uns selbst fühlen. Im Fall von Nola Mae bedeutet es das Annehmen ihres magischen Denkens. »Vor allem mein Glaube hat mich durch alles geleitet«, sagt sie.

Als mir die Idee zu diesem Buch kam, machte es einfach nur klick. Genau wie ich einfach wusste, dass ich beim Poker gewinnen würde, wie ich es im Kapitel über magisches Denken geschildert habe, wusste ich, dass ich auf der richtigen Spur war. Ich glaubte fest daran, dass es einen Zusammenhang gibt zwischen den Qualitäten, die uns groß machen, und den Kategorien in Bezug auf mentale Gesundheit, die das DSM festgelegt hat. Recherchen und meine eigene Erfahrung sagten mir, dass diese Qualitäten oder Züge auf ein Kontinuum fallen. Und ich hatte erkannt, dass man seine Eigenschaften annehmen muss, um ein besseres, zufriedeneres Leben führen zu können.

Seit ich an dieser Buchidee arbeite, habe ich viel Zeit mit Nachdenken und dem Entwickeln meiner Ideen verbracht. Obwohl ich zunächst nur sieben Persönlichkeitsmerkmale in Betracht zog, fügte ich schließlich noch den achten, narzistischen, hinzu. Denn einige der großen Persönlichkeiten in der Öffentlichkeit, die ich am meisten bewundere, werden eher von Selbstbewusstsein als der Liebe zum großen Auftritt getrieben. Ihre Größe wird nicht allein durch ihre theatralische Natur bestimmt. Viel zentraler waren ihr Narzissmus oder Selbstbezug.

Außerdem testete ich meine Ideen an meinen Freunden, meiner Familie und in meiner Praxis. Mit einem meiner Kollegen, Dr. Jerry Whiteman, führte ich eine Studie durch, um meine acht Persönlichkeitsmerkmale auf den Prüfstand zu stellen. Ich wollte sehen, wie andere auf die acht Profile reagieren. Die Fragebögen im Anhang dieses Buches sind ein Ergebnis dieser Studie.

Im Lauf meiner Forschung entdeckten wir einen interessanten Trend. Viele der Untersuchten besaßen nur einen oder zwei dominante Persönlichkeitsmerkmale. Eine kleinere Anzahl der Teilnehmer wies dagegen mehrere Merkmale auf und tendierte auf vielen davon in Richtung Zehn. Ich bin ein gutes Beispiel dafür. Ich bin eine Sieben oder höher bei insgesamt vier Zügen: narzisstisch, theatralisch, ADHS und bipolar. Und eine Sechs bin ich im magischen Denken. Der reihenweise unternehmensgründende Dietrich aus dem ADHS- und Narzissmus-Kapiteln ist ebenfalls so. Als ich ihn interviewte, sagte er, dass er fast die gleichen Züge wie ich habe, bei ihm allerdings noch die Ängste hinzukämen. (Diesen Zug, so scherzte er, habe er von seiner jüdischen Mutter.)

Diese Menschen liegen weit oben im Kontinuum, weshalb ich sie »hochgradig« nenne. Wie sich herausstellte, gibt es bestimmte Trends bei diesen hochgradigen Menschen. Dietrich und ich sind beide hochgradige Darsteller. Wir lieben das Rampenlicht, und unsere Kombination von dominanten Zügen – narzisstisch, theatralisch, abenteuerlich – ist gerade perfekt für diese Position.

Andere hochgradige Individuen sind unser genaues Gegenteil – sie liegen im hohen Bereich beim Zwanghaften oder sozialem oder allgemeinem Angst-Kontinuum. Intuitiv ergibt das Sinn – diese Menschen sind hyperfokussiert, zielgerichtet und unabhängig. Sie verfügen über eine ganz andere Zusammenstellung an Eigenschaften als die Darsteller. Aber wie Dietrich oder ich verfügen sie über dominante Züge, die ein starkes Persönlichkeitsprofil ergeben.

Und dann gibt es diejenigen am unteren Rand. Diese niedriggradigen Leute kommen vielleicht auf eine Drei oder Vier in den meisten ihrer dominanten Züge. Sie sagen von sich, dass sie ein wenig schüchtern sind oder manchmal ängstlich, aber insgesamt sind sie in jedem Zug sehr unauffällig.

Nicht wirklich überraschend bei der Auswertung unserer vorläufigen Daten: Es zeigt sich, dass sowohl hoch- als auch niedriggradige Menschen wunderbare Partner sind. Ob in der Ehe oder beruflich, diese Typen komplementieren einander. Während niedriggradige Menschen flexibel und unbeschwert sind, bringen die hochgradigen Fokus und Zielgerichtetheit ein. Bilden zwei hochgradige Personen zunächst scheinbar ein Paar voller lebendiger Energie, brennen sie oft früh aus (oder gehen in Flammen auf). Sanftmütige Paare riskieren dagegen Langeweile. Paare, die sich ergänzen, bleiben auf der anderen Seite länger zusammen. Diese Muster konnte ich bei allen Zügen herausfiltern – das alte Sprichwort »Gegensätze ziehen sich an« rückt hier in ein neues Licht.

Auch in Zukunft werde ich weiter Daten zu den acht Persönlichkeitsmerkmalen erheben. Wenn Sie selbst durch die Lektüre des Buches etwas Interessantes über sich gelernt haben, dann möchte ich Sie dazu ermutigen, sich bei mir zu melden – am besten über meine Webseite DrDaleArcher.com. Ihre Geschichten helfen beim Erklären und Verdeutlichen der Persönlichkeitsmerkmale und wie sie miteinander interagieren. Wird Ihr dominantes Persönlichkeitsmerkmal etwa durch das Ihrer Frau beeinflusst? Wie verändern sich Eigenschaften mit der Zeit? Wie kann das Verständnis dieser acht Persönlichkeitsmerkmale zur besseren Zusammenarbeit bei Paaren, Gruppen oder in der Arbeitswelt führen? Je mehr Menschen die Fragebögen ausfüllen, desto mehr Wissen wir über die menschlichen Persönlichkeiten.

Zum Schluss unseres Interviews gab William mir einen Rat, der unabhängig vom Charakterzug zutrifft. Er sagte: »Hab keine Angst, du selbst zu sein und das Beste daraus zu machen. Erkenne deine eigenen Beschränkungen und die sich dir stellenden Herausforderungen, die sich dadurch ergeben. Menschen können Unglaubliches erreichen, wenn sie es sich in den Kopf setzen. Mach das Beste aus dem, wer du bist.«

Ich hätte es nicht besser ausdrücken können. Jedes Persönlichkeitsprofil ist einzigartig und geht mit einer Fülle an vorherrschenden Stärken und positiven Charaktereigenschaften einher. Eine der echten Freuden bei der Arbeit als Psychiater ist die Möglichkeit, Menschen aus der gesamten menschlichen Bandbreite zu treffen und die unglaubliche Vielfalt der Persönlichkeiten zu erleben. Bisher ist mir noch niemand untergekommen, der nicht von kleinen Veränderungen in seinem Leben profitiert und so seine dominanten Stärken besser herausgestellt hätte. Und ich habe auch noch keinen erlebt, der diese kleinen Veränderungen bereut hätte. Je mehr man im Einklang mit sich selbst lebt, umso besser geht es einem.

Daher lautet der zentrale Tenor dieses Buches: Kenne dich selbst. Ich hoffe, dass Sie nach der Lektüre sich selbst, Ihre Persönlichkeitszüge, Kämpfe und Stärken in einem neuen Licht sehen. Und dass Sie neue Einsichten über die Bedeutung von mentaler Gesundheit und Erfolg mitnehmen. Außerdem hoffe ich, dass Sie Ihre Eigenschaften annehmen können. Denn Sie sind vielleicht *nicht normal, aber ziemlich genial* – und das ist gut so!

DIE FRAGEBÖGEN

Mit der Hilfe meines Kollegen Dr. Jerry Whiteman habe ich diese acht Fragebögen entwickelt, die Ihnen helfen sollen, Ihr eigenes Persönlichkeitsprofil besser zu verstehen. Indem Sie die Fragen auf den folgenden Seiten beantworten und Ihren Punktwert bestimmen, können Sie die für Ihre Persönlichkeit dominanten Persönlichkeitsmerkmale identifizieren. Höchstwahrscheinlich sind Sie überzeugt, Ihre vorherrschenden Persönlichkeitsmerkmale bereits zu kennen, dennoch bitte ich Sie um Offenheit. Man weiß ja nie, vielleicht wartet ja eine Überraschung auf Sie.

Ein warnendes Wort vorweg: Es handelt sich um keine Tests für eine medizinische Diagnose, und sie sollen keineswegs eine psychiatrische Einschätzung ersetzen. Selbst wenn Sie bei einem Persönlichkeitsmerkmal eine Zehn plus erreichen, erschrecken Sie nicht! Fragen Sie sich selbst, ob dieses Persönlichkeitsmerkmal Sie im täglichen Leben behindert. Stört es Sie in Beziehungen, beeinflusst es Ihre Arbeit oder Familie auf eine negative Art? Falls nicht, haben Sie vielleicht bereits gesunde Entscheidungen getroffen, um Ihr Persönlichkeitsmerkmal in Ihr Leben zu integrieren. Sowohl Dr. Whiteman wie auch ich kennen »Zehner«-Menschen aus den verschiedenen Persönlichkeitstypen, die ohne Medikamente ein erfülltes und glückliches Leben führen.

Sollten Sie jedoch das starke Gefühl haben, dass Ihr Persönlichkeitsmerkmal Ihr Leben behindert, dann sollten Sie vielleicht in Betracht ziehen, einen Termin mit Ihrem Psychiater zu vereinbaren.

Bitte beachten Sie ebenfalls, dass sich mit der Zeit oder durch bestimmte Ereignisse Ihre Punktwerte ebenfalls verändern können. Sie werden überrascht sein, wie sehr sich Ihr zugrunde liegendes Persönlichkeitsprofil aufgrund von Umständen ändern kann. Betrachten Sie das aus diesem Buch gewonnene Wissen als Teil des fortlaufenden Prozesses, sich selbst besser zu verstehen. Und besuchen Sie bitte meine Webseite (DrDalearcher.com) für weitere Informationen.

Und nun füllen Sie bitte die Fragebögen aus. Nutzen Sie diese Profile als Ressourcen, die Ihnen helfen, all jene Aspekte Ihrer Persönlichkeit, die Sie einmalig sein lassen, und all die Dinge, die Sie tun können, um Ihre dominanten Persönlichkeitsmerkmale anzunehmen, noch besser zu verstehen.

Abenteuerlustig – ADHS

Bewerten Sie sich selbst auf der folgenden Skala:

Niemals				manchmal					oft
1	2	3	4	5	6	7	8	9	10

1. Ich kann mich nicht entscheiden,
   was ich machen möchte. _5_

2. Ich habe Schwierigkeiten, mich auf eine Aufgabe
   zu konzentrieren. _2_

3. Ich bin hyperaktiv. _1_

4. Ich bin ruhelos. _5_

5. Ich verliere schnell das Interesse an vielen Dingen,
   die mir normalerweise Spaß machen. _2_

6. Ich bin impulsiv. _8_

7. Ich versuche, viele Dinge gleichzeitig zu tun. _5_

8. Ich habe das Gefühl, dass mir 100 Dinge
   gleichzeitig durch den Sinn gehen. _10_

9. Mir wird schnell langweilig. _2_

10. Ich warte nicht gern. _5_

11. Ich handle manchmal, bevor ich die Dinge
    durchdacht habe. _8_

12. Ich bin nicht besonders gut organisiert. _4_

Gesamt _57_

Teilen Sie Ihre Gesamtpunktzahl durch 10,
um Ihren Punktwert auf der ADHS-Skala zu bestimmen. _5,7_

PERFEKTIONISTISCH - ZWANGSSTÖRUNG

Bewerten Sie sich selbst auf der folgenden Skala:

Niemals   manchmal   oft

1   2   3   4   5   6   7   8   9   10

1. Ich habe Gedanken, die nicht aufhören. _5_

2. Ich habe viele Ängste, bezogen auf meine Fähigkeiten, Sachen richtig zu machen. _1_

3. Menschen die mich kennen, halten mich für eine/n Perfektionist/in. _2_

4. Mir ist bewusst, dass einige meiner wiederkehrenden Gedanken grundlos sind. _9_

5. Ich fühle mich manchmal zu verschiedenen Verhaltensformen getrieben. _2_

6. Ich ordne alles nach Größe, Form oder Farbe. _1_

7. Ich habe Rituale, die für Menschen, die mich beobachten, wenig Sinn ergeben. _4_

8. Es ist mir wichtig, dass die Dinge »genau richtig« sind. _4_

9. Ich halte keinerlei Unordnung aus. _2_

10. Ich habe das Gefühl, dass einige meiner Verhaltensweisen mich davon abhalten, Sachen fertig zu bekommen. _2_

11. Ich mag es gern ordentlich. _5_

12. Ich habe festgestellt, dass ich mich oft wiederhole, einfach um sicherzustellen, dass ich meinen Standpunkt richtig verständlich mache. _4_

Gesamt _41_

Teilen Sie Ihre Gesamtpunktzahl durch 10, um Ihren Punktwert auf der Skala der Zwangsstörungen zu bestimmen. _4,1_

DIE FRAGEBÖGEN

SCHÜCHTERN – SOZIALE ANGSTSTÖRUNG

Bewerten Sie sich selbst auf der folgenden Skala:

Niemals   manchmal   oft

1   2   3   4   5   6   7   8   9   10

1. Ich bin nervös, wenn ich neue Menschen kennenlerne. __6__

2. Ich bin bei tagtäglichen Interaktionen mit anderen Menschen ängstlich. __2__

3. Ich fühle mich von anderen bewertet. __2__

4. Ich bin überzeugt, dass die anderen mich hinter meinem Rücken kritisieren. __6__

5. Ich bin sehr befangen. __2__

6. Ich bin schüchtern. __5__

7. Ich schwitze sehr, wenn ich mich »auf einer Bühne« fühle. __5__

8. Mir wird übel, wenn ich öffentlich sprechen muss. __2__

9. Meine Hände zittern, und meine Muskeln versteifen sich, wenn ich mit anderen Menschen spreche. __4__

10. Ich brauche etwas zum Entspannen (einen Drink oder Tabletten), wenn ich plane, an sozialen Situationen teilzunehmen. __1__

11. Mir ist schnell etwas peinlich. __2__

12. Ich habe Angst, an neue Orte zu gehen, wo ich niemanden kenne. __2__

Gesamt __36__

Teilen Sie Ihre Gesamtpunktzahl durch 10, um Ihren Punktwert auf der Skala der sozialen Angststörungen zu bestimmen. __3,6__

ERHÖHTE WACHSAMKEIT – GENERALISIERTE ANGSTSTÖRUNG

Bewerten Sie sich selbst auf der folgenden Skala:

Niemals				manchmal					oft
1	2	3	4	5	6	7	8	9	10

1. Ich bin ein »Bedenkenträger«. _7_

2. Ich bin unruhig. _5_

3. Ich werde schnell müde, auch wenn ich mich
   anfangs noch gut fühlte. _2_

4. Ich bin angespannt, sogar gereizt. _7_

5. Ich bin schnell verärgert, wenn die Dinge
   nicht reibungslos laufen. _9_

6. Ich habe Schlafprobleme
   und komme schlecht zur Ruhe. _7_

7. Ich bin gestresst. _7_

8. Ich habe Schwierigkeiten, mich selbst auf
   einfache Aufgaben zu konzentrieren. _2_

9. Andere sagen, dass ich Dinge überanalysiere. _6_

10. Ich glaube, dass ich mehr Probleme als andere habe. _6_

11. Ich erwarte und rechne mit dem Schlimmsten. _6_

12. Ich male mir alles aus, was schiefgehen kann. _6_

Gesamt _70_

Teilen Sie Ihre Gesamtpunktzahl durch 10,
um Ihren Punktwert auf der Skala der
Generalisierten Angststörung zu bestimmen. _7,0_

THEATRALISCH – HISTRIONISCHE PERSÖNLICHKEITSSTÖRUNG

Bewerten Sie sich selbst auf der folgenden Skala:

Niemals				manchmal					oft
1	2	3	4	5	6	7	8	9	10

1. Ich werde gern wahrgenommen. _4_

2. Ich kleide mich so, dass andere Menschen hinsehen. _2_

3. Ich zeige meine Gefühle. _5_

4. Ich spreche auf eine Art und Weise, dass andere zuhören. _3_

5. Wenn ich mich krank fühle, lasse ich das andere wissen. _3_

6. Entscheidungen treffe ich schnell. _7_

7. Ich möchte gern, dass andere mich sexy finden. _7_

8. Ich kann eine gute Show hinlegen. _2_

9. Es macht mir nichts aus, ein paar Regeln zu brechen, wenn ich etwas möchte. _3_

10. Ich liebe es, zu schauspielern. _2_

11. Ich stehe gern im Zentrum der Aufmerksamkeit. _2_

12. Mir wird schnell langweilig. _2_

Gesamt _42_

Teilen Sie Ihre Gesamtpunktzahl durch 10, um Ihren Punktwert auf der Histrionie-Skala zu bestimmen. _4,2_

ICHBEZOGEN – NARZISSTISCHE PERSÖNLICHKEITSSTÖRUNG

Bewerten Sie sich selbst auf der folgenden Skala:

Niemals				manchmal					oft
1	2	3	4	5	6	7	8	9	10

1. Ich erzähle anderen gern von meinen Errungenschaften. __4__

2. Ich bin mir sicher, dass ich den meisten Menschen
aufgrund meiner Talente überlegen bin. __5__

3. Ich habe weit mehr Erfolg als andere in meinem Alter. __2__

4. Ich bin eine »gute Partie« für die/den,
die/der mich verdient. __3__

5. Ich bin mir sicher, dass ich mehr Erfolg im Leben
als die meisten Menschen haben werde. __2__

6. Ich mache kaum Fehler. __2__

7. Mir ist bewusst, dass die meisten Menschen
neidisch auf mich sind. __2__

8. Ich verdiene eine erstklassige Behandlung,
wohin auch immer ich komme. __1__

9. Ich habe keine Zeit für einfältige Menschen. __15__

10. Ich bin einmalig und besonders. __1__

11. Ich tue alles, was nötig ist, um mein Ziel zu erreichen,
auch wenn das bedeutet, dass ich andere aus dem
Weg schubsen muss. __1__

12. Ich bin attraktiver als die meisten Menschen. __1__

Gesamt __27__

Teilen Sie Ihre Gesamtpunktzahl durch 10,
um Ihren Punktwert auf der Narzissmus-Skala zu bestimmen. __2,7__

HOHE ENERGIE – BIPOLARE STÖRUNG

Bewerten Sie sich selbst auf der folgenden Skala:

Niemals				manchmal					oft
1	2	3	4	5	6	7	8	9	10

1. Ich habe Stimmungsschwankungen von hoch zu tief. _10_

2. Ich habe das Gefühl, unter Strom zu stehen. _7_

3. Ich habe Konzentrationsschwierigkeiten. _6_

4. Ich habe endlose Energie. _6_

5. Ich habe Schlafstörungen. _5_

6. Ich brauche nicht viel Schlaf. _4_

7. Ich schmiede viele Pläne und habe oftmals Probleme,
   sie umzusetzen. _7_

8. Ich tue öfter Dinge, die ich später bereue. _9_

9. Ich habe Schwierigkeiten, mich auf das
   zu konzentrieren, was ich gerade tue. _2_

10. Meine Gedanken rasen. _9_

11. Andere Menschen gehen mir auf die Nerven. _8_

12. Die meiste Zeit bin ich unruhig. _3_

Gesamt _74_

Teilen Sie Ihre Gesamtpunktzahl durch 10,
um Ihren Punktwert auf der Skala für Bipolarität
zu bestimmen. _7,4_

MAGISCH – SCHIZOPHRENIE

Bewerten Sie sich selbst auf der folgenden Skala:

Niemals   manchmal   oft

1   2   3   4   5   6   7   8   9   10

1. Ich glaube an Schicksal und Bestimmung.   *5*

2. Ich habe einen sechsten Sinn und spüre, wenn es Ärger geben wird.   *5*

3. Ich habe Glücksbringer, die mir beim Umgang mit Problemen helfen.   *1*

4. Wenn ich jemanden treffe, habe ich ein Gespür, ob er gut oder böse ist.   *3*

5. Ich glaube, dass ich in einer Art und Weise begabt bin, die andere Menschen nicht verstehen.   *2*

6. Ich bin sicher, dass ich es erkenne, wenn jemand nicht die Wahrheit sagt.   *5*

7. Ich glaube an Gott oder eine höhere Kraft.   *8*

8. Ich glaube, dass manche Menschen glücklich geboren werden und ihnen alle Chancen zufallen.   *4*

9. Ich höre oder sehe Dinge, die andere nicht wahrnehmen.   *10*

10. Ich habe etwas, das andere Vorahnungen nennen. Und ich vertraue darauf.   *4*

11. Ich habe festgestellt, dass etwas wahr wird, wenn ich es mir lange genug wünsche.   *2*

12. Ich sehe jeden Tag, dass Wunder geschehen.   *1*

Gesamt *54*

Teilen Sie Ihre Gesamtpunktzahl durch 10, um Ihren Punktwert auf der Skala für Schizophrenie zu bestimmen.   *5,4*

DANKSAGUNG

Da ich so vielen Menschen danken möchte, habe ich lange überlegt, in welcher Form ich das wohl am besten tue. Ich habe mich dann für die schlichteste entschieden: in chronologischer Folge. Die Liste umfasst Menschen, die mir in meinem Beruf, bei der Webseite, in meiner Praxis oder durch Fernsehengagements sowie beim Buch selbst geholfen haben. Durch diese Zusammenarbeit entstanden die hier artikulierten Ideen und wurden geformt.

Jetzt kommt's.

Auf dem College sagte mir mein Doktorvater, Philosophieprofessor Dr. Michael Zimmerman, auf den Kopf zu, dass er im Erwerb eines Doktortitels in Philosophie und einem Leben als Uniprofessor für mich nicht unbedingt den besten Einsatz meiner Talente sehe. Stattdessen riet er mir zur medizinischen Ausbildung mit Schwerpunkt Psychiatrie. Ich brauchte sage und schreibe vier Jahre, bis ich begriff, wie recht er hatte. Und ich frage mich heute noch: »Wie konnte er das wissen?« Vielleicht bin ich einfach nicht so kompliziert, wie ich selbst glaube?

Auf der Tulane Medical School schlug mir meine Studienberaterin Dr. Dean Ellithorpe ebenfalls das Fach Psychiatrie vor, obwohl mir doch innere Medizin als das genau Richtige erschien. Wenigstens brauchte ich in diesem Fall nur ein Jahr, bis ich erkannte, dass ich falschlag, und dem Rat meiner Dozentin schließlich folgte.

Ich danke Dr. Emilio Romero, der mir die Kunst und Wissenschaft der Psychotherapie, und Dr. Ray Faber, der mir die Kunst und Wissenschaft der biologischen Psychiatrie nahegebracht hat. Das war noch zu einer Zeit, als die psychiatrische Ausbildung sowohl auf Therapie als auch auf Medikation ausgerichtet war.

Wir müssen in der Ausbildung junger Psychiater dringend zu diesem Ansatz zurückkehren.

Ich danke Elton Williams, dem ehemaligen Präsidenten des Lake Charles Memorial Hospital, auf dessen Anfrage ich eine Vierzig-Betten-Einheit am Krankenhaus aufbauen durfte. Dank an Larry Graham, den aktuellen CEO des Lake Charles Memorial Hospital, der mich unterstützte und mir freigab, um das Buch zusammenzustellen und meine Medienausflüge zu verfolgen, die ein großer Teil dieser Bemühung waren.

Dank den Psychiatern, die mit dem Institute for Neuropsychiatry verbunden sind: Dr. Kashinath Yadalam, Dr. Charles Murphy, III, Dr. Said Cantu, Dr. Sreelatha Pulakhandam, Dr. Ramin Shala und Dr. Vidushi Babber. Dank den Klinikmitarbeitern des Institute for Neuropsychiatry: Dr. Jerry Whiteman, Sarah Hairgrove, Lloyd Kelley, Molly Larson, Jeanne Wolfe, Sheila Gilley, Art Schafer, Larry Cupit, Lea Ann Dauphine, Retha Fontenot und Sharon Jacko. Außerdem dem Hilfspersonal: Patsy Johnson, Tammy Turner, Dorothy Rogers, Pam Espey, Mandy Powers, Charlene Racca, Debbie Jardell, Petra

Mallett, Amanda McCown, Raegan Miller, Jada Redmond, Mali Gnu und Kaley Cooling.

Dank an Sonja Clarke, die maßgeblich am frühen Brainstormen und dem Start meiner Webseite in Kooperation mit John Munsell und seinem Team von Bizzuka beteiligt war. Paul Chaney für seine Arbeit für mich in allen Internetbelangen; an das Team der Original Dr. Dale Archer Show: Patsy Johnson, Sarah Hairgrove, Tammy Turner, Patrice Michon, Kandi Misenar, Chuck Boudreaux, Hal Comeaux, Marty Myers, Justin Toney, Gary Mutchler; und all denen, die dabei geholfen haben, meine Botschaft in den letzten Jahren in die Welt zu tragen: Kristy Armand, Christine Fisher, Adam Weiss, Brian Strong und Annie Scranton.

Dank an Jane Velez-Mitchell, die mir meinen ersten nationalen Fernsehauftritt verschafft hat, und der gesamten Mannschaft ihrer Show *Issues with Jane Velez-Mitchell*, inklusive Cameron Baird, Leslie Tucker, Amy Doyle, Alicia Johnson und dem Rest des Teams. Andere großartige Fernsehleute, die mir geholfen haben: Perry Sanders, Monty Seward, Peter Cascone, Catherine Hickland, Dr. Lillian Glass, Todd Reynolds, Lynne Jordal-Martin, Jordan Chariton, Lis Wiehl, Kimberly Guilfoyle. Und natürlich danke ich meiner fantastischen Agentin Ashley Davis von CAA, die ganz risikofreudig auf einen unbekannten Typen setzte.

Zum Buch selbst. Dank an: Mary Hall Mayer, die hinterher war, dass ich das Buch zügig schrieb, und die mich an Madeleine Morel vermittelte, die mich wiederum meinen Literaturagenten Todd Shuster und Jennifer Gates von Zachary, Shuster, Harmsworth vorstellte. Unvorstellbar, mit anderen Agenten zu arbeiten – ihr zwei seid die Besten!

Nicole Mackey dafür, beim Definieren der »Acht Persönlichkeitsmerkmale der Großartigkeit« geholfen und unzählige Stunden investiert zu haben, und Dr. Jerry Whiteman für seine Hilfe bei den Fragebögen.

Maggie Greenwood-Robinson für ihre Hilfe mit dem ursprünglichen Exposé.

John Butman (der ungelogen meine Gedanken lesen kann!) und seinem Team – Hannah Alpert-Abrams und Anna Weiss – von Idea Platforms, Inc., für die unglaubliche Recherche, Struktur und Hilfe mit dem Text, den sie zur Verfügung stellten.

Meiner Lektorin Sydny Miner von Random House (und ihrer rechten Hand Anna Thompson), die sofort verstand, was ich sagen wollte, und mir dafür eine Plattform gab. Dadurch war vieles so viel einfacher: Danke, Sydny. Crown-Archetype-Verlegerin Tina Constable, zusammen mit Tammy Blake, Ellen Folan, Meredith McGinnis, Christina Foxley, Robert Siek, Norman Watkins, Jen O'Connor, Elina Nudelman und allen anderen bei Crown, durch die dieses Buch Wirklichkeit werden konnte. Und natürlich Gretchen Crary, Dee Dee De Bartlo, Kim Cowser und dem Rest des Teams von February Partners.

Besonderer Dank gilt Patsy Johnson, die 1987 meine erste und einzige Angestellte war und heute Vizepräsidentin des Institute for Neuropsychiatry ist. Du warst wirklich bei allem dabei, die ganzen vierundzwanzig Jahre, und ohne dich wäre einfach nichts davon möglich gewesen.

Ganz zum Schluss geht mein Dank an meine mir eng verbundene Familie: an meinen Vater, Dr. Dale Archer Sr., und meine Mutter Val, die seit fünfundfünfzig Jahren verheiratet sind – und kein Ende in Sicht. Ihr beide ward während dieser langen, seltsamen Reise die Quelle meiner Stabilität. Meiner Schwester Lee, die einfach wunderbar ist – wie du es mit mir all die Jahre ausgehalten hast, ist mir schleierhaft, aber danke. Meiner Tochter Adri, die ihren phänomenalen zwanghaften Zug in eine erfolgreiche Karriere in New York umgemünzt hat, und meinem Sohn Trey, der, während ich dies schreibe, gerade mit dem Rucksack auf dem Rücken auf der Seidenstraße zwischen China und Europa unterwegs ist (ganz klar ADHS, und er liebt es!).

Der ganze Verdienst geht an euch; die Fehler sind allein meine.

ENDNOTEN

Kapitel 1: Die Acht Persönlichkeitsmerkmale

1   National Institute of Mental Health, »Statistics«, www.nimh.nih.gov/
     health/topics/statistics/index.shtml.

2   »Prescription Drug Use Continues to Increase«, *NCHS Data Brief* 42
     (September 2010), www.cdc.gov/nchs/data/databriefs/db42.pdf.

3   Robert Whitaker, *Anatomy of an Epidemic* (NewYork:
     CrownPublishers, 2010), S. 3.

4   Whitaker, *Anatomy*, S. 6.

5   Joel Lexchin et al., »Pharmaceutical Industry Sponsorship and Research
     Outcome and Quality: Systematic Review«, *BMJ* (2003).

Kapitel 2: Abenteuerlustig – ADHS

6   Mark Twain, *Adventures of Huckleberry Finn*, Electronic Text Center,
     University of Virginia Library. http://etext.virginia.edu/etcbin/ toccer-
     new2?id=Twa2Huc.sgm&images=images/modeng&data=/texts/ english/
     modeng/parsed&tag=public&part=1&division=div1.

7   B. Bloom, R. A. Cohen und G. Freeman, »Summary Health Statistics
     for U.S. Children: National Health Interview Survey«, 2008. National
     Center for Health Statistics, *Vital Health Stat* 10 (244) 2009, S. 66.

8   *60 Minutes*, Interview mit Katie Couric, 25. April 2010.

9   Benedict Carey, »Forget What You Know about Study Habits«, *New
     York Times* (6. September 2010), www.nytimes.com/2010/09/07/health/
     views/07mind.html.

10   M. J. Rietveld, J. J. Hudziak, M. Bartels, C. E. van Beijsterveldt,
     D. I. Boomsma, »Heritability of Attention Problems in Children:
     Longitudinal Results from a Study of Twins, Age 3 to 12«, *Journal
     of Child Psychology and Psychiatry, and Allied Disciplines* 45 (März
     2004), S. 577–88.

11   Chuansheng Chen u. a., »Population Migration and the Variation of
      Dopamine D4 Receptor (DRD4) Allele Frequencies Around the Globe«,
      Evolution and Human Behavior 21 (1999), S. 309.

12   Chuansheng Chen u. a., S. 321.

13   »U. Va Researcher Probes ADHD's Effects on Safety of Young Drivers«,
      UVa Today (31. Januar 2008), www.virginia.edu/uvatoday/newsRelease
      .php?id=4033.

Kapitel 3: Perfektionistisch – Zwangsstörung

14   Anne M. Todd, *Vera Wang*, New York: Infobase Publishing, 2007, S. 75.

15   Thomas F. Oltmanns et al., *Case Studies in Abnormal Psychology*,
      Danvers, MA: John Wiley and Sons, 2007, S. 9.

16   Ebenda, S. 7–8.

17   Ebenda.

18   www.howiemandel.com/bio.html.

19   Joseph Polimeni, Jeffrey P. Reiss, and Jitender Sareen, »Could
      Obsessive-Compulsive Disorder Have Originated as a Group-Selected
      Adaptive Trait in Traditional Societies?«, *Medical Hypotheses* (2005), S.
      656.

20   Ebenda.

21   Ebenda.

Kapitel 4: Schüchtern – soziale Angststörung

22   Oltmanns et al., *Abnormal Psychology*, S. 53.

23   Shoshana Arbelle u.a., »Relation of Shyness in Grade School Children
      to the Genotype for the Long Form of the Serotonin Transporter
      Promoter Region Polymorphism«, *American Journal of Psychiatry* 160
      (April 2003), S. 671–76.

24   Katharina Domschke, Udo Dannlowski, »Imaging Genetics of Anxiety
      Disorders«, *NeuroImage* 53 (2010), S. 822–31.

25   Ebenda, S. 823.

26   Lisa M. McTeague u. a., »Social Vision: Sustained Perceptual
      Enhancement of Affective Facial Cues in Social Anxiety«, *NeuroImage*
      54 (Januar 2011), S. 1615–24; Lora Rose Hunter, Julia D. Buckner, and
      Norman B. Schmidt, »Interpreting Facial Expressions: The Influence
      of Social Anxiety, Emotional Valence, and Race«, *Journal of Anxiety
      Disorders* 23 (Mai 2009), S. 482–88.

27   David L. Sinn, Samuel D. Gosling, Natalie A. Moltschaniwskyj,
      »Development of Shy/Bold Behaviour in Squid: Context-Specific
      Phenotypes Associated with Developmental Plasticity«, *Animal
      Behaviour* 75 (Februar 2008), S. 433–42.

28 Caroline Knapp, »Shy«, *Salon* (5. März 1999), www.salon.com/life/feature/1999/03/05feature.html.

29 Sharon Shiovitz-Ezra, Sara A. Leitsch, »The Role of Social Relationships in Predicting Loneliness«, *National Association of Social Workers* (2010), S. 157.

30 John Cacioppo, William Patrick, *Loneliness: Human Nature and the Need for Social Connection*, New York: W. W. Norton & Co., 2008.

31 Shiovitz-Ezra, Leitsch, »The Role of Social Relationships in Predicting Loneliness«, S. 157.

32 Knapp, »Shy«.

33 Albert C. Bardi, Michael F. Brady, »Why Shy People Use Instant Messaging: Loneliness and Other Motives«, *Computers in Human Behavior* 26 (November 2010), S. 1722–26.

Kapitel 5: Erhöhte Wachsamkeit – generalisierte Angststörung

34 Oltmanns et al., *Abnormal Psychology*, S. 26.

35 Association for Psychological Science, »A Little Anxiety Is Sometimes a Good Thing, Study Shows«, *Science Daily* (5. April 2008), www.sciencedaily.com/releases/2008/04/080403104350.htm.

Kapitel 6: Theatralisch – Histrionisch

36 Angie A. Kehagia, »Anaïs Nin: A Case Study of Personality Disorder and Creativity«, in: *Personality and Individual Differences* 46 (2009), S. 801.

37 Ebenda, S. 803.

38 Ebenda, S. 801.

39 Paul S. Links and Michelle Stockwell, »Indications for Couple Therapy: The Paradox of the Histrionic/Obsessive-Compulsive Couple«, *Journal of Family Psychotherapy* 15 (2004), S. 86.

40 Hwee S. Khoo and Giles St. J. Burch, »The ›Dark Side‹ of Leadership Personality and Transformational Leadership: An Exploratory Study«, *Personality and Individual Differences* 44 (2008), S. 95.

Kapitel 7: Ichbezogen – narzisstisch

41 Seamus McGraw, »Sheen Demands 50% Raise for ›Two and a Half Men‹«, *TODAY.com* (28. Februar 2011, 7:32 p.m.), http://today.msnbc.msn.com/id/41824830/ns/today-entertainment.

42 Jeffrey Kluger, »Putting Bernie Madoff on The Couch«, *Time* (31. Dezember 2008), www.time.com/time/health/article/0,8599,1869123,00.html.

43   Vince Calio, »Psychiatrist Reveals How to Spot Another Bernie
     Madoff«, *International Business Times* (4. Februar 2011),
     http.ibtimes .com/articles/109146/20110204/bernie-madoff-narcissism-
     ponzi-psychiatrists.html.

44   Sigmund Karterud, »On Narcissism, Evolution, and Group Dynamics: A
     Tribute to Malcolm Pines«, *Group Analysis* (September 2010), S. 305.

45   Ebenda, S. 306.

46   Michael Maccoby, »Narcissistic Leaders: The Incredible Pros, the
     Inevitable Cons«, *The Harvard Business Review* (Januar/Februar 2000),
     www.maccoby.com/Articles/NarLeaders.shtml.

47   Benedict Carey, »Narcissism: The Malady of Me«, *New York Times* (4.
     Dezember 2010), www.nytimes.com/2010/12/05/weekinreview/05carey.
     html.

48   Pamela Paul, »From Students, Less Kindness for Strangers?«, *New York
     Times* (25. Juni 2010).

49   Soraya Mehdizadeh, »Self-Presentation 2.0: Narcissism and Self- Esteem
     on Facebook«, *CyberPsychology, Behavior & Social Networking*
     (August 2010), S. 357–64.

Kapitel 8: Hohe Energie – bipolar

50   Kay Redfield Jamison, *An Unquiet Mind* (New York: Random House,
     1995), S. 68 (auf Dt. unter *Meine ruhelose Seele* erschienen).

51   Dies., *Touched with Fire* (New York: Free Press Paperback, 1994), S. 30.

52   Ebenda, S. 29.

53   J. H. Barnett and J. W. Smoller, »The Genetics of Bipolar Disorder«,
     Neuroscience (24. November 2009), S. 331.

54   Oltmanns, *Abnormal Psychology*, S. 118.

55   Jamison, *Fire*, S. 4.

56   Ebenda.

57   Benedict Carey, »Hypomanic? Absolutely. But Oh So Productive!«,
     New York Times (22. März 2005), http://query.nytimes.com/gst/
     fullpage.html?res=950DE3D61E3CF931A15750C0A9639C8B63
     &pagewanted=1.

58   G. St. J. Burch, P. J. Corr and C. Pavelis, »Schizotypy and Creativity in
     Visual Artists«, *British Journal of Psychology* 97 (Mai 2006), S. 177–90.

59   »Sleep and Mental Health«, *Harvard Mental Health Letter* (Juli 2009),
     http://www.health.harvard.edu/newsletters/Harvard_Mental_Health
     _Letter/2009/July/Sleep-and-mental-health.

60   Ebenda.

Kapitel 9: Magisch – schizophren

61   Benjamin Weiser, »In a Field of Reason, Lawyers Woo Luck Too«, *New York Times* (17. Februar 2011), www.nytimes.com/2011/02/18/nyregion/18lawyers.html?_r=1&adxnnl=1&emc=eta1&pagewanted =2&adxnnlx=12980340794CEbfXoHgpHOBasbTG5aGQ.

62   Richard A. Van Dorn, Jeffrey W. Swanson, Eric B. Elbogen and Marvin S. Swartz, »A Comparison of Stigmatizing Attitudes Toward Persons with Schizophrenia in Four Stakeholder Groups: Perceived Likelihood of Violence and Desire for Social Distance«, *Psychiatry* 68 (2) (Sommer 2005), S. 153.

63   Benedict Carey, »Talk Therapy Lifts Severe Schizophrenics« (4. Oktober 2011), S. D6.

64   Bernard Crespi, Kyle Summers and Steve Dorus, »Adaptive Evolution of Genes Underlying Schizophrenia«, *Proceedings of the Royal Society* B (2007), S. 2801–10.

65   J. Polimeni and J. P. Reiss, »How Shamanism and Group Selection May Reveal the Origins of Schizophrenia«, *Medical Hypotheses* (2002), S. 244–48.

66   Crespi et al., »Adaptive Evolution«, S. 2806.

67   Eugene Subbotsky, »Magical Thinking: Reality or Illusion?«, *The Psychologist* (Juni 2004), S. 336–39.

68   Rachel Miller and Joanne McCormack, »Faith and Religious Delusions in First-Episode Schizophrenia«, *Social Work in Mental Health* (1. Dezember 2006), S. 39.

69   Ebenda, S. 44–47.

70   Neale Donald Walsch, *Conversations with God: An Uncommon Dialogue* (New York: G. P. Putnam's Sons, 1996), S. 6.

Zusammenfassung

71   Gardiner Harris, »Talk Doesn't Pay, So Psychiatry Turns Instead to Drug Therapy«, *New York Times* (5. März 2011), www.nytimes.com/2011/03/06/health/policy/06doctors.html?pagewanted=1&ref =homepage&src=me.

LITERATUR

Arbelle, Shoshana, et al.: »Relation of Shyness in Grade School Children to the Genotype for the Long Form of the Serotonin Transporter Promoter Region Polymorphism«, in: *American Journal of Psychiatry* 160 (April 2003), S. 671–76.

Association for Psychological Science: »A Little Anxiety Is Sometimes A Good Thing Study Shows«, in: *Science Daily* (5. April 2008), www.sciencedaily. com/releases/2008/04/080403104350.htm.

Bardi, Albert C., and Michael F. Brady: »Why Shy People Use Instant Messaging: Loneliness and Other Motives«, in: *Computers in Human Behavior* 26 (November 2010), S. 1722–26.

Barnett, J. H., and J. W. Smoller: »The Genetics of Bipolar Disorder«, in: *Neuroscience* (24. November 2009), S. 331–43.

Blade87: Comment on Schwartz, Casey: »Busting the Adderall Myth«, in: *The Daily Beast* (21. Dezember 2010), http.thedailybeast.com/blogs-and-stories/2010-12-21/adderall-concentration-benefits-in-doubt-new-study/?cid=hp:mainpromo7.

Bloom, B., R. A. Cohen and G. Freeman: »Summary Health Statistics for U.S. Children: National Health Interview Survey«. 2008, in: National Center for Health Statistics, *Vital Health Stat* 10 (244), S. 2009–66.

Cacioppo, John, and William Patrick: *Loneliness: Human Nature and the Need for Social Connection*, New York: W. W. Norton & Co., 2008 (dt. Ausgabe: *Einsamkeit. Woher sie kommt, was sie bewirkt und wie man ihr entrinnt*, Heidelberg: Spektrum, 2011).

Calio, Vince: »Psychiatrist Reveals How to Spot Another Bernie Madoff«, in: *International Business Times* (4. Februar 2011), http.ibtimes.com/articles/109146/20110204/bernie-madoff-narcissism-ponzi-psychiatrists.htm.

Carey, Benedict: »Forget What You Know About Study Habits«, in: *New York Times* (6. September 2010), www.nytimes.com/2010/09/07/health/views/07mind.html.

Ders.: »Narcissism: The Malady of Me«, in: *New York Times* (4. Dezember 2010), www.nytimes.com/2010/12/05/weekinreview/05carey.html.

Ders.: »Talk Therapy Lifts Severe Schizophrenics«, in: *New York Times* (4. Oktober 2011), S. D6.

Chuansheng, Chen, et al.: »Population Migration and the Variation of Dopamine D4 Receptor (DRD4) Allele Frequencies Around the Globe«, in: *Evolution and Human Behavior* 21 (1999), S. 309–24.

Crespi, Bernard, Kyle Summers and Steve Dorus: »Adaptive Evolution of Genes Underlying Schizophrenia«, in: *Proceedings of the Royal Society* B (2007), S. 2801–10.

Domschke, Katharina and Udo Dannlowski: »Imaging Genetics of Anxiety Disorders«, in: *NeuroImage* 53 (2010), S. 822–31.

Ellwood, Mark: »The Crying Game«, in: *New York Times Magazine* (9. März 2008).

Gartner, John: *The Hypomanic Edge*, New York: Simon & Schuster, 2005.

Greenberg, Gary: »The Book of Woe«, in: *Wired* (Januar 2011), S. 128–36.

Harris, Gardiner: »Talk Doesn't Pay, So Psychiatry Turns Instead to Drug Therapy«, in: *New York Times* (5. März 2011), www.nytimes.com/2011/03/06/health/policy/06doctors.html?pagewanted=1&ref=homepage&src =me.

Hartmann, Thom: *The Edison Gene*, Rochester, VT: Park Street Press, 2003 (dt. Ausgabe: *ADHS als Chance begreifen (Nennen wir es das Edison-Gen)*, Lübeck: Schmidt-Römhild, 2004).

Mandel, Howie: www.howiemandel.com/bio.html.

Hunter, Lora Rose, Julia D. Buckner and Norman B. Schmidt: »Interpreting Facial Expressions: The Influence of Social Anxiety, Emotional Valence, and Race«, in: *Journal of Anxiety Disorders* 23 (Mai 2009), S. 482–88.

Jamison, Kay Redfield: *An Unquiet Mind*, New York: Random House, 1995 (dt. Ausgabe: *Meine ruhelose Seele. Die Geschichte einer bipolaren Störung*, München: mvg, 2014).

Dies.: *Touched with Fire*, New York: Free Press Paperback, 1994.

Karterud, Sigmund: »On Narcissism, Evolution, and Group Dynamics: A Tribute to Malcolm Pines«, in: *Group Analysis* (September 2010), S. 301–10.

Kehagia, Angie A.: »Anaïs Nin: A Case Study of Personality Disorder and Creativity«, in: *Personality and Individual Differences* 46 (2009), S. 800–08.

Khoo, Hwee S., and Giles St. J. Burch: »The ›Dark Side‹ of Leadership Personality and Transformational Leadership: An Exploratory Study«, in: *Personality and Individual Differences* 44 (2008), S. 86–97.

Kluger, Jeffrey: »Putting Bernie Madoff on the Couch«, in: *Time* (31. Dezember 2008), www.time.com/time/health/article/0,8599,1869123,00.html.

Knapp, Caroline: »Shy«, in: *Salon* (5. März 1999), www.salon.com/life/feature/1999/03/05feature.html.

Lexchin, Joel, et al.: »Pharmaceutical Industry Sponsorship and Research Outcome and Quality: Systematic Review«, in: *BMJ* (2003).

Links, Paul S., and Michelle Stockwell: »Indications for Couple Therapy: The Paradox of the Histrionic/Obsessive-Compulsive Couple«, in: *Journal of Family Psychotherapy* 15 (4) 2004, S. 73–88.

Maccoby, Michael: »Narcissistic Leaders: The Incredible Pros, the Inevitable Cons«, in: *The Harvard Business Review* (Januar–Februar, 2000), www.maccoby.com/Articles/NarLeaders.shtml.

McGraw, Seamus: »Sheen Demands 50% Raise for ›Two and a Half Men‹«, in: *TODAY.com* (28. Februar 2011, 7:32 p.m.), http://today.msnbc.msn.com/id/41824830/ns/today-entertainment.

McTeague, Lisa M., et al.: »Social Vision: Sustained Perceptual Enhancement of Affective Facial Cues in Social Anxiety«, in: *NeuroImage* 54 (Januar 2011), S. 1615–24.

Mehdizadeh, Soraya: »Self-Presentation 2.0: Narcissism and Self-Esteem on Facebook«, in: *CyberPsychology, Behavior & Social Networking* (August 2010), S. 357–64.

Miller, Rachel, and Joanne McCormack: »Faith and Religious Delusions in First-Episode Schizophrenia«, in: *Social Work in Mental Health* (1. Dezember 2006), S. 37–50.

National Institute of Mental Health: »Statistics«, www.nimh.nih.gov/health/topics/statistics/index.shtml.

Oltmanns, Thomas F., et al.: *Case Studies in Abnormal Psychology*, Danvers, MA: John Wiley and Sons, 2007.

Paul, Pamela: »From Students, Less Kindness for Strangers?«, in: *New York Times* (25. Juni 2010).

Polimeni, Joseph, Jeffrey P. Reiss and Jitender Sareen: »Could Obsessive-Compulsive Disorder Have Originated as a Group-Selected Adaptive Trait in Traditional Societies?«, in: *Medical Hypotheses* (2005).

Polimeni, J., und J. P. Reiss: »How Shamanism and Group Selection May Reveal the Origins of Schizophrenia«, in: *Medical Hypotheses* (2002), S. 244–48.

»Prescription Drug Use Continues to Increase«, in: *NCHS Data Brief* 42 (September 2010), www.cdc.gov/nchs/data/databriefs/db42.pdf.

Shiovitz-Ezra, Sharon, and Sara A. Leitsch: »The Role of Social Relationships in Predicting Loneliness«, in: *National Association of Social Workers* (2010).

Sinn, David L., Samuel D. Gosling and Natalie A Moltschaniwskyj: »Development of Shy/Bold Behaviour in Squid: Context-Specific Phenotypes Associated with Developmental Plasticity«, in: *Animal Behaviour 75* (Februar 2008), S. 433–42.

»60 Minutes«, CBS News, Interview mit Katie Couric, 25. April 2010.

»Sleep and Mental Health«, in: *Harvard Mental Health Letter* (Juli 2009), www. health.harvard.edu/newsletters/Harvard_Mental_Health_Letter/2009/ July/ Sleep-and-mental-health.

St. J. Burch, Giles, P. J. Corr and C. Pavelis: »Schizotypy and Creativity in Visual Artists«, in: *British Journal of Psychology* 97 (Mai 2006), S. 177–90.

Subbotsky, Eugene: »Magical Thinking: Reality or Illusion?«, in: *The Psychologist* (Juni 2004): 336–39.

Todd, Anne M.: *Vera Wang*, New York: Infobase Publishing, 2007.

Twain, Mark: *Adventures of Huckleberry Finn*, Electronic Text Center, University of Virginia Library, http://etext.virginia.edu/etcbin/toccer-new2?id=Twa2Huc.sgm&images=images/modeng&data=/texts/english/ modeng/parsed&tag=public&part=1&division=div1.

»U. Va Researcher Probes ADHD's Effects on Safety of Young Drivers«, in: *UVa Today* (31. Januar 2008), www.virginia.edu/uvatoday/newsRelease .php?id=4033.

Van Dorn, Richard A., Jeffrey W. Swanson, Eric B. Elbogen and Marvin S. Swartz: »A Comparison of Stigmatizing Attitudes Toward Persons with Schizophrenia in Four Stakeholder Groups: Perceived Likelihood of Violence and Desire for Social Distance«, in: *Psychiatry* 68 (2) (Sommer 2005), S. 153.

Walsch, Neale Donald: *Conversations with God: An Uncommon Dialogue*, New York: G. P. Putnam's Sons, 1996 (dt. Ausgabe: *Gespräche mit Gott. Ein ungewöhnlicher Dialog*, München: Goldmann, 2006).

Weiser, Benjamin: »In a Field of Reason, Lawyers Woo Luck Too«, in: *New York Times* (17. Februar 2011), http.nytimes.com/2011/02/18/nyregion/18lawyers. html?_r=1&adxnnl=1&emc=eta1&pagewanted=2&adxnnlx =1298034079-4CEbfXoHgpHOBasbTG5aGQ.

Whitaker, Robert: *Anatomy of an Epidemic*, New York: Crown Publishers, 2010.